法華経諺解

【ハングル訳注、法華経要解】

朝鮮国刊経都監［刊行］

河瀬幸夫・金星周［訳］

上

春風社

忠清南道 温陽民俗村

撮影　大屋孝雄

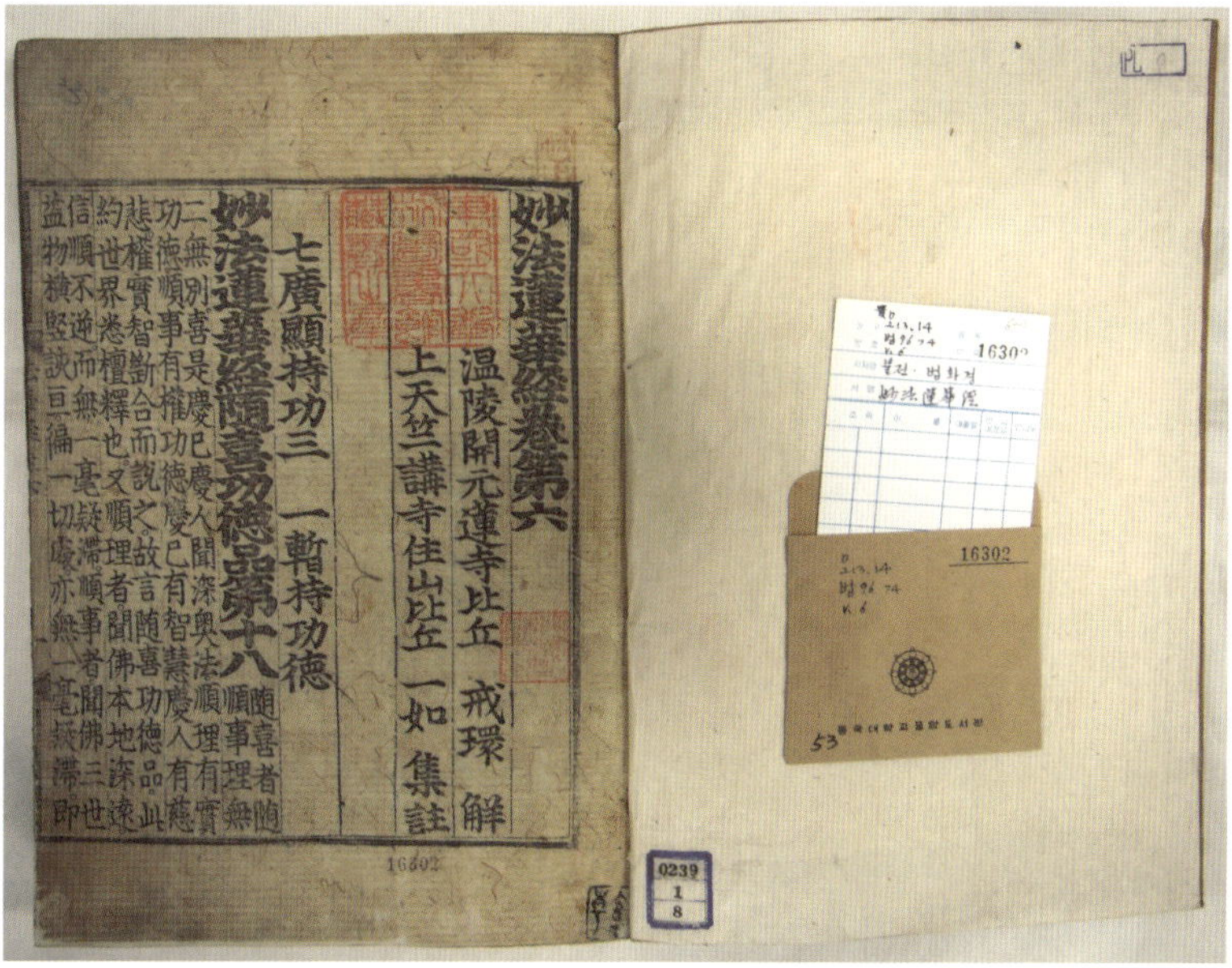

(1) 巻6・1張［要解の科文（中字）・科註（小字）］（東国大学図書館所蔵・初刊後刷本）

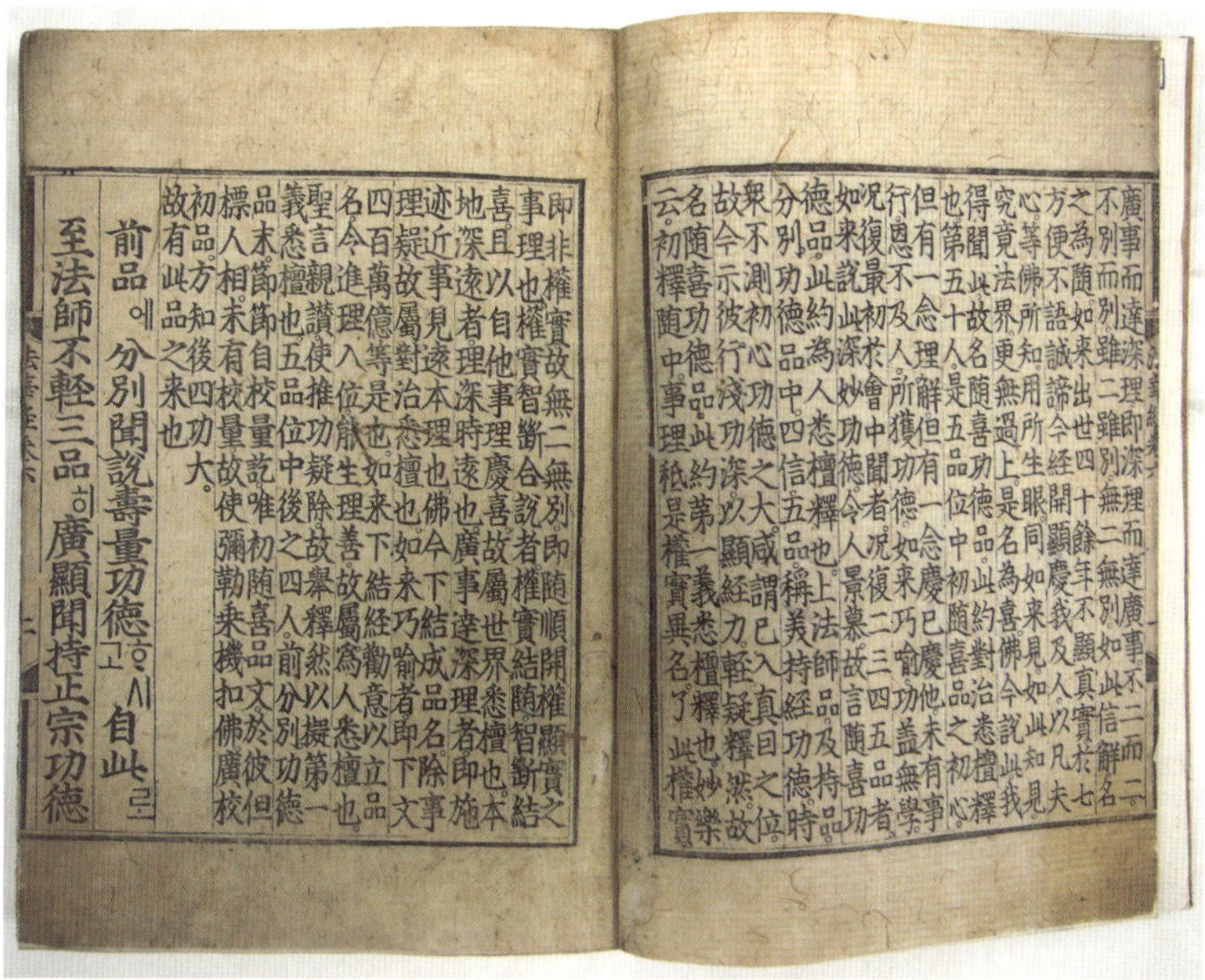

(2) 巻6・1-2張［科註（小字）・要解（中字）］

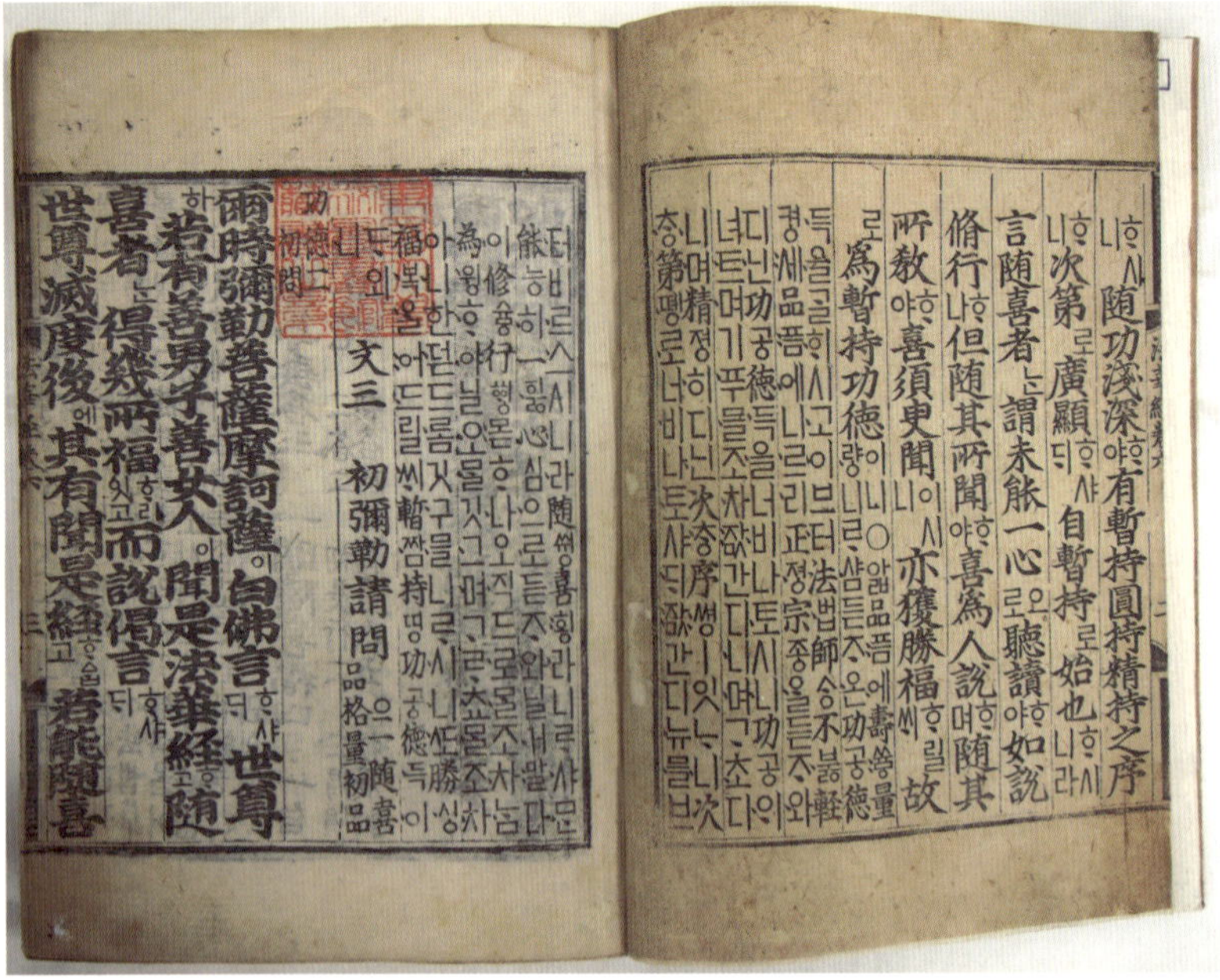

(3) 巻 6・2-3 張［要解・諺解(小字)・要解科文(中字)・科註科文(小字)・本文(大字)］

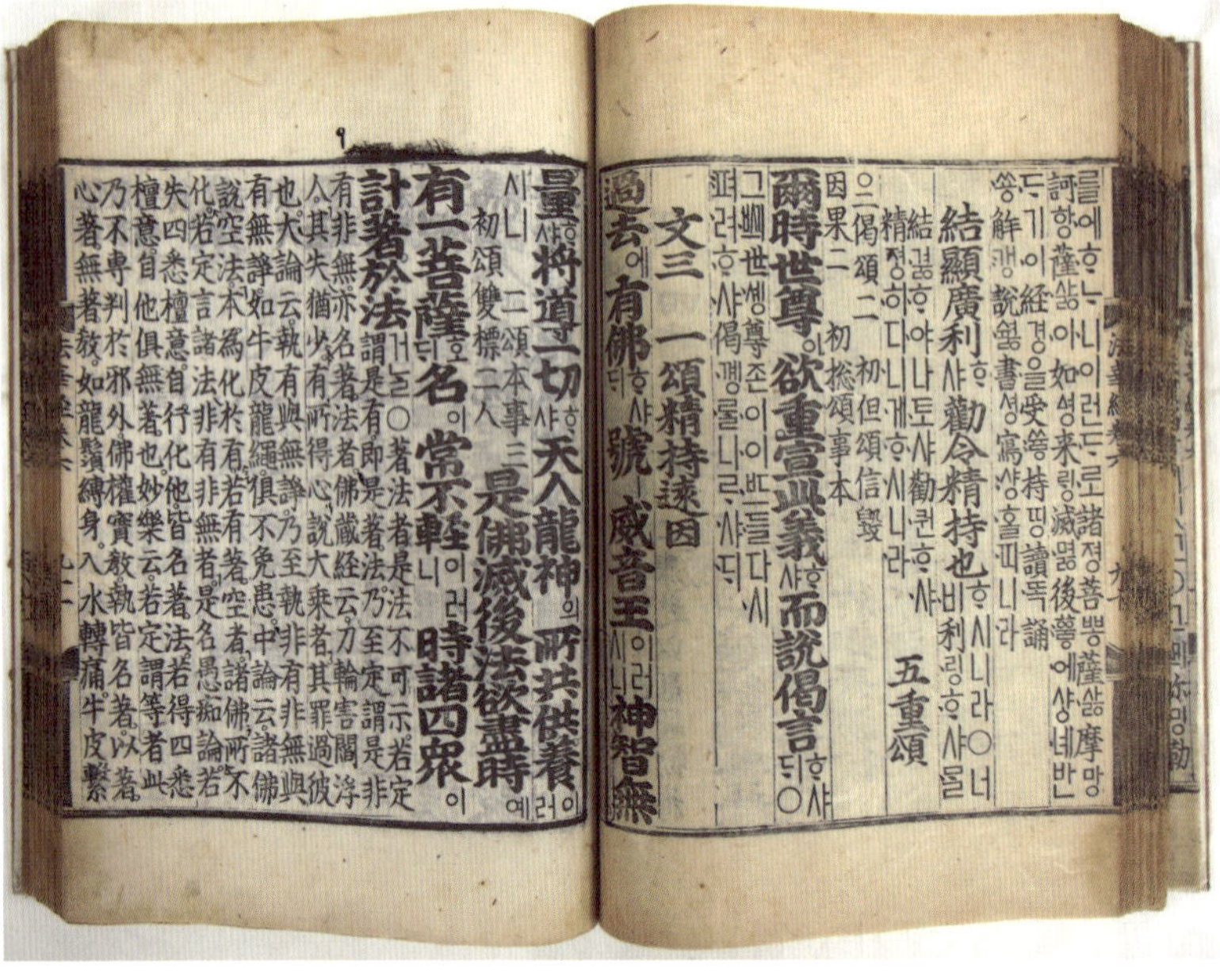

(4) 巻 6・90-91 張［諺解(小字)・要解(中字)・本文(大字)・偈頌(大字)・科註(小字)］

『法華經諺解』序文

東國大學校 國語國文學科 名譽教授 金 英培

筆者는 河瀨先生이 飜譯한 『釋譜詳節』의 完刊을 축하하는 글을 쓴 바 있다. 이제 朝鮮時代 世祖 때 刊經都監에서 諺解한 『法華經諺解』의 日本語 飜譯에 대한 序文을 쓰려 하니 感慨가 無量할 따름이다.

『法華經』은 十五世紀인 朝鮮時代 初期에 『釋譜詳節』·『月印釋譜』·『法華經諺解』등 무려 三번이나 飜譯된 佛經이며, 宗派를 超越해서 읽힌 經典으로 韓國에서 가장 많이 木板으로 새겨진 佛經이다. 또한 韓國에서 刊行된 『法華經』중 註釋書는 대부분 宋나라의 戒環스님이 쓰신 『法華經戒環解』이다.

日本에서도 『法華經』은 가장 많이 읽힌 佛經이며 現在에도 여전히 많이 읽히는 經典으로 알고 있다. 그러나 日本에서 傳統的으로 읽힌 『法華經』은 戒環스님의 註釋書가 아니라고 하니, 이것은 韓國과 日本이 다 같이 『法華經』을 가장 많이 읽었고 읽고 있으면서도 두 나라의 아주 特異한 差異라 하지 않을 수 없다.

戒環스님은 宋나라의 禪宗 스님으로 華嚴 思想을 바탕으로 한 禪的인 傾向을 지닌 스님이다. 그리고 戒環스님의 註釋은 韓國佛教의 趣向에 가장 알맞은 註釋書이었다. 그것은 戒環스님이 쓰신 『楞嚴經戒環解』도 韓國에서 가장 인기 있는 『楞嚴經』註釋書로 읽힌 점으로도 알 수 있다.

그러나 日本은 佛教가 導入된 以後 韓國으로부터 影響을 많이 받았음에도 불구하고 戒環解는 잘 읽히

던 註釋書가 아니었던 것이다. 두 나라가 『法華經』을 가장 많이 읽고 있으면서도 서로 다른 註釋書를 參考하고 있는 것은 아이러니하다고 하지 않을 수 없다.

이에 日本 佛敎에 戒環스님의 『法華經戒環解』를 紹介하는 일은 참으로 뜻깊은 일이라 하지 않을 수 없다. 그것도 漢文으로 된 『戒環解』를 직접 飜譯한 것이 아니라 朝鮮時代 初期 刊經都監에서 諺解한 『法華經戒環解諺解』를 飜譯하는 것은 더 더욱 뜻깊은 일이라 하겠다.

筆者도 韓國의 世宗大王記念事業會에서 나온 『譯註 法華經諺解』의 여러 卷을 譯註하였으나 佛敎的인 素養이 별로 없는 筆者가 한 譯註라서 특히 佛敎的인 內容에 未洽한 點이 많이 있으리라고 생각한다.

河瀨先生은 韓國의 佛敎宗立大學인 東國大學에서 佛敎學을 專攻하였으며 이미 韓國의 諺解佛典의 古典이라 할 수 있는 『釋譜詳節』을 飜譯한 經驗이 있다. 게다가 이번의 『法華經戒環解諺解』의 飜譯에는 韓國의 諺解佛經과 佛經口訣의 專門家인 金 星周 先生이 『法華經戒環解諺解』의 어려운 句節을 河瀨先生과 議論하여 飜譯을 마쳤다 하니 더 더욱 뜻깊은 일이 아닐 수 없다.

아무쪼록 이 일을 契機로 韓國과 日本 兩國의 佛敎界가 더욱 發展하는 契機가 되기를 바라마지 않으며 이로써 序文에 가름한다.

二〇一六년 一〇월 二〇일

［日本語訳］

『法華経諺解』序文

東国大学校 国語国文学科 名誉教授 金《キム》 英培《ヨンベ》

筆者は河瀬先生が翻訳した『釈譜詳節』の完訳刊行を祝う文章を書いたことがある。今また朝鮮時代の世祖の時に刊経都監において諺解された『法華経諺解』の日本語翻訳に対する序文を書くことになり、ただ感慨が無量である。

『法華経』は朝鮮時代初期の十五世紀に、『釈譜詳節』・『月印釈譜』・『法華経諺解』など、実に三回も翻訳された仏教経典であり、宗派を超越して読まれてきた経典として、韓国において最も多く木板に刻まれている。また、韓国において刊行された『法華経』の中の註釈書は大部分が宋の戒環によって書かれた『法華経要解』である。

日本においても『法華経』は最も多く読まれた仏典であり、現在でも依然として多く読まれている経典であることを承知している。しかしながら、日本において伝統的に読まれてきた『法華経』は戒環の註釈書ではないということであるから、このことから韓国と日本において、どちらも同じように『法華経』が最も多く読まれてきていると言っても、両国には非常に特異な相違があると言わざるを得ないことになる。

戒環は宋の時代の禅宗の僧侶であり、華厳思想に基づきながら禅的な傾向を帯びた註釈書を残している。

そうであるから、戒環の註釈は韓国仏教の趣向に最も適合する註釈書であった。そのことは、戒環によって書かれた『楞厳経要解』が韓国において最も人気のある『楞厳経』の註釈書として読まれてきていることからも知ることができる。

しかしながら、日本では仏教が導入されて以来、韓国から影響を多く受けてきたにもかかわらず、戒環解は広く読まれる註釈書ではなかったようである。二つの国において『法華経』は最も多く読まれてきたと言っても、互いに異なる註釈書を参考にしているということはアイロニーと言わざるを得ない。

このことから、日本仏教に戒環の『法華経要解』を紹介するということは、誠に意義深いことであると言わなければならないだろう。それも、漢文の『戒環解』を直接翻訳したものではなく、朝鮮時代の初期に刊経都監において諺解された『法華経戒環解諺解』を翻訳したものであるから、一層意義深いことになるだろう。

筆者も韓国の世宗大王記念事業会から刊行された『訳註 法華経諺解』全七巻の中の五巻を訳註したが、仏教的な素養が特別にない筆者がした訳註である故に、特に仏教的な内容に不十分な点が多く有ったのではないかと考えている。

河瀬先生は韓国の仏教宗立大学である東国大学において仏教学を専攻し、これまでに韓国の諺解仏典の古典と言われる『釈譜詳節』を翻訳した経験がある。その上、この度の『法華経戒環解諺解』の翻訳では、韓国の諺解仏典と仏典口訣の専門家である金星周先生が『法華経戒環解諺解』の難解な句節を河瀬先生と議論して翻訳を終えたということであるから、なおさらに意義深いことであると言うことができる。

是非ともこの事が契機となることで韓国と日本の両国の仏教界が一層発展することを願い、ここまで書いたことにより序文に代えることにしたい。

二〇一六年一〇月二〇日

目次

目次

〔下　巻〕

目　次

凡　例

目次

付　録

凡例

○本書は一四六三年（世祖九）に朝鮮王朝の刊経都監から刊行された『妙法蓮華経』の中の『法華経』と『法華経要解』の中世韓国語による翻訳文と夾注を日本語に訳したものである。

○本書が底本にしたのは韓国の『訳註法華経諺解』全七巻（世宗大王記念事業会・二〇〇〇～二〇〇三年刊）であり、そこに載せられている原本の影印版と韓国語の現代語訳文に基づいて日本語に訳した。

○『法華経』の日本語訳文は太字の大字（10ポ）で表記し、偈頌の部分は一字分下げて区別した。

○『法華経要解』の日本語訳文と科文は中字（9ポ）で、二字分下げて表記した。

○刊経都監版『妙法蓮華経』の編纂者が加えた夾注は【　】で囲み、小字（8ポ）で表記した。【　】の中の〖　〗の中は、同じ編纂者の補注である。

○更なる小字（7ポ）は日本語の訳者による補いである。［　］内は漢文で使われている用字を示すものであり、（　）内は意味や引用文の出所などを記したものである。

○訳文中の［　］内の数字（6ポ）は原本の版心に示されている張数である。一張の翻訳の分量に極端な多寡があったり、張数に抜けがあったりするのは、原本にある漢文を載せていないことから起きることである。

○『法華経要解』の科文の頭にAからOまでのアルファベットを付けて序列が分かるようにし、下巻巻末の付録に科文の一覧表を載せた。

○原本で使われている旧字体の漢字は新字体に改め、異体字の漢字は正字体に統一するよう努めた。
○原文の中世韓国語の翻訳文では尊敬語・謙譲語などの敬語表現が多用されているが、この日本語訳ではその多くを敬語なしの表現にした。
○日本語訳文の漢字の読み方は、主に『広説仏教語大辞典 縮刷版』（東京書籍・二〇一〇年刊）の読み方に基づいた。
○『法華経要解』の科文で一部つじつまの合わない箇所は、『法華経要解科』（『新纂大日本続蔵経』巻三〇に採録）を参考にして改めた。

解題　ハングルの創制と仏典の諺解《げんかい》

河瀬幸夫

一、ハングルの創制と頒布《はんぷ》

ハングルは朝鮮国第四代王の世宗《セジョン》（せいそう）が集賢殿《しゅうけんでん》の学者と共に一四四三年（世宗二五）に創制した文字であり、一四四六年（世宗二八）に頒布された。その正式名称は訓民正音《くんみんせいおん》であるけれども、通常は正音または諺文《おんもん》[1]と呼ばれていた。ハングルと呼ばれるようになったのは一九〇〇年代になってからのことであり、その意味は「偉大な（ハン）文字（クル）」ということである。ハングルの創制については『世宗実録』[2]に次のように記録されている。

是月、上親制諺文二十八字、其字倣古篆。分為初中終声、合之然後乃成字。凡于文字及本国俚語、皆可得而書。字雖簡要、転換無窮。是謂訓民正音。（この月、王は親しく諺文二八字を制定し、その文字は昔の

1　「諺」という漢字は俚言とか俗語という意味で使われているから、今日の韓国において「諺文《オンムン》」という言葉が使われることはほとんどない。筆者自身、韓国においてこの分野の研究者たちが「諺解《オネ》」という言葉を使うのを聞いた当初、奇異な感じを受けたものである。

2　朝鮮王朝の初代太祖から二五代哲宗までの、漢文で書かれた四七二年間の編年体記録一七〇六巻が『朝鮮王朝実録』である。それぞれの王の実録は王の死後に編纂され、その王の名が付けられて『〇〇実録』と呼ばれる。『朝鮮王朝実録』はその総称であり、日本では『李朝実録』と呼ばれることが多い。

篆書《てんしょ》の文字を模倣したものである。初声・中声・終声に分けることができるものであり、これを合わせた後に文字を成すものである。どのような漢字であっても、またどのような我が国の言葉であっても、すべてを書き表すことができるものである。文字は簡単で要を得たものであるけれども、無限に転換できるものである。これを訓民正音と呼ぶ。）（『世宗実録』一四四三年一二月三〇日）

このように『朝鮮王朝実録』の中のハングルに関する最初の記事において、ハングルは「諺文」または「訓民正音」と呼ばれているのであるが、ここで新しく制定されたハングルに二八の字があると書かれ、同時に初声・中声・終声が集まって一つの字をなすと書かれている。このことは、ハングルは音素文字として子音と母音を表す一字一字が文字であり、同時に子音と母音が集まって一つの音節をなした文字の集合もまた一つの文字であるというハングルの原理を表現しているのだと思われる。

「訓民正音」という言葉は、ここではこのような原理によって創制された文字、すなわちハングルを表す言葉として使われているが、ハングルの頒布《はんぷ》を伝える『世宗実録』の記録（一四四六年九月二九日）の冒頭には「是の月、訓民正音成る」とあり、その後に頒布された「訓民正音」の内容が記録されている。従って、頒布について伝える記事の中での「訓民正音」は、新しく制定された文字について解説した文書または書物の名称として使われている。「頒布」は文書にして公表し広めるという意味である。

ハングルが頒布された当時の「訓民正音」の内容を今日に伝えるものに三種ある。一が『世宗実録』一四四六年九月二九日の記事であり、二が『訓民正音』という単行の書物であり、三が『月印釈譜《げついんしゃくふ》』巻一の巻頭に載せられた「世宗御製訓民正音」である。[3] これらの「訓民正音」の冒頭に載せられた世宗の言葉は漢文で次のように書かれている。

国之語音異乎中国、与文字不相流通。故愚民有所欲言、而終不得伸其情者多矣。予為此憫然、新制二十八字、欲使人易習、便於日用耳。（我が国の言葉は発音が中国語と異なり、漢字と互いに通用しない。このような理由で、愚かな百姓は述べたいことがあっても、文字を使って自分の考えのすべてを書きとめることができない人が多い。私はこのことについて不憫《ふびん》に思い、新しく二八字を作ったのであるが、それは人々に容易にその文字を習得させて、日常生活の中で簡便に使用させたいと考えたからに他ならない。）（『世宗実録』一四四六年九月二九日）

このように名高い君主の高邁《こうまい》な理想のもとに創制されたハングルであるが、その普及の道のりが決して平坦なものでなかったことは、その後の朝鮮時代において刊行された膨大な量の書物の大部分が漢字だけで書かれたものであることからも想像できる。

ハングルを用いることには、創制の当時から集賢殿の学者の中にも強い反対があったことが『世宗実録』の中の集賢殿副提学崔万理《チェマンリ》等の上疏文の中に明らかにされている。当時集賢殿の定員は二〇名であったが、その内の七名がこの上疏文に名を連ねており、その考え方はその後の朝鮮王朝において益々強まっていった

3　『訓民正音』の単行本は、他の二書にはない解例篇がついているので「訓民正音解例本」と呼ばれている。また「世宗御製訓民正音」は漢字とハングルによる韓国語の翻訳文と語釈が付いているので「訓民正音諺解本」と呼ばれている。解例篇は、本文（例義篇）で簡単に説明した内容を、さらに制字解・初声解・中声解・終声解・合字解・用字例の六つの部分に分けて詳しく説明した部分である。例義篇は世宗の御製であり、解例篇は鄭麟趾《チョンインジ》など集賢殿学士たちが作成したものである。

ようである。以下の文章は上疏文の中にあるハングルの頒布に反対する二番目の理由である。

自古九州之内風土雖異、未有因方言而別為文字者、唯蒙古・西夏・女真・日本・西蕃之類各有其字、是皆夷狄事耳、無足道者。伝曰、用夏変夷、未聞変於夷者也。歴代中国、皆以我国有箕子遺風、文物礼楽比擬中華、今別作諺文捨中国而自同於夷狄。是所謂棄蘇合之香、而取蜣螂之丸也。豈非文明之大累哉。

（昔から九州よりなる中国の各地の風土はそれぞれ異なるものでありますが、これまでにその九州各地の言葉に合わせて文字を作ったという例はありません。ただ、モンゴルと西夏と満州と日本とチベットの人々にだけそれぞれの文字がありますが、これらはみな単なる夷狄《いてき》のものですから、いちいち述べる必要はありません。古の記録には「中国が夷狄を変える」とあり、夷狄が中国を変えるということがあったということはこれまでに聞いたこともありません。歴代の中国では、どの時代でも、我が国には殷の箕子《きし》が開いた朝鮮国の遺風が残っていて、文物と礼楽《れいがく》が中国に比肩《ひけん》すると言われていますのに、今、ことさらに諺文を作ることは中国を捨てて自ら夷狄と同じものになろうとするようなものです。このことは「蘇合香を捨てて蜣螂丸を飲む」ようなものでして、どうして文明の大きな危機とならないことがあるでしょうか。）（『世宗実録』一四四四年二月二〇日）

集賢殿の学士の中にまでこのような強い反対がある中で、世宗がハングルの創制と頒布に踏み切ったということは、世宗が学問においても、芸術においても、科学技術においても、自国に独自の文化を発展させるためには、自国語を自由に表記できる文字が不可欠であるという信念にたどり着いていたからでもあるだろう。

世宗とその子である世祖《セジョ》（せいそ）が王であった時代に、数多くのハングルで書かれた書物が刊行され、それらの多くが当時の姿のままで今日に伝えられている。それらの書物は創制当時のハングルがどのように使われたか、また一五世紀当時の韓国語がどのようなものであったかなどについて知る上で最も重要な資料となっている。世界史の上からも、一民族の言語を表記する文字が王権によって発明・普及され、発明された当時の使われ方が今日そのままの姿で克明に見ることができる稀《まれ》な例ではないだろうか。

創制当時のハングルの使われ方を今日に伝える書物の内、一五世紀の末までの五〇余年間に刊行された書物の殆《ほとん》どすべてはソウルの朝鮮王朝が刊行したものであると言われていることからも分かるように、創制当時のハングルの書籍は政府がハングルの可能性を追求し、国内に広く普及させるために、国家的な施策として刊行したものであった。従ってそれらの書物は印刷・字体・装丁・紙質などが優れているだけでなく、学問的にも高度な内容を持ち、当時の韓国人の思想や文化を知る上で最良の資料となっている。それらの書物には活字本と木版本があり、百部の単位で印刷された書物は多くが仏教書であったために、王室の高官たちだけでなく僧侶たちにも配布されたことが伝えられている。なお、一五世紀に筆記されて今日に伝わるハングルの文献としては「天順八年（世祖一〇・一四六四）一二月一八日」の日付が書かれた信眉と世祖の「五台山上院寺重創勧善文」が残されている。

二、世宗時代に刊行されたハングル書籍

創制当時のハングル二八字とは、子音一七字と母音一一字であり、この二八文字を組み合わせることで韓

国語と漢字のすべての発音を正しく表記できると考えられたのである。ハングルはこのように子音と母音の音を表す文字（音素文字）であるが、そこには同時に初声（子音）と中声（母音）と終声（子音）で構成された一音節を一文字とする考え方も含まれている。子音の一七字とは「ㄱ・ㅋ・ㆁ・ㄷ・ㅌ・ㄴ・ㅂ・ㅍ・ㅁ・ㅈ・ㅊ・ㅅ・ㆆ・ㅎ・ㅇ・ㄹ・ㅿ」であり、母音の一一字とは「ㆍ・ㅡ・ㅣ・ㅗ・ㅏ・ㅜ・ㅓ・ㅛ・ㅑ・ㅠ・ㅕ」である。現代では、この中の子音の「ㆆ」と「ㅿ」は使われることがなく、「ㆁ」と「ㅇ」は区別されない。また母音の「ㆍ」も今日では使われない。このように文字が使われなくなったり、区別されなくなったりしたのは、時代の経過の中でそれらの音が他の音と同化して発音上の区別がなくなったり、区別する必要がなくなったりした結果であると思われる。

創制されたハングルで韓国語の文章が書かれている最初の書物は『竜飛御天歌《りゅうひぎょてんか》』一〇巻である。木版本の『竜飛御天歌』の巻頭にある鄭麟趾《チョンインジ》の序文と権踶《クォンジェ》らの箋文《せんぶん》（上奏文）の日付は共に「正統一〇年（一四四五）四月　日」となっていて、巻末にある崔恒《チェハン》の跋文《ばつぶん》の日付は「正統一二年（一四四七）二月　日」となっている。この日付に呼応するように『世宗実録』の一四四五年（世宗二七）四月五日の記事にはその箋文が示されており、その後に世宗が印刷し刊行するように命じたことが短く書かれている。また、『世宗実録』の一四四七年（世宗二九）一〇月一六日の記事には『竜飛御天歌』五五〇部が群臣に下賜されたことが書かれている。

これらの日付を総合すると、『竜飛御天歌』は一四四五年四月に草稿が整い、一四四七年二月に木版の雕造が完成し、同じ年の一〇月に製本された書物五五〇部が家臣に配布されたと見るのが良いのではないかと思われる。『竜飛御天歌』には朝鮮王朝の建国の事跡と後世の王に与える訓戒が述べられており、漢字とハングルで表記された一二五章の韓国語の歌頌がある。韓国語の歌頌には漢文の訳が付く形式となっていて、その後に漢文の詳細な注釈がある。ほとんどの記述が漢文であるこの書は、一見したところ漢文の書籍のように見えるが、そこにハングルが使われた一二五章の韓国語の歌頌があるので、韓国ではこの書をハングルで表記された最初の韻文作品と呼んでいる。この書は朝鮮王朝にとっては建国の事跡を伝える重要な書物である故に、その後の朝鮮王朝において数度にわたり原刊本の覆刻本が刊行されている。

二番目に刊行されたハングル作品は、その序文[4]に一四四七年（世宗二九）七月二五日という日付がある活字本の『釈譜詳節《しゃくふしょうせつ》』であり、ハングルで書かれた最初の散文作品と呼ばれている。『釈譜詳節』には『竜飛御天歌』のような漢文の記載はなく、全文が漢字とハングルで表記された韓国語文であって、数多くの漢訳仏典を順序づけて翻訳することによって釈迦の生涯と教えを物語風にまとめた書物である。全二四巻の書物の中で今日に残るものは一〇巻のみであり、その内の二巻は後世の覆刻本である。残っている一〇巻には落丁や破損部分も少なくなく、一連の物語として編まれた全体の連続性を見出すことが困難であるが、今日に残されている『月印釈譜』の釈譜詳節部、及び『月印千江之曲』の歌頌を併せて見ることによって、その全体の流れの概略に近づくことが可能である。

作者は首陽《スヤン》大君（王子時代の世祖《セジョ》）であり、その刊行の様子については『月印釈譜』巻一に載せられている「釈譜詳節序」と「御製月印釈譜序」に次のように書かれている。

4　「釈譜詳節序」は後に刊行された『月印釈譜』巻一の「御製月印釈譜序」の前に「世宗御製訓民正音」に続いて載せられている。『釈譜詳節』巻一は伝わっていないけれども、その巻頭に『月印釈譜』巻一と同文の「世宗御製訓民正音」と「釈譜詳節序」が載せられていたことは確実視されている。

最近になって追薦《ついせん》をささげることに起因し、ここに数多くの経から採録して、別に一つの書物を作成し、名を付けて『釈譜詳節』という。（「釈譜詳節序」三張）

昔、丙寅《へいいん》の年（一四四六）に昭憲王后が栄華の供養を突然お受けにならなくなり、寂しくて悲しくて、どうして良いか分からないでいた時、世宗が私に対し「追薦ということでは転経ほどふさわしいものはないから、お前は釈譜を作り、それを翻訳するのがよろしい」とおっしゃった。私は父の命を奉じ、さらに考えを広くめぐらすと、僧祐《そうゆう》と道宣《どうせん》の二人の律師の各々が編纂した『譜』があった。それをよく読んでみると、その詳細な部分と粗略な部分が同じではないので、両書を合わせて『釈譜詳節』を作りあげ、正音を用いて翻訳し、誰もが容易に理解できるようにした。それを進上申し上げると、世宗はご覧くださり、すぐに称讃の歌頌を作り、名を『月印千江』となされた。（「御製月印釈譜序」九張）

「昭憲王后」は世宗の后であるから、首陽大君には母にあたり、一四四六年三月に病没した。「追薦」は追善と同じ意味であり、「転経」はこの場合、複数の経典を選択・編集してその時催される法会《ほうえ》にふさわしい経典を作成し、それを法会の場で読誦するという意味ではないかと思われる。『譜』は中国南北朝時代、梁《りょう》の僧祐の『釈迦譜』と唐の道宣の『釈迦氏譜』のことであるが、『釈譜詳節』が引用した経典はこの二つに限られるものではなく、中国の類書に例を見ないのではないかと思われるくらい多数の漢文経典の記述が整然と順序を追って翻訳されている。「御製月印釈譜序」では『釈譜詳節』の作成に当たっては、初めに漢文の原本を作り、それを韓国語に翻訳するように世宗は首陽大君に命じている。韓国においてこの後に刊行された多くの漢文の翻訳書（諺解本《オネボン》）が、原典の漢文を掲げた後に韓国語の翻訳文が付けられているものであることからも、『釈譜詳節』に元の漢文本があったことは確実視され、『世宗実録』の一四四六年（世宗二八）一二月二日の記事に「副司直の金守温《キムスオン》に命じて、『釈迦譜』を増修させた。」とあることにより、その『釈迦譜』が漢文の『釈譜詳節』だったのではないかと考えられることが多い。時期の上からも、またその後の世祖と金守温の緊密なつながりの上からも、そのように考えることは不自然ではない。

高麗時代の僧無寄《ムギ》が釈迦の伝記と教えを順序立てて編纂した漢文の『釈迦如来行蹟頌』（『新纂大日本続蔵経』巻七五）が残されているが、『釈譜詳節』が完成する以前の長い間、韓国において『釈迦如来行蹟頌』と同じような試みが繰り返しなされていたことが考えられる。そのような試みが転経の為の経典作りと重なり、それを大規模に整えたものが『釈譜詳節』の元の漢文だったのではないだろうか。

三番目のハングル作品である活字本の『月印千江之曲《げついんせんこうのきょく》』は上・中・下の三巻の書物に五八三曲の歌頌が載せられていたと考えられているが、現在中巻と下巻は伝わらないで、上巻の一九四曲だけが伝わっている。作者については、右に引用した「御製月印釈譜序」の中で世宗であることが明らかにされており、製作年代については、諸文献にその根拠となる確かな記載がないけれども、『釈譜詳節』が纂述された同じ年の一四四七年かその翌年ではないかと考えられている。

世宗の代（一四一八〜一四五〇年）に刊行されて現代に伝わるハングル書籍は以上の三種に過ぎないが、どれも大作であり、創制当時のハングルの使われ方や当時の韓国語の語彙《ごい》や文法などを知る上で貴重な資料となるものである。特に『竜飛御天歌』と『月印千江之曲』は韓国人によって創作された韓国語の詩歌であり、その文学的な価値は計り知れないものである。また、『釈譜詳節』は漢訳経典の翻訳書であるけれども、仏教経典に載せられている興味深い数多くの物語が文学性豊かに翻訳されていて、韓国古典文学の傑作として高く評価されている。世宗が政府機関として王朝内に諺文庁[5]を設置した意図は、世宗の時代に刊行されたこれら三種の書物の内容を検討することによって明らかにできるのではないかと考えられる。

一四五〇年に世宗が死去すると長子が即位して文宗《ムンジョン》となる。文宗は聡明であり儒教的な理想政治を目指したが、病弱であったため、その統治はわずか二年しか続かなかった。続いて文宗の長子が一四五二年に一二歳という若さで即位して端宗《タンジョン》となると、その翌年に首陽大君は金宗瑞《キムチョンソ》らを殺害し、弟の安平大君（世宗の第三子）を江華島に配流した上で死に追いやり、政権を掌握する（癸酉靖難《きゅうせいなん》[6]）。端宗は一四五五年（端宗三・世祖一[7]）に王位を叔父の首陽大君に譲り、上王と呼ばれるようになる。その翌年には成三問《ソンサムムン》・朴彭年《パクペンニョン》などの重臣六名が上王の復位を謀ったという罪で処刑される（死六臣）。一四五七年（世祖三）に魯山君《ノサングン》に降封されたかつての端宗は江原道の寧越《ヨンウォル》に配流され、その年の一〇月に反逆の罪で死に追いやられる。

このように政治的に混乱していた時期であったからだろうか、あるいは世宗の死後儒臣たちのハングルの普及に反対する声が益々高まったからだろうか、『月印千江之曲』が刊行された後の一〇余年の間に刊行されたハングルの著作で今日に残るものは、ハングルを用いて漢字の韓国音と中国音を定めた『東国正韻《とうごくせいいん》』と『洪武正韻訳訓』だけである。

三、高麗大蔵経の増刷と『月印釈譜』の刊行

第七代王の世祖《セジョ》は世宗《セジョン》の第二王子首陽大君であり、世宗の時代には兄の東宮（文宗）や弟の安平大君と共にハングルの創制と普及の事業に参与してきた。一四四七年に世宗の命により纂述した『釈譜詳節』は若き日の世祖の代表的な業績である。しかし、その後の世祖による王位の争奪は『釈譜詳節』に語られている釈迦の生涯とは正反対のものであった。そのようにして王となった世祖に待っていたものは、最愛の第一王子桃源君（後に徳宗と追号）の死であった。

かつて首陽大君と呼ばれた時代の一四四七年（世宗二九）に、病没した母親の昭憲王后の死を悼んで『釈譜詳節』を纂述した世祖は、一〇年後の一四五七年（世祖三）に桃源君が二〇歳で病没したことをきっかけとして、父親の世宗が詠んだ『月印千江之曲』の歌頌を本文として、それを『釈譜詳節』の記述で説明する形式をとった『月印釈譜』を刊行することになる。『竜飛御天歌』がそうであるように、韓国では初めに歌頌を本文として掲げ、その説明の散文を後に続ける形式の書物が少なくない。『月印千江之曲』の歌頌は、完成した『釈譜詳節』を読んだ世宗がそれぞれの物語や経典の内容を要約するように詠んだものであるけれど、世祖は『月印釈譜』において『月印千江之曲』の歌頌を先に大字で示し、その後にその歌頌を説明するような形をとって、『釈譜詳節』の記述を一字分下げて中字で表記している。それが一四五九年（世祖五）に刊行された木版本の『月

5　『世宗実録』（一四四六年一一月八日）に「遂置諺文庁」とあり、『中宗実録』（一五〇六年九月四日）に「革（廃止）諺文庁」とある。「諺文庁」は『文宗実録』と『端宗実録』に出る「正音庁」と同じ政府機関であると言われているが、もし同じものであれば、『文宗実録』の一四五〇年一〇月二八日条に既に廃止の建議が出されている。

6　「靖難」は国家の危難を救い平和にするという意味である。

7　『朝鮮王朝実録』では王が即位した年を即位年とし翌年を一年とするが、世祖の場合は即位した年が一年となっている。

印釈譜』である。その時、世祖は父親が作った『月印千江之曲』にはほとんど改編を加えなかったが、自らが作った『釈譜詳節』は大きく改編している。

桃源君が夭折《ようせつ》する少し前のことになるが、世祖は海印寺に経版が残る高麗大蔵経を印刷するように慶尚道の観察使に命じている（『世祖実録』一四五七年六月二六日）。東京の増上寺に所蔵されている高麗大蔵経は、慧琳撰『一切経音義』の末尾に天順二年（世祖四・一四五八）六月の日付がある金守温の「印成大蔵経跋（海印寺に残る版木は「印大蔵経五十件跋」となっている。）」が加えられているので、その時に印刷された五〇部の内の一部であることが明らかであり、そこに記録されている世祖の言葉の中に次のような記述がある。

惟仏教之流于震丹、其来已久。其説之載于文、又莫若蔵経之専。幸其刊板、具在於海印寺。近歳、士民之好善者、印成全部。然間、被国家賜于日本、存者無幾。予欲印就若干部分、置于名山福地。（思うに仏教が中国に流伝してから長い時が経っている。仏教の説は経文の中に載るものであるから、その点ではすべての経文を収録した大蔵経に勝るものはない。幸いなことにその大蔵経を刊行する経板が海印寺に揃って残っている。最近でも善行を好む家臣や人民がその全部を印刷している。しかしながら、朝鮮国ではその印本を日本に下賜し、残るものはいくばくもなくなってしまった。予は多数の部数を印刷して全国の大きな寺院に配布して安置したいと思う。）（「印成大蔵経跋」）

日本が高麗大蔵経を請求した記録は『高麗史』の一三八八年に始まり、『太祖実録』から『世宗実録』までの間には、日本から毎年のように将軍や大名の使いが派遣され、大蔵経が請求される記事が続いている。

その結果、世祖が即位する頃になると各地の寺院に所蔵されていた高麗大蔵経のほとんどは日本に移送されてしまっていたので、世祖は地方の官庁に大量の紙や墨などの資材を提供させ、海印寺所蔵の高麗大蔵経版で五〇部の大蔵経を印刷させた。日本による大蔵経の請求はこの後も引き続き、この時印刷された一部（一揃い）は増上寺に所蔵されて今日に残ることになる。[8] この「印成大蔵経跋」を書いた金守温は、『釈譜詳節』の纂述の時から世祖の仏典翻訳の事業を助けてきた高位の官吏である。

世祖はなぜ大蔵経を五〇部も印刷させたのだろう。大蔵経の印刷には多額の費用と莫大な労力が必要であり、ここで印刷しても、また日本に移送されることになるかもしれないことは容易に想像できたはずである。[9]

『釈譜詳節』を纂述した世祖は仏教経典に関するより広範な知識を求め、大蔵経の必要性を痛感していたのだろう。世祖が政権を掌握した後に端宗の復位を計ろうとした忠臣たちは儒学思想の信奉者たちであった。世祖はおのずから金守温ら仏教を信じる高官、及び信眉《シンミ》ら王宮に出入りする高僧と親しむ機会が多くなり、彼らと共に仏教の経典に親しんでいたから、儒臣の反対を押して大蔵経五〇部の印刷を実行したのであろう。新たに印刷された大蔵経を高官及び僧侶たちと共に読むことで蓄えられた仏教学の総合的な知識が、

8　増上寺に所蔵されている『高麗大蔵経』は六四六七巻であり、明治時代に刊行された『縮刷蔵経（大日本校訂縮刻大蔵経）』の底本として使われたので、『縮刷蔵経』の「音義部 為帙十」には「印成大蔵経跋」の全文が印刷されている。

9　現在増上寺に所蔵されている『高麗大蔵経』は一六〇九年（慶長一四）に徳川家康が奈良市の円成寺から増上寺に移したものであり、円成寺にはこの大蔵経は一四八二年（文明一四）に足利義政がソウルに国使を送り、慶尚道から請来したものであるという記録が残されている。この記録は『成宗実録』一四八二年（成宗一三）四月九日の記事と符合する。

『月印釈譜』の中の『釈譜詳節』の改編と増補につながることになったのではないだろうか。

『月印釈譜』は二五巻の大著であるが、今日伝わるものは初刊本と覆刻本を含めて二〇巻であり、この二〇巻の中には落丁や破損が少なくない。『月印釈譜』の各巻の初めに書かれたこの書の首題はどれも「月印千江之曲」と「釈譜詳節」という二つの書名を併記するものであるから、『月印釈譜』というのはこの書の正式の書名ではないと言われることがあったが、今日では『月印釈譜』をこの書の名とすることが定着しているようであり、『月印釈譜』の中の『月印千江之曲』と『釈譜詳節』はそれぞれ月印千江之曲部及び釈譜詳節部と呼ばれている。

『月印千江之曲』と『月印釈譜』の月印千江之曲部を比べてみると、現在残っている『月印千江之曲』上巻の一九四曲の歌頌は『月印釈譜』の巻七までの今に残されている巻の歌頌と、配列も内容もほとんど異なることがない。従って、今日に伝わっていない中巻と下巻の歌頌は『月印釈譜』巻七以降の月印千江之曲部の歌頌と殆ど同じものであっただろうと考えられている。そのように考えれば、『月印釈譜』の最終巻である巻二五の最終曲は「其五百八十三」と書かれているので、『月印千江之曲』の総曲数は五八三曲となる。[10] 総曲数が五八三曲であれば、『月印千江之曲』と『月印釈譜』の月印千江之曲を合わせ、重複するものを一曲として考えると、全部で四九九曲が数えられることになるから、今日伝わらない曲はわずか八四曲となる。

『釈譜詳節』と『月印釈譜』の釈譜詳節部を比べてみると、二四巻中一〇巻が残る『釈譜詳節』と二五巻中二〇巻が残る『月印釈譜』の釈譜詳節部には共通のことが語られている巻が残されていて、[11] それらの巻の内容を比較してみると、ほとんど相違がない巻と同じ作品とは思われないほど大きく異なっている巻がある。

『釈譜詳節』と『月印釈譜』の釈譜詳節部の違いを、量の上から見てみよう。『釈譜詳節』が二四巻であるのに対し『月印釈譜』は二五巻であり、巻数は一巻増えているだけであるが、各巻の張数は『釈譜詳節』が五〇張前後とほぼ均一であるのに対して、『月印釈譜』は五一張から二二二張とまちまちであり、八つの巻が一〇〇張を超えるものになっている。どちらの『釈譜詳節』の本文にも二行割・小字の夾注が挟まれているが、『月印釈譜』の釈譜詳節部では特にこの夾注に多くの改編が加えられていて、それらは本文中の仏教用語の詳しい注釈と新たに加えられた経典の翻訳であることが多い。

同じ『釈譜詳節』であるのに、『月印釈譜』の釈譜詳節部においてこのように大きく改められている原因は「御製月印釈譜序」の中の次の夾注に求めることができるのではないだろうか。

お尋ねになった人は、慧覚尊者信眉と判禅宗事守眉と判教宗事雪峻と衍慶寺住持弘濬と前檜菴寺住持暁雲と前大慈寺住持智海と前逍遥寺住持海超と大禅師斯智と学悦と学祖と嘉靖大夫同知中枢院事金守温で

10　『月印釈譜』最終巻の巻二五の末尾は破損が甚だしく、一四五張以下は落丁である。破損の状態であるけれど、一四三張に残る「其五百八十三」の曲は一曲が一つの歌頌となっていることが分かるので、この曲が『月印千江之曲』の最終の曲であると推測されている。そのように推測されるのは、月印千江之曲は「其一」と「其五百八十三」だけが一曲に一つの歌頌があるだけで、その中間のすべての曲は二つの歌頌で一曲を構成しているからである。

11　『釈譜詳節』巻九と『月印釈譜』巻九・『釈譜詳節』巻一一と『月印釈譜』巻二一・『釈譜詳節』巻一三と『月印釈譜』巻一一・『釈譜詳節』巻一九〜巻二一と『月印釈譜』巻一七〜巻一九・『釈譜詳節』巻二四と『月印釈譜』巻二五が共通の内容を持っている。

ある。（「御製月印釈譜序」二〇張）

ここに出ている一一名の中で金守温を除いた一〇名は僧侶である。僧侶の中で中心的な働きをしたのが慧覚尊者信眉《シンミ》である。信眉は朝鮮王朝初期の高僧涵虚堂己和《ハムホダンキファ》の法統を継ぎ、世祖からは王師の待遇を受けて、弟の金守温と共に世祖の仏典翻訳の事業を支え続けた禅僧である。このように大勢の学識豊かな高僧の協力を得た結果として、『釈譜詳節』では漢文経典の中の物語に強い関心が示されているのに比べ、『月印釈譜』の釈譜詳節部では仏教の教義を総合的に捉えようとする傾向が顕著となっているのではないだろうか。

ところで崇儒抑仏を国是《こくぜ》として建国された朝鮮王朝において、国王によって僧侶がこのように優遇されるのは奇異な感じを免れないが、その初期においては高麗時代の影響が色濃く残り、特に王室の婦人たちによって仏教が篤く信仰されていた様子が窺える。その統治の初期（世宗六・一四二四年）に仏教教派の勢力を縮小しようとして、父親の太宗の時代（太宗七・一四〇七年）に七つにまで統合されていた仏教宗派を、更に禅宗と教宗の二宗に統合するという仏教弱体化政策を断行した世宗も、晩年には仏教の信仰を強くしたことにより儒臣たちの悩みの種となったことが『世宗実録』に記載されている。世宗のこのような変化の決定的な契機には妃の昭憲王后の死があったことが考えられ、生前の昭憲王后が熱心な仏教信者であったから、妃を失った世宗は首陽大君時代の世祖に「追薦ということでは転経ほどふさわしいものはないから、お前は釈譜を作り、それを翻訳するのがよろしい（「御製月印釈譜序」一〇張）」と命じたのであろう。そしてまた、そのような母の影響の許にあって幼い日から仏教経典に親しんでいた首陽大君であったから、『釈譜詳節』編纂の重責に耐えることができたのではないかと考えられる。

『釈譜詳節』がハングルで表記されたことにより、仏教の経典がハングルで韓国語に翻訳されることになったが、ハングルの創制の過程において、世宗が初めからそれを仏典の翻訳に使おうと考えていたとは考えられない。ハングルが学問のない庶民を教育することを目的に創制されたのであるとすれば、ハングルに翻訳された仏教経典の内容は難解なものが多く、その目的に合致するとは言えないからである。世宗のハングル創制の目的は、日常生活の中での使用及び文学や歴史の記録にあったと考えられ、翻訳に使われるにしても、当初は儒教の経典である四書五経などが考えられていたようである。ところが実際に四書五経の韓国語訳が刊行されたのは一六世紀後半の宣祖の代になってからであった。[12]

ハングルが仏典の翻訳に使われる歴史を見た時、勢いを増す儒臣たちがハングルの使用や普及に頑《かたく》なに反対する状況下、僧侶たちが仏教による救いを求める世宗と世祖を助けようとした流れの中で、仏典とハングルが結びついていく様子が浮かび上がってくる。創制されたハングルは、使われてみると、高麗時代に蓄積された仏教学の知識を自国の言葉で書き表すことを可能にするものであった。仏教経典の難解な内容は自国語に翻訳することによって、より理解が深まるという面があったからであろう。

漢訳仏典の韓国語への翻訳はハングルが創制されてから始まったのではなく、新羅時代から漢訳仏典に

12 『宣祖実録』一五七四年一〇月一九日に宣祖が家臣に「詳定四書五経口訣諺解。（四書五経の口訣と諺解を詳しく定めるように命じた。）」という記事があり、一五八八年一〇月二九日に「甲申年命設校正庁、聚文学之士、校正四書三経音釈、仍令諺解、至是告訖。（甲申の一五八四年に校正庁を設置するように命じ、文学を好む士を集め、四書三経の音釈を校正させ、併せて諺解を付けるように命じたが、ここに至ってそのことが終ったという報告があった。）」とあり、その後の『宣祖実録』に『小学諺解』『周易諺解』『四書諺解』『詩経諺解』などの書名が出ている。

口訣《くけつ》[13]を書き込んで、韓国語として読む努力が重ねられていた。大蔵経を二度まで雕造《ちょうぞう》した高麗時代において、特に僧侶たちが漢訳仏典を翻訳し正しく理解しようとした蓄積があったから、創制されたハングルがいち早く仏典の翻訳に使われることになったと考えられている。世祖が刊経都監を新設することにより、仏典の翻訳が国家の事業として行われることになり、翻訳の手順や方法が開発されると、それまでハングルの普及に反対していた儒臣たちもその便利さと威力を認めないわけにはいかなくなったというのが実情のようである。一六世紀以降、ハングルは儒学や詩文だけでなく、医学などの技術的な分野の漢籍の翻訳にも使われるようになる。

四、諺解本の刊行と刊経都監の創設

一四五九年（世祖五）に『月印釈譜』二五巻を刊行した世祖は、一四六一年（世祖七）に刊経都監を新設して仏典の刊行を国家の事業として推進することになるが、刊経都監の最初の諺解書が一四六二年（世祖八）に刊行された木版本の『楞厳経諺解』である。『月印釈譜』が刊行された後、木版本の『楞厳経諺解』が刊行されるまでの三年間に、木版本の『蒙山法語諺解』及び活字本の『阿弥陀経諺解』と『楞諺経諺解』が刊行されているが、この三書はいわゆる諺解本の始まりをなすものであり、これらの書の書式の変遷の中で刊経都監が刊行した諺解本の書式が決定されたと考えることができるものである。諺解本とはハングルの口訣がついた漢文の本文に漢字とハングルで表記された韓国語の翻訳文が添えられた漢文書籍を指す言葉であり、『釈譜詳節』とその改訂本である『月印釈譜』の釈譜詳節部は漢文の翻訳書ではあるが、漢文本文の記載がなく、また多数の漢文書籍を集めて独自の編纂を加えたものでもあるから、通例の諺解本とは性格が異なるものである。

最初の『蒙山法語諺解（正式書名は『蒙山和尚法語略録』）』は高麗の普済尊者懶翁《ナオン》が元の蒙山和尚徳異の法話六篇を採録した木版本の諺解本であり、刊行の年代は不明であるが、その書式と字体が「御製月印釈譜序」と酷似し、ハングルの使われ方が『月印釈譜』と共通するので一四六〇年（世祖六）ごろに刊行されたのではないかと推定されている。懶翁は高麗末の禅僧であり、高麗時代後期の禅僧たちは元の禅僧と盛んに交流している。懶翁が選んだ元僧の法話が最初の諺解本として残されていることは、師資相承を尊重する韓国仏教の特色を表すものである。また、一四六一年（世祖七）に刊行されたのではないかと推定される活字本の『阿弥陀経諺解』は『月印釈譜』巻七に韓国語に翻訳されている『仏説阿弥陀経』が元になっている。『阿弥陀経諺解』には智顗《ちぎ》の『阿弥陀経義記』の注釈文が挿入されているが、その注釈文には口訣も翻訳文もない。次に刊行された活字本の『楞厳経諺解』には戒環の『楞厳経要解』の注釈文が挿入され、経文と注釈文のすべてにハングルの口訣が付けられ、全文が韓国語文に翻訳され、そこには韓国語の注が【　】に囲まれ挿入されている。この書の末尾には跋文があり、一四六一年一〇月に校書館から刊行されたことが明記されている。その後、刊経都監から刊行される諺解本の多くは、この活字本の『楞厳経諺解』の書式に倣うものとなっていることから、世祖はこの段階で諺解本の形式を完成したと考えたのではないかと想像することができる。異

13　漢文を韓国語として読むために漢文の文節間に挿入されている助辞。日本語のヲコト点または送り仮名のようなものであり、韓国では通常「토《ト》」と呼ばれ、日本語の書物では「吐《と》」・「懸吐《けんと》」・「諺吐《げんと》」という言葉で表されている。ハングルが創制された後でも、ハングルを用いないで、符号や漢字を用いて口訣を表記することが長く続いた。

なる点は、後に刊経都監から刊行された諺解本はすべて木版本であるという点である。刊経都監の諺解本が木版本であるのは、恐らく木版であれば、海印寺に残されている大蔵経版のように、経版が存する限り増刷が可能であると考えられたからであろう。

国家の事業として仏典を刊行した刊経都監はこのような準備が整えられた後の一四六一年（世祖七）に新設され、そのことが『世祖実録』に次のように書かれている。

初設刊経都監、置都提調・提調・使・副使・判官。（刊経都監を新設して、都提調と提調と使と副使と判官の役職を置く。）（『世祖実録』一四六一年六月一六日）

刊経都監は高麗時代に教蔵（続蔵経）を雕造《ちょうぞう》した教蔵都監（一〇九一年に設置）、及び再雕本の高麗大蔵経を雕造した大蔵都監（一二三六年に設置）に匹敵するような大きな政府の機関であった。刊経都監で刊行された諺解本の巻頭に載せられた箋文《せんぶん》に続く雕造官《ちょうぞうかん》の名簿には当時の高官が名を連ねられている。『法華経諺解』には都提調二名、提調八名、副提調二名、使五名、副使二名の名が載せられていて、それぞれに当時の役職が示されている（本書63ページ参照）。

刊経都監にはソウルの本司と地方の分司があり、翻訳書である諺解本はすべて本司で刊行され、漢文本は本司と分司の両方で刊行された。漢文本には新たに木版を雕造して印刷したものと、既にある経版を補修して印刷したものがあり、それぞれは刊記の中の「朝鮮国刊経都監奉教雕造」と「朝鮮国刊経都監奉教重修」という言葉で区別されている。現在までに明らかになっている刊経都監本は、諺解本が九種、漢文本が三〇種程度であるということである。また、刊経都監から刊行された漢文経典の多くは、高麗時代に教蔵都監を設立した義天の『新編諸宗教蔵総録』の中に書名が掲載されている教蔵（続蔵経）であるということから、刊経都監と教蔵都監のつながりを知ることができる。

九種の諺解本は大乗経典及び禅の修行に関する指針書である。これらの書籍の漢文本はどれも高麗時代から広く読まれていたものであり、韓国の仏教界においてどのような経典及び仏教書が尊重され、それらがどのように理解されていたかということを知る上でこの上ない資料となるものである。

次に挙げる表は刊経都監が刊行した九種の諺解書をまとめたものである。表の「通称」の欄は今日の韓国における呼ばれ方を示すものであり、（　）内に巻数と全巻の張数を示した。張数は現行の影印本で確認できるおおまかな数である。「経題」はそれぞれの書物の中に印刷されている正式の書名であり、禅の指針書には（　）の中にその作者名を示した。「口訣」・「翻訳」・「刊行年」の欄はそれぞれの本文及び注釈文に口訣を付けた人物の名と諺解文を作成した人物の名、及び刊行の年月日であり、これらの記述はそれぞれの書物の巻頭または巻末、或いは箋文か跋文の中に書かれている場合が多いけれど、現行の影印本ではその部分が印刷されていないものが少なくないので、多数の伝本を直接見ることができる韓国の研究者の記述にもとづいて示した。「注釈書」の欄には漢文の注釈書名を示し、その中で口訣と諺解文があるものには（　）の中にそのことを示し、「　」の中にはそれらの注釈書が掲載されている『大正新脩大蔵経』と『新纂大日本続蔵経』の巻数を示した。

通称	経題	口訣	翻訳	刊行年	注釈書
楞厳経諺解（一〇冊・一〇七六張）	大仏頂如来密因修証了義諸菩薩万行首楞厳経	世祖	韓継禧・金守温	一四六二年八月二一日	宋 戒環の要解（口訣・諺解あり）［続蔵巻11］
法華経諺解（七冊・一五四二張）	妙法蓮華経	世祖	世祖	一四六三年九月二日	宋 戒環の要解（口訣・諺解あり）［続蔵巻30］・明 一如の科註［続蔵巻31］
永嘉集諺解（二冊・二九六張）	禅宗永嘉集（唐永嘉玄覚撰）	世祖	信眉など	一四六四年一月五日	宋 行靖の註（口訣・諺解あり）・宋 浄源の科文
金剛経諺解（一冊・一六〇張）	金剛般若波羅蜜経	世祖	韓継禧	一四六四年四月七日	唐 六祖恵能の解義（口訣・諺解あり）［続蔵巻24］
心経諺解（一冊・七二張）	般若波羅蜜多心経	世祖	孝寧大君・韓継禧	一四六四年四月七日	唐 法蔵の略疏（口訣・諺解あり）［大正蔵巻33］・宋 仲希の略疏顕正記［続蔵巻26］
阿弥陀経諺解（一冊・二九張）	仏説阿弥陀経	世祖	世祖	一四六四年	隋 智顗の義記［大正蔵巻37］
円覚経諺解（一二冊・一〇八四張）	大方広円覚修多羅了義経	世祖	信眉・孝寧大君・韓継禧など	一四六五年三月一九日	唐 宗密の略疏（口訣・諺解あり）［大正蔵巻39］と略疏鈔［続蔵巻9］
修心訣諺解（一冊・四六張）	牧牛子修心訣（高麗知訥撰）	世祖	信眉	一四六七年	注釈書なし。［本文は大正蔵巻48に載る「高麗国普照禅師修心訣」と同じ］
法語諺解（四法語諺解）（一冊・九張）	（皖山正凝禅師示蒙山法語・東山崇蔵主送子行脚法語・蒙山和尚示衆・古潭和尚法語）	信眉	信眉	一四六七年	注釈書なし。［初めの三つの本文は大正蔵巻48に載る「誡初心学人文」と同じ］

五、刊経都監版『妙法蓮華経』の体裁と『法華経諺解』という名称

今日に伝わる刊経都監刊行の九種の諺解書の中で代表的な作品が本書で日本語に翻訳されている『妙法蓮華経』七巻である。この日本語訳は韓国の世宗大王記念事業会が二〇〇〇年から二〇〇三年の間に刊行した『訳註法華経諺解』全七巻に掲載されている全張の影印と韓国語の現代語訳を元にして作成したものである。

通常『法華経諺解』と呼ばれている刊経都監版『妙法蓮華経』の原本の体裁は、鳩摩羅什訳の七巻本『妙法蓮華経』の本文が段落に分けられて載せられ、その後に明の一如《いちにょ》の『法華経科註《かちゅう》』と北宋の戒環《かいかん》の『法華経要解《ようげ》』の科文と注釈文が続けて載せられている。『法華経』の本文は大字、『法華経科註』の科文と注釈文は小字、『法華経要解』の科文と注釈文は一字分下げて中字でそれぞれ印字されている。以上はすべて漢文であり、それらの漢文の内『法華経』の本文と『法華経要解』の注釈文には、小字のハングルで口訣が付けられている。また『法華経』の本文と『法華経要解』の注釈文の後には、それぞれ〇印の後に小字の漢字とハングルで表記された韓国語の翻訳文が施され、それぞれの翻訳文の中の重要な仏教用語や難解な漢字語には同じく小字の漢字とハングルで表記された韓国語の夾注が【　】の中に挿入されている。夾注には漢文はない。『法華経科註』の注釈文は漢文のみで、口訣も韓国語の翻訳文も夾注も施されていない。小字で表記された『法華経科註』の科文と注釈文、及び『法華経』本文と『法華経要解』注釈文の韓国語翻訳文、及び韓国語の夾注は、二行割りの形式で記入されている（本書口絵参照）。

この日本語の翻訳書は以上のような複雑な体裁を持った刊経都監版『妙法蓮華経』の記載の中の『法華経』本文の韓国語の翻訳文と『法華経要解』注釈文の韓国語の翻訳文、及びそれぞれに加えられた韓国語の夾注

を日本語に訳したものである。翻訳された日本語では、原本の漢文の記載にならって、『法華経』本文は大字（10ポ）で表記し、『法華経要解』注釈文は一字分下げて中字（9ポ）で表記し、刊経都監の編纂者が独自に施した夾注は【　】内に小字（8ポ）で表記した。

この日本語訳に『法華経諺解』という書名を付けたのは、この日本語訳が以上のように複雑な構成になっている刊経都監版『妙法蓮華経』の諺解部分だけを訳したものだからであり、また韓国においてこの刊経都監版『妙法蓮華経』が通常『法華経諺解』と呼ばれているからである。

なお、副題を『ハングル訳注法華経要解』と付けたのは、刊経都監版『妙法蓮華経』の中の韓国語の部分だけを日本語に訳した本書の内容は、とりもなおさず戒環の『法華経要解』全文の日本語訳に他ならないからであり、それを刊経都監の編纂者が加えた夾注によって読み解くという形になっている。

「諺解」は刊経都監が諺解本を刊行した当時には使われることがなかった言葉である。『朝鮮王朝実録』で諺解という言葉が最初に使われているのは、一五一四年四月一四日の「諺解医書（諺解された医学書）」であり、そこには「祖宗朝欲使愚夫愚婦、皆得知之、至以諺文翻訳（先代の朝廷において愚かな男女の誰でもが分かるように創制した諺文を用いて翻訳し）」という記述がある。今日韓国において刊経都監版の『妙法蓮華経』が『法華経諺解』と呼ばれていることには、朝鮮時代に漢文本の『妙法蓮華経』が何度も刊行されているので、それらの漢文本と区別する意味もあるとのことである。また、この書を除いて他に法華経の翻訳書が朝鮮時代に刊行されたことはないので、『法華経諺解』は刊経都監が刊行したこの『妙法蓮華経』だけを指す固有名詞として使われている。刊経都監が刊行した『妙法蓮華経』の中から『法華経要解』と『法華経科註』の記載を除き、口訣が付いた漢文の経文と翻訳文だけを抜粋して一五〇〇年に刊行された『妙法蓮華経』が残されているが、この書は『改刊法華経諺解』と呼ばれている。

六、口訣文と諺解文

漢文に口訣を付けることは一種の翻訳である。それでは口訣文と諺解文はどのように異なるのだろう。刊経都監版『妙法蓮華経』について言えば、『法華経』の本文と『法華経要解』の注釈文の漢文の文節の切れ目にハングルで送り仮名のようなものが記入されたものが口訣文であり、漢字とハングルで韓国語の語順の通りに翻訳されている文章が諺解文である（本書口絵参照）。諺解文は口訣が示唆《しさ》するところに基づいて、漢文の伝える意味を韓国語の語順通りに漢字とハングルで表記したものである。

口訣文と諺解文の違いを簡単な文で説明しよう。

［口訣文］

爾時世尊이 欲重宣此義ᄒᆞ·샤 而說偈言ᄒᆞ·샤ᄃᆡ（本書口絵(4)の六行目に実例がある。）

この文を韓国人は、次のように発音する。

イ シ セ ジョン ィ ヨク ジュン ソン チャ ウィ ハシャ イ ソル ゲ オン ハシャデ

仮に、この文を日本語として表せば、次のようになる。

爾時世尊《にじせそん》が欲重宣此義《よくじゅうせんしぎ》なさり而説偈言《にせつげごん》なさることには

［諺解文］

그 ᄢᅴ 世尊이 이 ᄠᅳ들 다시 펴려 ᄒᆞ샤 偈ᄅᆞᆯ 니ᄅᆞ샤ᄃᆡ

（本書口絵⑷の七行目に実例がある。口絵の写真の中の漢字の後のハングルは、上の漢字の東国正韻式漢字音の表記であるから、ここには表記しない。）

この文を文節に区切って日本語の訳語を（　）内に記入すると、次のようになる。

그（その）ᄢᅴ（とき）世尊이（世尊が）이（この）ᄠᅳ들（いみを）다시（かさねて）펴려（ひろげようと）ᄒᆞ샤（なさり）

偈ᄅᆞᆯ（偈を）니ᄅᆞ샤ᄃᆡ（おときなさることには）

参考までに岩波文庫『法華経』のこの部分の訓読文は次のようになっている。

その時、世尊は、重ねてこの義を宣《の》べんと欲して、偈《げ》を説いて言《のた》もう

口訣文は、日本語の訓点の付いた漢文に似ているが、返って読むことがなく、すべての漢字と口訣のハングルを上から順序通りに読み、漢字は韓国音で発音する。諺解文は日本語の訓読文（書き下し文）に似ているが、訓読文は訓点の指示する通りに書き下すものであるのに対し、諺解文は口訣が指示する通りに読んだものではない。韓国語は日本語と語順が同じであるのに、口訣文には返り点がないからである。また韓国語では漢字を訓で読むことがないから、翻訳可能な漢字語は韓国語に訳されてハングルで表記されている。この例文では、「世尊・偈」が漢語のままに表記されているだけであり、日本語の訓読文で漢字が使われている「時・重・義・宣・欲・説・言」は韓国語に訳されてハングルで表記されている。諺解文でも日本語の訓読文でも漢字が使われていないのは「爾・而」の二字だけである。

また、日本語の訓読文は助辞以外の漢字はすべて読み、しかも読み方は文語文法に基づくという原則があるから、通常の話し言葉とはかけ離れたものになっているが、諺解文はそのような制約がないから、日本語の訓読文よりも、現代語訳に近いのではないかと思われる。

ハングルで書かれた最初の書物である『龍飛御天歌』の漢文の詩と説明文には口訣の表記がない。『釈譜詳節』と『月印千江之曲』及びその二書を合わせた『月印釈譜』には漢文がないから口訣もない。[14] このように、世宗の時代に刊行されたハングル書籍では、漢文にハングルの口訣が付けられている例は少ない。

「口訣」は、口で言い伝える秘伝、すなわち口伝《くでん》と同じような意味を持つ言葉であるが、韓国では日本語の訓点と同じような意味で使われている。ハングルが発明される以前において、口訣が師から弟子へとその読み方が秘伝または口伝のように伝えられていたからであろう。最近になって高麗時代の口訣に順読（音読）口訣の他に釈読（訓読）口訣があったということも明らかになり、その方面の研究が進められている。釈読口訣は日本の訓読文のように返り点があり、漢文を韓国語の順序に直して読むものであり、漢字の中に訓（韓国語）で読まれるものがある。ハングルが発明されたことにより、釈読口訣は諺解文に発展して消滅することになったと考えて良いのではないかと思われる。順読口訣について言えば、従来の口伝的な符号から、ハングルという誰もが簡単に覚えられる国家が定めた文字で書き表されることが始まったのである。

韓国において、高麗時代の符号で書かれた口訣と刊経都監で刊行された経典のハングルで書かれた口訣を比較した結果、両者の読み方に大きな違いがなかったという研究成果もあることから、口訣が新たに制定さ

14 『月印釈譜』巻一に載る「世宗御製訓民正音」と「釈譜詳節序」と「御製月印釈譜序」の漢文にはハングルの口訣が付けられている。

れたハングルで書き表された時、高麗時代、或いはそれ以前から受け継がれてきた符号による口訣が参考にされたことは明らかである。それは、符号をハングルに変えたというよりも、読み伝えられてきた韓国に独特な漢文音読法の口訣の部分をハングルで書き表すことが始まったと捉える方が、より正確なのではないかと思われる。

口訣は句と句のつながりや句切れを明確にするから、漢文に口訣が挿入されていれば、韓国人には漢文の文意が取りやすくなるだけでなく、暗誦しやすくなるということである。『円覚経諺解』と同じ年に刊行された『円覚経口訣』と呼ばれる書物があり、この書は『円覚経諺解』から口訣が付けられた漢文の経文と注釈文だけを抜き出したものであり、諺解文はすべて削除されている。このような書物が刊行されたということは、口訣があれば諺解文がなくても漢文は十分に理解できると考える人が多かったことを物語っているのではないだろうか。

このように便利な口訣文であるが、それは漢字の知識がある人たちにとってのことであるから、漢字の知識のない当時の一般人には諺解文が必要であると考えられたのだろう。『月印釈譜』巻一に載る「世宗御製訓民正音」の夾注では「訓民正音」の意味が「訓民正音は王が人民を教える正しい音（文字）である」と説明されている。世祖自身もまた「釈譜詳節序」の末尾に「また正音を用いて漢文で書かれた文章の通りに翻訳し、解釈しているので、人々が容易に理解し、三宝に帰依するようになることを期待するものである」と書いていることからも、世宗や世祖にとってハングルはどこまでも一般人を教化する手段として考えられていたことが明らかである。

世祖は『月印釈譜』を編纂し『釈譜詳節』を改編した後、当時漢字を知る人たちの間で広く読まれていた個々の漢文経典の完訳本を刊行して、漢字を知らない一般の人たちにも正しい仏教の教理を伝えたいと考えたのだろう。漢字を知らない一般人には、口訣の付いた漢文は口訣の付かない漢文と何も変わらない外国語であるけれども、韓国語の語順になり、多くの漢語が韓国語の語彙に改められている諺解文であれば、意味が通じるものになる。その後の韓国でこれらの諺解本が地方の寺院において何度も覆刻されており、それらの覆刻本には多数の施主の姓名が印刷されているものが多いことからも、諺解本が一般人が仏教の教義を理解する上で有用なものであったことが分かる。

世祖は当時一流の学者を選び、その学者たちがまた当時一流の学僧の協力を得て、それらの諺解の作業は実行されたのである。その結果、『法華経諺解』などの諺解文は非常に意味の取りやすい翻訳文となっている。実際、当時の文献においても、諺解文を作ることに「翻訳」または「訳」という言葉が使われ、口訣を付けることには「口訣」または「訣」という言葉が使われて、後者に翻訳という言葉は使われていない。ただし、一五世紀にこのような緻密な漢文の翻訳文である諺解文がつくられたにもかかわらず、その後の朝鮮時代では漢文は口訣を付けて読んだり暗誦したりすることが多く行われ、そうすることで漢文の意味は理解できるものと考えられていたらしいことを考えれば、口訣を付けることを翻訳にあらずとして退けることはできないと思われるのである。

七、『楞厳経諺解』と『法華経諺解』の刊行とその翻訳者

一四六一年（世祖七）に創設された刊経都監が最初に刊行したのが、一四六二年（世祖八）の木版本の『楞厳

経諺解』である。この木版本は一四六一年（世祖七）に校書館が刊行した活字本の『楞厳経諺解』を校正したもので、両書はほぼ同じ内容である。

『楞厳経諺解』がどのように翻訳されたかについては、『楞厳経諺解』の末尾にある「御製跋（世祖の跋文）」の中に詳しく書かれている。世祖の跋文《ばつぶん》は口訣の付いた漢文であるが、韓国語の翻訳文があり、その翻訳文の中の【　】には編纂者によって補われた注の文がある。この跋文は校書館で刊行された活字本と刊経都監で刊行された木版本のそれぞれ巻十の末尾に付けられていて、両者は同文であるから、初めの活字本が翻訳された時の経緯を伝えるものであることは明らかである。その「御製跋」の中に、次のような記述がある。

> 叔父の孝寧大君が私に『楞厳経』と『永嘉集』を翻訳するように要請なさったが、そのことは正に我が意に適うことであった。師（慧覚尊者信眉）もまた随喜なさったから、ここにおいて韓継禧《ハンケイフィ》などに校閲を助けるように命じ、予もまた暇を活用して力を尽したが、すべては師の慧覚尊者が正したことにより、数ヵ月後に翻訳が完成した。【お上が口訣をお付けになったものを、慧覚尊者が確認なさり、貞嬪韓氏などが声を出して読み上げ、工曹参判臣韓継禧と前尚州牧事臣金守温が翻訳し、議政府検詳臣朴楗・護軍臣尹弼商・世子文学臣盧思慎・吏曹佐郎臣鄭孝常が比較検討し、永順君臣溥が例を決定し、司瞻寺尹臣曹変安・監察臣趙祉が国韻を記入したものを、慧覚尊者信眉、及び僧科[15]の合格者である思智・学悦・学祖が翻訳を正した後に、お上がご覧になって決定した。その翻訳文を典言曹氏豆大が御前において読んだのである。】（『楞厳経諺解』「御製跋」三張）

右の夾注の文を整理してみると、以下のようになる。

一、漢文にハングルの口訣を付ける　⇩世祖
二、口訣が付けられた文章を確認する　⇩慧覚尊者信眉
三、口訣が付けられた文章を朗読する　⇩貞嬪韓氏など
四、確定した口訣に基づき、漢字とハングルを用いて翻訳する　⇩韓継禧と金守温
五、翻訳された文章を様々に比較検討する　⇩朴楗・尹弼商・盧思慎・鄭孝常
六、例を決定する[16]　⇩永順君
七、翻訳文中の漢字にハングルで東国正韻式漢字音を記入する　⇩曹変安・趙祉
八、翻訳文の修正をする　⇩信眉・思智・学悦・学祖
九、翻訳文を決定する　⇩世祖
一〇、翻訳文を世祖の御前で朗読する　⇩曹氏豆大[17]

中国の訳場の九位にも似た仏典翻訳の分業が朝鮮王朝において実施されたのである。右に引用した世祖の跋文の諺解文の続きは次のようになっている。

それを学徳の高い隠士や俗人に印刷し流布するように命じたのである。【校書館提調河城尉臣鄭顕祖に鋳字（乙亥字）で四百部を印刷するようお命じになったが、その時特別に宗室の銀川君臣穳と玉山君臣躋を校書館に仕官

15 朝鮮時代の初期には、高麗時代と同じように、僧侶にも科挙と同様の僧科の国家試験があった。
16 六は翻訳文中の【　】内に書かれた夾注のことを言っているのではないかと思われる。ことによると、五もそうであるかもしれない。
17 三の「貞嬪韓氏」と一〇の「曹氏豆大」は姓の後に氏の字が付けられているので女性ではないかと考えられる。

させ、印刷を監督するようにお命じになった。】(『楞厳経諺解』「御製跋」四張)

続けて書かれている右の二つの記述から、経典の翻訳とその印刷が別のこととして厳然と分けられていたことが推測できる。即ち、経典の翻訳は世祖を中心として王の御殿で行われ、その印刷や製本の作業は校書館で行われたのではないだろうか。そのように考えれば、一四六一年に刊行された活字本の『楞厳経諺解』と一四六二年に刊行された木版本の『楞厳経諺解』は、それぞれ校書館と刊経都監で製版と印刷と製本が行われたが、経典の翻訳および校正は王を中心にして王の御殿で実施されたということに変わりがないことになるだろう。そうであれば、刊経都監が新設された後に進められた『法華経諺解』以下の諺解本の翻訳も、活字本の『楞厳経諺解』の翻訳と同じような手順を経て、その翻訳と編集は王の御殿で、王を中心として実施されたと考えて良いのではないかと思われる。

ところで『法華経諺解』には『楞厳経諺解』のような跋文がなく、翻訳者についての明確な記載が見当たらない。箋文(本書60ページ「進妙法蓮華経箋」参照)に「御訳」とあるから世祖であると受け取ることができるが、「御訳」という言葉は『楞厳経諺解』の箋文にもある。そういう事情であるからだろう、韓国では『法華経諺解』の翻訳者について、口訣は世祖が付け、諺解文は金守温や韓継禧など刊経都監の官吏が作成したと書いてある解説書が多い。

『法華経諺解』の翻訳者を考える上で気を付けなければならないことは、『法華経諺解』には『楞厳経諺解』と異なる翻訳の過程があったということである。同じ刊経都監が刊行した『阿弥陀経諺解』の経題の次の行に「御製訳解」の文字があることから、『阿弥陀経諺解』は口訣も諺解も世祖によるものであることが明らかにされており、そのことが確実なことであるという理由として世祖の著作である『月印釈譜』巻七に翻訳されている『仏説阿弥陀経』と『阿弥陀経諺解』の翻訳文と夾注がほぼ同文であることが挙げられている。『阿弥陀経諺解』と同じように『法華経諺解』の翻訳に関しても、刊経都監が刊行した他の諺解書と比較して世祖の関与が格段と大きかったことが考えられる。『法華経諺解』が編纂される以前に世祖によって翻訳された『釈譜詳節』と『月印釈譜』の釈譜詳節部で、『法華経』は二度までその大部分が翻訳されているからである。

『法華経諺解』の刊行が『釈譜詳節』及びその改訂版である『月印釈譜』の釈譜詳節部の編纂の延長線の上にあることについて言及しておきたい。『釈譜詳節』は全二四巻のうち巻一三から巻二一までの九巻[18]が『法華経』の翻訳である。その中で現存する四巻を見る限り、長行《ちょうごう》（散文）の部分がほとんど全文翻訳されて、偈頌《げじゅ》（韻文）については長行の記述と重複しない重要な部分を長行の中に組み込むようにして翻訳されている。『月印釈譜』は全二五巻のうち巻一一から巻一九までの九巻[19]が『法華経』の翻訳であり、そこでは長行部分はすべて忠実に翻訳され、偈頌は二つの例外があるだけですべて省略されている。両書の大きな相違点に、夾注の中での『法華経要解』の引用が『釈譜詳節』の中ではそれほど多くないが、『月印釈譜』の中では圧倒的に多くなっているということがある。

世祖がかねてより『法華経要解』を愛読し、その影響を強く受けていたことは「御製月印釈譜序」の内容

18　そのうちの巻一四から巻一八までの五巻は未発見である。
19　そのうちの巻一六の一巻だけが未発見である。

からも想像できる。『法華経要解』の注釈文が『法華経』本文の夾注として使われることは既に『釈譜詳節』においても行われているが、その量は『月印釈譜』の釈譜詳節部において大幅に増えている。大幅に増えてはいても、それはあくまでも夾注という形式であり、多数の経典を縮約して掲載する『釈譜詳節』全体の編纂の方針から量的な制約を受けるものであった。世祖はその結果に満足することができなかったからであろう、『法華経要解』の完訳本を刊行しようとする構想が世祖の心の中に芽生え始めることになったのではないだろうか。

その実現に移る前に、世祖は『楞厳経』の翻訳を進めているが、そのことは『法華経諺解』を刊行するための周到な準備であったと言えないだろうか。『楞厳経諺解』の世祖が書いた跋文の冒頭に一四四九年（世宗三二）に世宗が当時首陽大君と呼ばれた世祖に『楞厳経』を訳して広めるように命じたことが書かれているが、そのことが特筆されている背景に、恐らく儒臣たちの根強い反対を押し切って国家的な仏典翻訳事業を実行するためには、名君世宗の命令を実行するという名分を前面に出す必要があったのだろう。そのような意味では、世祖が同じ跋文において、『楞厳経』の翻訳作業に入る直接のきっかけを世宗の兄の孝寧大君が一四六一年（世祖七年）に釈迦の分身舎利を王宮にもたらして、『楞厳経』と『永嘉集』を翻訳するように要請したことを特筆していることも同じ脈絡の中にあると言えるのではないかと思われる。

国家の事業として進める翻訳の事業であるからには、書物の内容及び組織の編成において形式を整えたものでなければならない。世祖はその内と外の形式を活字本の『楞厳経諺解』の編纂の中で模索したのではないだろうか。活字本の『楞厳経諺解』の編纂を進める中で、世祖は刊経都監を設立し、活字本の『楞厳経諺解』が完成するとすぐにその校正本を刊経都監から木版本で刊行した。そのように体制を整えて、世祖は所依《しょえ》の経典である『法華経要解』の徹底的な翻訳と注釈の作業に移ったのではないかと思われる。

以上のような事情を考慮して、断定することはできないものの、筆者は『法華経諺解』の口訣と諺解文の作者を共に世祖とするのが良いのではないかと考えているが、『法華経諺解』の編纂と翻訳の作業が世祖を中心として、選ばれた官吏と僧侶の協力体制の元に実行されたことは、一五世紀に刊行されたその他の仏典翻訳書と同様であったことは言うまでもないことだろう。

八、東国正韻式漢字音の表記

これまでに述べてきた一五世紀の書物の中の韓国語の文章は漢字とハングルで表記され、漢字には一字一字ハングルで韓国音が表記されている。[20] ハングル創制の目的は自国語を自由に書き表すことだけでなく、漢字を自国の文字で書き表すことにもあったということは既に見た通りである。実際に一五世紀に刊行されたハングルの書籍を読んでみると、韓国固有語部分のハングル表記と漢字音のハングル表記は明らかに異なるものとなっている。

漢字一文字はハングルでも必ず一文字で表される。『訓民正音』の中にハングルの一文字は初声（子音）と中声（母音）と終声（子音）で構成されるという記述があることについて既に見たが、実際には韓国語の一音

20　『龍飛御天歌』には漢字音のハングル表記はない。

節には終声がない場合が多い。それは漢字音の表記においても同じである。しかし、創制当時のハングルの漢字音表記では必ず終声が表記されるものになっている。[21] 例を挙げると、『妙法蓮華経』の現代のハングル表記は「묘법연화경」であるが、東国正韻式の表記では「묭법련황경」である。このような漢字音の表記は東国正韻式漢字音の表記と呼ばれている。『東国正韻』は一四四八年（世宗三〇）に刊行された漢字の韓国音をハングルで表記した書物であるが、中国語の読書音（文語）に基づいて漢字の韓国音が定められた結果、当時実際に発音されていた韓国音とは異なるものとなっている。ハングルは厳格な表音文字であるから、中国風の発音に近づけた漢字音のハングル表記が特殊な表記になることは避けられないことであった。

朝鮮王朝における中国の音韻学の研究は一四五五年（端宗三）に刊行された『洪武正韻訳訓』に結実する。この書は明の官撰の韻書である『洪武正韻』の漢字音をハングルで表記したものである。漢字の韓国音のハングル表記を決定する為には明王朝において決定された中国語の読書音をハングルで表記することが不可欠であると考えられたからであろう。この書の編纂はハングルが創制された直後の一四四五年（世宗二七）に始められているから、漢字の韓国音をハングルで表記した『東国正韻』は、『洪武正韻訳訓』に先立つ一四四八年（世宗三〇）に刊行されているが、両書の編纂は並行して行われたと考えることができる。

このように国家の力で人為的に定められた東国正韻式のハングルによる漢字音の表記法であったから、一五世紀に刊行された『釈譜詳節』や刊経都監刊行の諺解本の漢字に添えられているハングルによる漢字音の表記は、『楞厳経諺解』の「御製跋」の中の夾注にあるように、専門の役人が『東国正韻』の記載を確認しながら記入したのではないかと考えられる。

一六世紀に入るころから、韓国音が『東国正韻』にもとづいて表記されることがなくなり、韓国人の実際の発音通りに表記されるようになる。それは現代韓国語のハングル表記に近いものであり、その表記は一五二七年（中宗二二）に刊行された漢字学習書『訓蒙字会』に集成されている。

『訓蒙字会』は漢字の読みと意味を示す辞書であるが、一六世紀のハングルの実際の使われ方を今日に伝える文章の好例として、一五七六年に描かれて現在は高知県佐川町立青山《せいざん》文庫に所蔵されている「安楽国太子経変相図」に残された全文ハングルの説明書きがある。「安楽国太子経変相図」は一幅の掛け軸であり、そこに絵巻物のように色彩画が描かれ、二七の場面に分けられて物語の展開が語られている。実はこの物語は『月印釈譜』巻八の月印千江之曲部の三一曲と釈譜詳節部の夾注の安楽国太子の物語を要約したものである。『月印釈譜』巻八の安楽国太子の物語の中の漢字の発音は東国正韻式の漢字音表記である。

安楽国太子の物語は浄土信仰と関係の深い民間伝承的な物語であり、漢訳経典にその出典を求めることができないものであるから、韓国撰述の経典ではないかと言われている。高知県の青山文庫に所蔵される「安楽国太子経変相図」は、安楽国太子の物語が当時の韓国で広く人々に好まれていた物語であったことを証明するものであり、そこに書かれている全文ハングルの韓国語文は、韓国語の表記においても、漢字音の表記においても、一六世紀におけるハングルの表記法の特徴を示す好例である。なお、仏典の諺解書でいうと、一四九六年に刊行された『六祖法宝壇経諺解』では諺解文の中の漢字の下に書かれた韓国音の表記は、当時実際に発音されていた現実音の表記になっている。

21　『月印千江之曲』では発音しない終声の表記はないが、『月印釈譜』の月印千江之曲部では表記されている。

九、後刷本と覆刻本

ハングルは世宗と世祖の時代に、朝鮮王朝が刊行した書物の中で使われ、その普及が計られたが、世祖の死後の成宗と燕山君の時代にはハングルの使用に反対する儒臣たちの勢力が強まり、王室の正式な事業としてハングルの書物が刊行されることがなくなる。そのような中で一四八二年（成宗一三）に慈聖大妃（世祖の正妃、貞熹王后。成宗の祖母）は僧侶の学祖《ハクチョ》に命じて、世祖がやり残した『金剛経三家解』と『南明集』の諺解本を刊行させるということがあった。

また、一四七二年（成宗三）と一四九五年（燕山君一）に刊経都監で刊行された諺解本が大量に増刷されることがあった。このように初刊本の版木で後の時代に印刷されたものは後刷本と呼ばれている。一四七二年の後刷本は仁粋《インス》大妃（世祖の第一王子桃源君の妃・成宗の母）の命により印刷されたもので金守温の跋文があり、一四九五年の後刷本は貞顕大妃（成宗の妃）の命により印刷されたもので学祖の跋文がある。これらの後刷本の中で今日に残っているものは、初刷本が今日に伝わっていない書物を補うものとなっている。

また、初刷本も後刷本も伝わらない書物は、後世の覆刻本があることで、その内容が確かめられている。「法華経諺解」には覆刻本が多く、その中で刊記が明らかなものに一五二三年・一五四五年・一五四七年・一七六四年・一七六八年のものなどがあるという。一六世紀以降に覆刻本が地方の寺刹《じさつ》で繰り返し刊行されたということは、刊経都監版『妙法蓮華経』の諺解が、僧侶自身が仏教の教理を知る上でも、また信者に仏教の教理を説く上でも有益なものであると考えられたからであるに違いない。既に述べたように一六世紀になって『訓民正音』制定当時のハングルの表記方式が変化することになったが、覆刻本は初刊本を覆刻したものであるから、一部に誤刻はあっても、大体において初刊本と同じ表記になっていると考えて良いというのが韓国の研究者の見解である。

一〇、『法華経要解』と『法華経科註』

一九三〇年代に韓国において『法華経』の木版本の調査をした江田俊雄（当時、ソウルの中央仏教専門学校教授）は次のように書き残している。

朝鮮各地の寺刹《じさつ》に於いて、刊行せられた法華経の異版は頗《すこぶ》る多く、余の管見《かんけん》に上った、刊年、刊所の明らかなるもの七拾種からあり、更にその不明なる断冊零本《れいほん》も尠《すくな》からず、模板の遺存するものでさえも、二拾余種に達する有様である。若《も》しそれ、印本・模板の既に散佚《さんいつ》したものをも合わせ考えるならば、朝鮮に於ける法華経の異版はかなり夥《おびただ》しき数に上るに相違ない。是等の法華経の異版は其の殆《ほとん》ど全部は本文の他に註解のついた、特にそれは戒環の法華経要解本の上梓《じょうし》印行《いんこう》である。之は朝鮮版法華経の大なる特徴である。法華経の註解は古来数十百にも上るのであるが、其等の中で、単《ひと》り戒環の法華経要解のみが行われ、他のものは全く顧《かえり》みられないということについては、其処《そこ》に何か理由が存しなくてはならぬ。（中略）乃《そこ》で此の書が朝鮮に於いて流行した理由として次の三点が数えられるように思う。

一　此の書の内容が朝鮮仏教に適合していること。

二　此の書の内容が繁簡適宜《はんかんてきぎ》なること。
三　此の書の覆刻重刊が模倣慣行《かんこう》されたこと。（「朝鮮版法華経異版考」一九三五年発表）

右の文章は漢文本の『法華経要解』が朝鮮時代に数多く木版に彫られて印刷・刊行されたことを述べるものである。朝鮮時代だけでなく、高麗時代にも『法華経要解』の漢文本が少なからず刊行されたことが明らかになっているから、韓国においては高麗時代と朝鮮時代の間、多種類の漢文本の『法華経要解』が刊行されており、『法華経』は『法華経要解』によって学ばれることが行き渡っていたことが窺える。刊経都監が刊行した『法華経諺解』はこのように韓国において学ばれ続けてきた『法華経要解』理解の到達点を示す著述であり、それを超える著述が現れることがなかったから、一六世紀以降、朝鮮時代を通じて、地方の寺院で何度も覆刻・重刊されたのであろう。

ところで、既に述べたように刊経都監版『妙法蓮華経』には、注釈として『法華経要解』と『法華経科註』の二書が全文載せられている。『法華経科註』には口訣も翻訳もないのでこの日本語訳ではすべて省略されているが（ただし、夾注の中に『法華経科註』の注釈文がそのまま韓国語に翻訳されていることが少なくない。）、刊経都監版の『妙法蓮華経』に『法華経科註』と『法華経要解』の注釈が全文並べて載せられている意味をおろそかに考えることはできない。編纂者である世祖たちは『法華経科註』と『法華経要解』が数ある法華経の注釈書の中で最良のものであり、この二つの注釈書を併せて学ぶことで『法華経』の真意に近づくことができると考えたに違いないからである。

『法華経科註』は隋代智顗《ちぎ》の『法華文句《ほっけもんぐ》』の記述の内、煩雑と思われる部分を省略して読みやすいものに編集した上で、唐代湛然《たんねん》の『法華文句記』の記述を補ったものであるから、天台の教義を整理して分かりやすくまとめた書物であると言えるのではないかと思われる。『新纂大日本続蔵経』には明の一如《いちにょ》のものと共に、宋の守倫《しゅりん》と元の徐行善《じょぎょうぜん》の『法華経科註』が採録されていることから、中国において歴代の王朝で、この書名のもとに『法華経』に関する天台の教義を分かりやすくまとめようとする努力が積み重ねられてきたことが推測できる。一五世紀の韓国において、それら三書の中では最新の一四一八（永楽一六）年に刊行された一如の『法華経科註』が採録されていることは、中国天台の最新の研究成果を吸収しようとした韓国仏教界の意気込みの表れではなかったかと思われる。

韓国において天台宗は高麗時代に義天によって開かれたが、一四二四（世宗六）年に当時まで残った七つの仏教宗派が禅宗と教宗の二つに統合されたことで、その名が消えることになる。それは『法華経諺解』が刊行される三九年前に当たるから、『法華経諺解』が刊行された当時でも、天台学を専門に学ぶ僧侶がいたことが考えられる。刊経都監版『妙法蓮華経』の『法華経科註』には口訣も諺解文もないけれど、『法華文句』で智顗が立てている科文《かもん》が『法華経』本文に合わせて分かりやすく立てられている。『法華経科註』の科文は小字であり、『法華経要解』の科文は中字であるから、『法華経諺解』の中では両書の科文を比較することが容易であり、そのことから戒環の『法華経要解』と天台の伝統的な経文解釈の違いを明らかにすることもできる。

『法華経要解』と『法華経科註』の漢文全文は『新纂大日本続蔵経』の巻三〇と巻三一にそれぞれ採録されている。また、両書共に江戸時代には注釈付の木版本が刊行されていることから、我が国においても高く評価されていた様子が窺える。しかしながら、江戸時代の刊本は訓点と注釈が付けられているとはいっても、刊経都監の諺解本のように厳密に編纂されたものではない。刊経都監が刊行した諺解本のように正確で分かりやすく翻訳された漢訳経典の注釈書は、近代に至るまでわが国にはなかったように思われる。そのような意味からも、刊経都監が刊行した『妙法蓮華経』は中・近世の東アジア漢字文化圏において『法華経』がどのように理解されていたかということを今日に伝えるだけでなく、現代人が『法華経』を理解する上で最良の指針になるものと考えることができる。

〔**参考文献**〕

「朝鮮語訳仏典に就いて」江田俊雄著 『青丘学叢』第一五号 一九三四年二月 青丘学会刊
「朝鮮版法華経異版考」江田俊雄著 『青丘学叢』第二二号 一九三五年一一月 青丘学会刊
「釈譜詳節と月印千江之曲と月印釈譜」江田俊雄著 『朝鮮』一九三六年九月二日号 朝鮮総督府刊
「李朝刊経都監と其の刊行仏典」江田俊雄著 『朝鮮之図書館』第五巻第五号 一九三六年一〇月 朝鮮図書館研究会刊
「増上寺三大蔵経目録解説」増上寺史料編纂所編 『増上寺史料集別巻』一九八一年 続群書類従完成会
「乙亥字本楞厳経諺解について」志部昭平著 『朝鮮学報』一〇六輯 一九八三年一月 朝鮮学会
『ハングルの成立と歴史 訓民正音はどう創られたか』姜信沆著 一九九三年一〇月 大修館書店
「刊経都監の諺解本に対する研究」（韓国語）安秉禧著 『月雲スニム古稀記念仏教学論叢』一九九八年一二月
「仏教関連中世ハングル資料の現況」（韓国語）鄭鎮元著 『月雲スニム古稀記念仏教学論叢』一九九八年一二月
『国語史資料研究 –仏典諺解中心–』（韓国語）金英培著 二〇〇〇年一〇月 月印

「朝鮮時代刊経都監の訳経事業」（韓国語）金武峰著『ハングル大蔵経の成立と展開』二〇〇二年一二月　東国大学校電子仏典研究所
『漢文と東アジア－訓読の文化圏－』金文京著　二〇一〇年八月　岩波書店
「仏経諺解と刊経都監」（韓国語）金武峰著『東アジア仏教文化』第六集　二〇一〇年一二月　東アジア仏教文化学会
『国語史資料研究Ⅱ』（韓国語）金英培著　二〇一三年一二月　東国大学校出版部
「安楽国太子経変相図の画記とハングル資料の判読」（韓国語）鄭宇永著『口訣研究』第三四輯　二〇一五年二月　口訣学会
『訓民正音、それと仏経諺解』（韓国語）金武峰著　二〇一五年一二月　亦楽

法華経諺解 上　ハングル訳注、法華経要解

（巻頭）霊山《りょうぜん》会《え》釈迦説法図

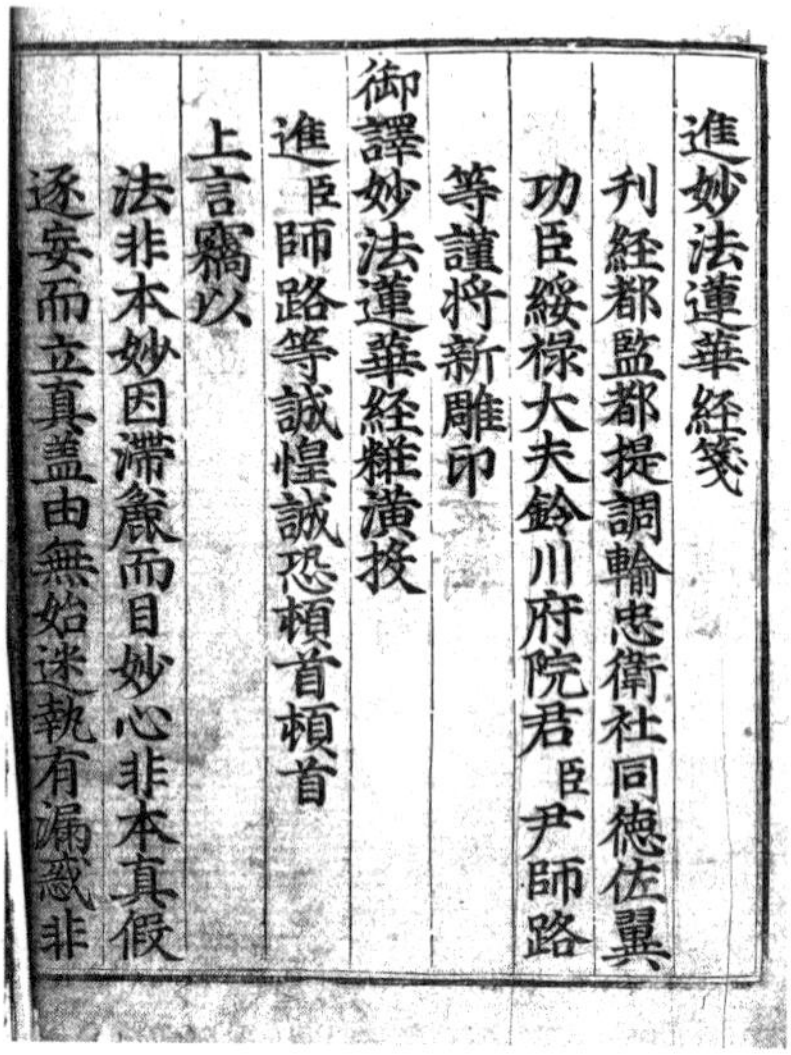
進妙法蓮華経箋
刊経都監都提調輸忠衛社同徳佐翼
功臣綏祿大夫鈴川府院君臣尹師路
等謹將新雕印
御譯妙法蓮華経粧潢投
進臣師路等誠惶誠恐頓首頓首
上言竊以
法非本妙因滯麁而目妙心非本真假
逐妄而立真蓋由無始迷執有漏惑非

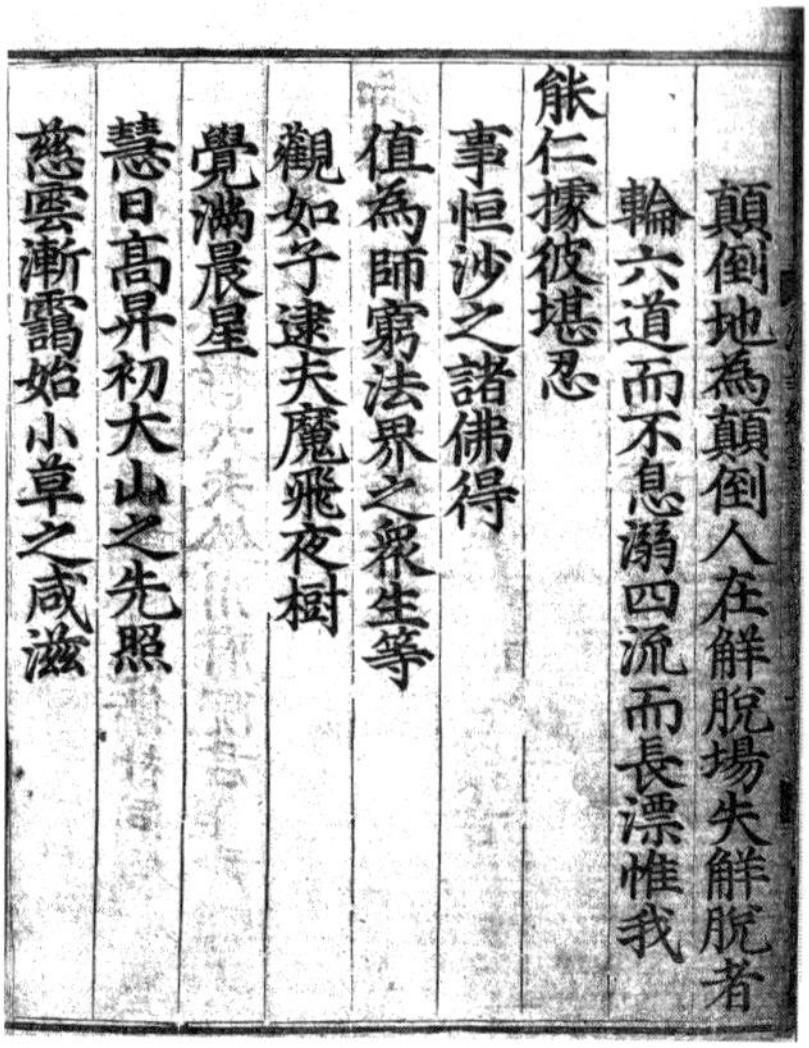
顛倒地為顛倒人在解脫場失解脫者
輪六道而不息溺四流而長漂惟我
能仁據彼堪忍
事恒沙之諸佛得
値為師窮法界之衆生等
覩如子逮夫魔飛夜樹
覺滿晨星
慧日高昇初大山之先照
慈雲漸靄始小草之咸滋

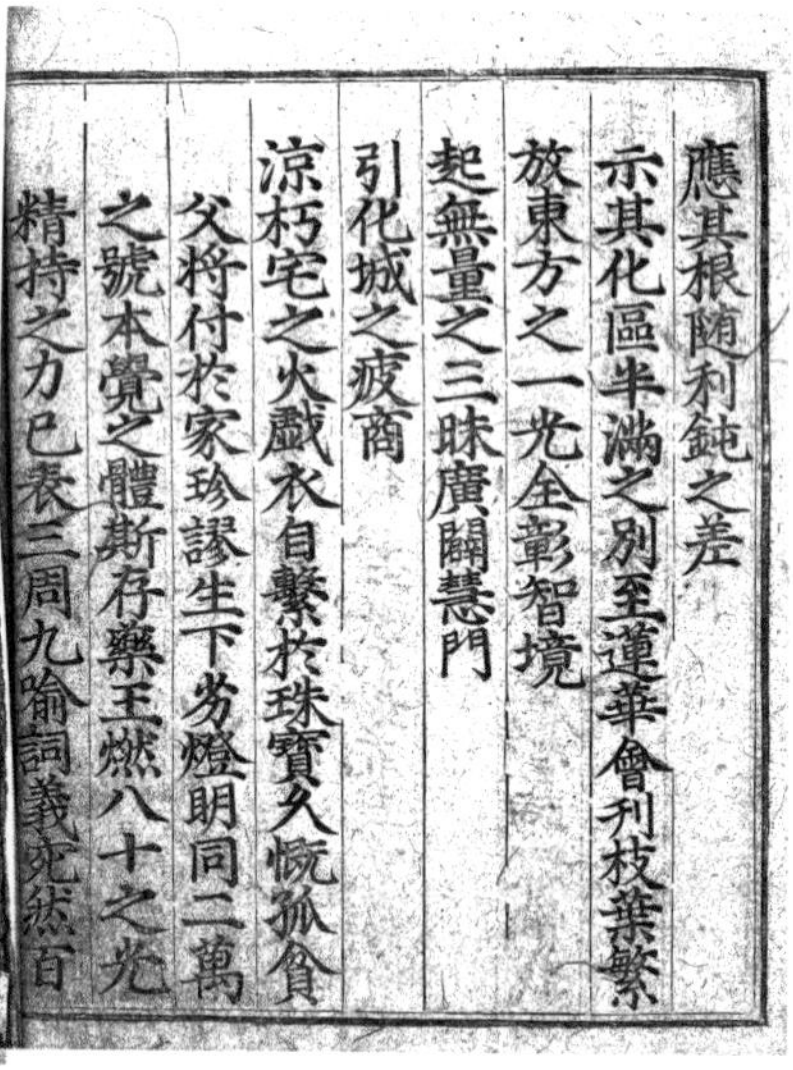
應其根隨利鈍之差
示其化區半滿之別至蓮華會刊枝葉繁
放東方之一光全彰智境
起無量之三昧廣闢慧門
引化城之疲商
涼朽宅之火戲衣自繫於珠寶久慨孤貧
父將付於家珍謬生下劣燈明同二萬
之號本覺之體斯存藥王燃八十之光
精持之力已表三周九喩詞義宛然百

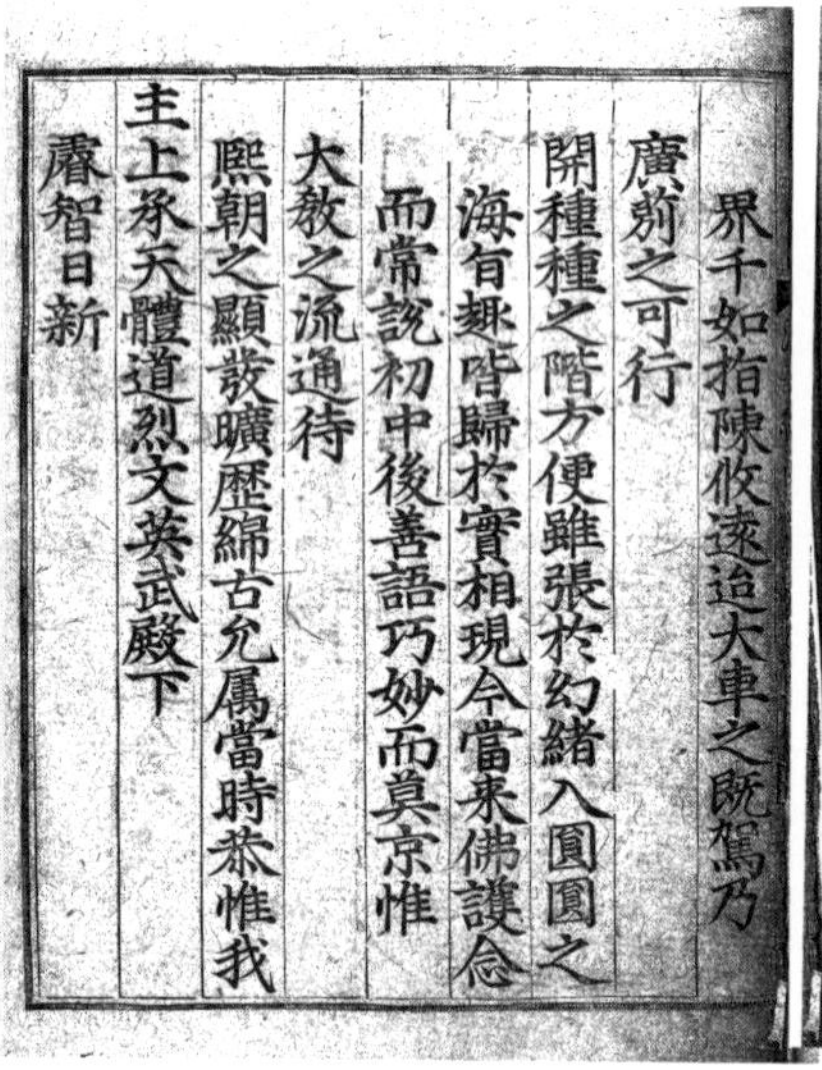
界千如指陳攸逮迨大車之既駕乃
廣剪之可行
開種種之階方便雖張於幻緒入圓圓之
海旨趣皆歸於實相現今當來佛護念
而常說初中後善語巧妙而莫京惟
大敎之流通待
熙朝之顯敭曠歷綿古允屬當時恭惟我
主上承天體道烈文英武殿下
睿智日新

多能天縱飛金輪而
御寓調玉燭以
綏邦
治踰六代之隆
德跨九皇之盛
聽國政之多暇
崇釋典以
凝神
究七覺之幽微

洞三空之邃奧維玆七軸之記實爲百部
之冠羅什受筆於五天初譯梵本溫陵
掩關於一世獨抱遺經縱斯道之賴存
尚蒙士之未曉委
翻寶偈專事
裒襟分語絕意絕之間句讀既正聚喩合法
合之別科判畢陳
演伽陵之
仚音妙暢密義

敷貝多之眞諦穩
播玄猷
心譯直據於漢文
口訣曲宣於國語雖萬幾之沓至恒
一志之不分
契理彌深
覃思備至發揮眇賾若瑞景之麗高穹袪
釋宿疑類層氷之泮臣整香河縱其
辯帝網重其輝諸儒博考於書林入肆講

喙閑士繼討於芮院各寫縕腸言言務
契於佛心句句易曉於俗耳
闡揚秘藏
誘掖群迷啓定室之要關登覺山之捷徑
盡未來際益常轉於法輪通無邊方寔
普懸於智鏡于斯時也釋梵扶衛紫氣
瀰於空中佛天感通
白衣現於山上事光簡策慶洽華夷臣等學
小管蠡才之游夏預

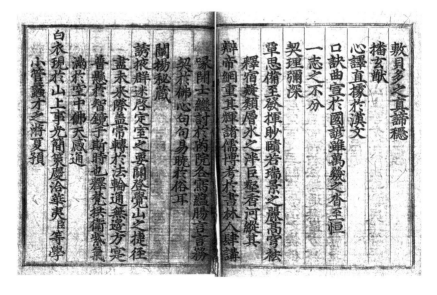

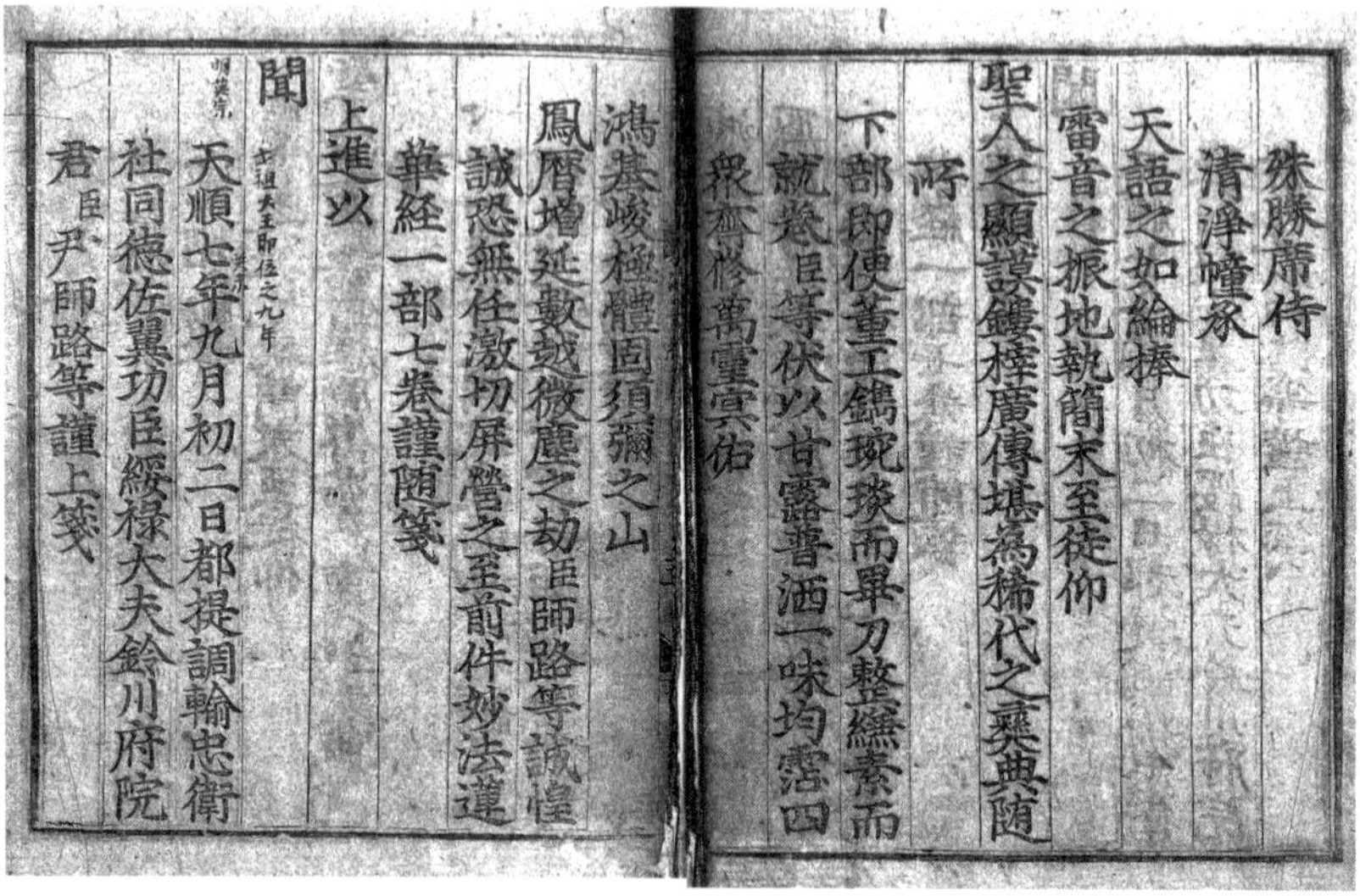

殊勝廂侍
清淨幢家
天語之如綸捧
雷音之振地執簡末至徒仰
聖人之顯謨鏤梓廣傳堪爲稀代之彝典隨
喜
下部卽使董工鎸琬琰而畢刀整縑素而
就卷臣等伏以甘露普洒一味均霑四
衆齊修萬靈冥佑
鴻基峻極體固須彌之山
鳳曆增延數越微塵之劫臣師路等誠惶
誠恐無任激切屛營之至前件妙法蓮
華經一部七卷謹隨箋
上進以
聞
明英宗 天順七年癸未 世祖大王卽位之九年 九月初二日都提調輸忠衛
社同德佐翼功臣綏祿大夫鈴川府院
君臣尹師路等謹上箋

奉
教雕造
都提調輸忠衛社同德佐翼功臣綏祿大夫鈴川府院君臣尹師路
都提調推忠佐翼功臣輔國崇祿大夫議政府左贊成南原府院君臣黃守身
提調推忠佐翼功臣崇祿大夫禮曹判書延城君臣朴元亨
提調推忠佐翼功臣正憲大夫戶曹判書摠中外度支事昌寧君臣曺錫文
提調推忠佐翼功臣資憲大夫兵曹判書茂松君臣尹子雲
提調資憲大夫工曹判書 世子左副賓客臣金守溫
提調推忠佐翼功臣嘉靖大夫仁順府尹原城君臣元孝然
提調嘉靖大夫工曹叅判臣成任
提調嘉靖大夫中樞院副使臣韓繼禧
提調嘉善大夫中樞院副使臣姜希孟
副提調通政大夫承政院都承旨知製敎兼經筵參贊官春秋館修撰官藝文館直提學尙瑞院正臣[illegible]
副提調通政大夫僉知中樞院事臣尹贇
使通政大夫判宗簿寺事臣李季專
使通政大夫判軍資監事臣南倫
使通政大夫行禮賓寺尹臣金達全
使通政大夫行成均直講臣安寬厚

使中訓大夫行成均司藝臣申松舟
副使中訓大夫 世子輔德知製敎兼春秋館記注官臣尹爾
副使通德郎守副知通禮門事臣金永堅

〔6〕妙法蓮華経弘伝序【「弘」は広げることであり、「伝」はつたえることである。】

終南山釈　道宣　述〔7〕

『妙法蓮華経』は諸仏が降霊なさる本当の趣旨をすべて捉《とら》えるものであり、【「降霊」は神《じん》を下すことである。諸仏はみな兜率天《とそつてん》から神を下して世間に出現し、その本当の趣旨は、すべての衆生に仏の知見《ちけん》を開示して悟入させ、記を授《さず》け、作仏《さぶつ》し、その後で涅槃《ねはん》なさるのである。この経は衆生に仏の知見を開いた後に、記を授け、作仏することによって、諸仏が世間に現れる意味をすべて捉えるものである。】大夏《だいか》で蘊結《うんけつ》され、【「大夏」は天竺《てんじく》国の美称である。「蘊結」は即ち結集《けつじゅう》である。】彼の地において出されてから千年が過ぎて東の震旦《しんたん》に伝わり、（『法華経科註』には、釈迦の入滅は周の穆王《ぼくおう》五二年、仏教の中国伝来は後漢の明帝永平一〇年であるという注がある。それぞれは西暦の紀元前九五〇年と紀元後六七年である。）その時から三百余年が過ぎて翻訳された（鳩摩羅什が『法華経』を翻訳したのは東晋の安帝義熙二年・後秦弘始八年・西暦四〇六年である。）ものである。【「震旦」は中国である。】〔8〕

西晋《せいしん》の恵帝の永康年間（三〇〇～三〇一年。『法華経科註』には『大周刊定衆経目録』の記載により、竺法護が『正法華』を訳したのは太康七年・西暦二八六年であるという注がある。）に、長安の青門に住む燉煌菩薩《とんこうぼさつ》の竺法護《じくほうご》が初めにこの経を翻訳し、『正法華《しょうほうげ》』と名付けた。〔9〕東晋の安帝の隆安年間（三九七～四〇一年。『法華経科註』には隆安年間というのは羅什が長安に至った時であるという説明がある。）である後秦《こうしん》の弘始年中に、丘慈《きゅうじ》（亀茲《きじ》国）の沙門《しゃもん》鳩摩羅什《くまらじゅう》が次にこの経を翻訳し『妙法蓮華』と名付けた。〔10〕更に、隋の文帝の仁寿年間（「添品妙法蓮華経序」には仁寿元年・西暦六〇一とある。）に、大興善寺に住む北天竺の沙門、闍那崛多《じゃなくった》と達摩笈多《たつまぎゅうた》が後に翻訳したものも同名の『妙法（添品《てんぽん》妙法蓮華経）』である。〔11〕三経は重なるものであるが、文言《もんごん》と趣旨がそれぞれに相違して陳べられていて、今宗尚《そうしょう》する者は

【「宗」は尊ぶことであり、「尚」は高めることである。】誰もが秦本（鳩摩羅什訳の『妙法蓮華経』）を弘めている。これ以外の支品や別偈は【「支」は分かれて出ることであり、三つの翻訳以外に達摩摩提《だつまだい》が提婆達《だいばだっ》［12］多品《たほん》を訳出し、祇密帝が普門品《ふもんぼん》を訳出し、闍那崛多《じゃなくった》が普門品の重頌偈を訳出している。】その流れがないことはないが、【「流」は根源となる流れである。】具《つぶさ》に序に書かれている通りであるから、【「序」は支品や別偈の序である。（道宣撰述の『大唐内典禄』の中にある。）】ここで述べることはしない。

霊岳が霊を下したのは、大聖《だいしょう》でなければ開き教化《きょうけ》する方法がないからである。いよいよ教化を及ぼすことになるにしても、昔の縁がなければ衆生の心を引導《いんどう》することはできない。［13］それ故に、仏は仙苑《せんおん》において告成《こくせい》なさる時、【「仙苑」は昔仙人が住んでいた鹿野苑《ろくやおん》である。「告成」は臣下が成し遂げた功績を王に告げることであるが、正覚《しょうがく》を成し遂げたことを譬えて言うものである。】機に大小の違いがあることを分別なさり、金河《こんが》（跋提河《ばつだいが》）において涅槃なさる時、遺言して道に半（小乗）と満（大乗）の科の違いがあることについてお告げになった。どうして教えを被《こうむ》ることに時に乗じるということがないだろうか。乗じることができないのは、法華の高会について覈《かく》することが足りないからである。【「覈」は調べることである。】［14］

五千人の退席（方便品）は増上慢《ぞうじょうまん》の輩《ともがら》が大乗を求めて進むようにする為であり、五百人の授記（五百弟子授記品）はすべての人に秘密の教化の迹《あと》を崇《あが》めさせるためであったことを、ここに知ることができる。それ故に、仏が放光し祥瑞《しょうずい》を現したこと（序品）は、弥勒菩薩が文殊菩薩に要請することで教えの根源が開かれることになるものであり、仏が禅定《ぜんじょう》から出て権《ごん》と実の二智の徳を称揚したこと（方便品）は仏慧《ぶつえ》の広遠な道を述べるものであり、［15］朽宅（譬喩品）は大に入る文軌に通じさせるものであり、【天下が太平であった頃は、文意と文字が異なることがなく、車輪の幅と地に付いた軌道の幅が同じであるように同じものであったから、法としては円教は文字が伝える通りのものであることを言い、譬喩としては大乗である一乗はその軌（あと）と異なることがないことを言っている。】化城《けじょう》（化城喩品）は昔の縁が失われていないことを引き出すものであり、繋珠《けいしゅ》（五百弟子授記品）は理性《りしょう》（仏性《ぶっしょう》）が常に在ることを明らかにするものであり、鑿井《さくせい》（法師品）［16］は悟りを示すために仏が多くの方便を用いることを現すものである。これらの譬喩はどれも言葉と意味が明白であって、譬えて述べることが深遠である。衆生のことを誰よりも憐憫《れんびん》し、広く救済しようとする思いがなければ、溺《おぼ》れかかった者を水流から救い出すことはできないのであり、ひとえに限りない悲心の持ち主でなければ、昏迷《こんめい》して性《しょう》を失った者を助けることはできないのである。

漢の時代に仏教が伝わった時（後漢の明帝永平一〇年・西暦六七年）から唐の現在（『法華経科註』には道宣の入滅の年である唐高宗乾封二年・西暦六六七年が挙げられている。）に至るまでの六百余年の間、伝えられたすべての仏教典籍の数は四千余軸《じく》に達するけれども、この鳩摩羅什訳『妙法蓮華経』よりも盛んに受持されるものは無い。［17］機と教えが互いにぶつかり合うということでは大通智勝仏《だいつうちしょうぶつ》の遺塵（化城喩品）ではないことになり、またこの経を聞いて深く敬うようになるならば、それはみな威音王仏《いおんおうぶつ》の余功（常不軽菩薩品）である。

即ち、経の初めに序文を作り、総括して大旨を述べるならば、この経は六根を早く清浄《しょうじょう》にし、慈尊《じそん》の竜華《りゅうげ》の嘉会《かかい》を仰ぎ、【「慈尊」は弥勒菩薩《みろくぼさつ》のことである。】速やかに常・楽・我・浄の四徳を成就して、楽土（安楽国土）の玄妙の道に向かわせるものである。［18］この経が弘《ひろ》く讃嘆され、尽きることなく、後代に永く伝わることを願ってやまない。

妙法蓮華経弘伝序終

〔19〕妙法蓮華経要解序

前住福州上生禅院嗣祖沙門　及南　撰〔21〕

諸仏の出興《しゅっこう》はただ一事の為であり、千経に述べられていることに別の乗はない。即ち妙である万法を用いて一心《いっしん》を明らかにし、幻華から出し、実相《じっそう》を示す為である。【「幻」はまぼろしであり、「華」は虚空の花である。】『妙法蓮華経』は諸仏の最も重要な宗《しゅう》であり、千経の輨轄《かんかつ》であり、【「輨」は車の心棒であり、「轄」は車の心棒の先の鉄のくさびである。】一心を映す大きな鏡であり、実相に入る微妙《みみょう》な門である。後秦の時代に翻訳されて以来八百年近くになるが、その間、辞句を解説し、語義を解釈する哲人が代々に輩出し、完備することを願い、完璧であることを求めてきたが、どれにも長所と短所がある。経文には「世間に満ちる者がみな舎利弗《しゃりほつ》のようであったとしても、また恒沙《ごうじゃ》のように多数の菩薩が集まって思いを尽くして考え量《はか》ったとしても、そのわずかな部分も知ることができないだろう」（方便品・J三、広歎智）と言われている。それ故に、たとえ講論や解説が多く出されていても、今でも述べ尽くされない点が残り、潤色したり討論したりすることに、【「討」は追求することである。】来る者を拒《こば》まない。

温陵にある蓮寺の師僧戒環《しそうかいかん》は一乗を深く窮究し、【「窮究」はきわめ知ることである。】多くの説を広く探求し、幾を窮《きわ》め、【「幾」は細かいことであり、粗雑でないことである。】要を捉《とら》え、科目を立てて解釈し、宣和己亥（一一一九年）の初めに、【「宣和」は宋の徽宗《きそう》の年号である。】ありがたいことに私のことをいやしい者であるとは考えずに、それを校正し考証するように命じてくださった。その後、更に宗匠《そうしょう》に確かめて、【「宗」はむねであり、「匠」は師匠である。】仏の心に合わせるように努め、丙午（一一二六年）にまた私と南山に集い、疏《そ》について議論し、経について推尋し、考証し詳しくすることが再四〔22〕に及んだ。【「再」は二度である。】名《みょう》と相《そう》をしりぞけ、【「名」はなであり、「相」は姿である。】蘩《よもぎ》と蔓《つる》を除き、【「蘩《はん》」はよもぎであり、「蔓《まん》」はつるである。】仏の知見に入ろうとする人から、葉を摘み枝を尋ねるような無駄をなくさせ、【彦琪《げんき》が「名相の学は葉を摘むようなものであり、頭数法門が尽きることがないから、ただ自分一人が夢中になっているだけで、詰まるところ益することはない」と言っている。】薪《たきぎ》を割り燭《しょく》を手に持つような観を獲得できるようにするものであるから、【『円覚経《えんがくきょう》』の序に「その意味を解説することが薪を割るようにキッパリとしており、その観に入ることが燭を手に持った時のように明らかである」とある。】この『要解』は真実に秘要の蔵を明らかにするものである。

ある人が戒環《かいかん》に「七軸（「法華経」の七巻）の文章の中で、どこが妙法について正しく説いていますか」と尋ねると、戒環は「千経万論はただこのこと（妙法）の為であるから、どうしてこの霊鷲山《りょうじゅせん》の集まりに妙法以外の話があるだろうか。世尊はこのことの故に開示なさり、このことによって大勢の迷っている人々を悟りに入らせ、火宅《かたく》から出離《しゅつり》させ、（譬喩品）宝所に向かって前進させ、（化城喩品）多くの劫《こう》を半日のように感じさせ、（従地涌出品）大千世界を一身に現したのであり、（法師功徳品）竜女の成仏（提婆達多品）と不軽《ふきょう》菩薩の遍記と薬王菩薩の燃身《ねんしん》と観世音菩薩の随応《ずいおう》と浄蔵菩薩の転邪（妙荘厳王本事品）と普賢菩薩の勧発《かんぽつ》はすべて妙法について述べるものである。このことを明らかにできなければ、目に映るすべてのことは陳腐な言葉となるが、仏の知見を開いたなら、妙法でないものはどこにもないことになるのである」と答えた。

一期《いちご》の問答をひそかに観るところ、【一期は一時期である。】全経の述作を見ることにならないだろうか。もしも沿うようにしてこの経を味わい、深く読み取り、自ら得ようとすれば、仏が結跏趺坐《けっかふざ》して無量義処三昧《むりょうぎしょさんまい》に入り、白毫相《びゃくごうそう》の光を反照し、方便の門を開いて真の実相を示したことの意味が分かるようになり、直ちに糞《くそ》の器《うつわ》を投げ捨て、長く白牛に乗［23］ることになるだろう。一乗妙法は、すべてが自分自身に備わってあるものであり、仏にあるのではない。また心に備わってあるものであり、経にあるのではない。これを譬えるならば、琴瑟箜篌《きんしつくうご》に【「琴瑟箜篌」はどれも楽器である。】たとえ微妙《みみょう》な音色があったとしても、若《も》しも絶妙な指がなければ、決してその微妙な音色を発することはできないようなものである。即《すなわ》ち一乗妙法について明らかに知ろうとするのであれば、必ずこの『要解《ようげ》』によってその絶妙な指を作り出さなければならないのである。

靖康丁未（一一二七年）暮春（三月）中澣《ちゅうかん》（中旬）日謹序

〔1〕妙法蓮華経 巻第一

温陵開元蓮寺比丘　戒環　解

開釈科５　Ａ初、通釈経題〔3〕

蓮華は実相の妙法を巧妙に喩《たと》えるものであり、内には一心そのものを指し、外には万境に広く行き渡っていることを示す。正に花が咲いていながら果が実り、汚れた所にあっても常に清浄《しょうじょう》であることが蓮の実相である。衆生《しゅじょう》と仏は本来から存在して、沈んだり変じたりして異なるものにならないことが心の実相である。目に見える姿は虚仮《こけ》であるが、その精《しょう》は甚《はなは》だ真実であることが境の実相である。心と境の万類をすべて法というから、精と粗は一つのものであり、凡と聖の根源も同じものである。様々の世俗諦《せぞくたい》に即することも【諸仏は二諦によって衆生の為に説法する。一は世俗諦であり、二は第一義諦《だいいちぎたい》である。仏の説法はすべて実理を述べるものであるから、法を聞いた人は誰でも証することができるのである。】すべてのことが真実であるが、それを言葉で〔4〕示すことはできないし、分別《ふんべつ》して知ることもできないので、妙というのである。衆生が六趣《ろくしゅ》（六道）に迷い沈むのは、このことを知らないからである。

諸仏が修《しゅ》して証したことは正にこのことであり、また教えを広げ、無数の方便を用いるのは、このことを示す為である。しかし、衆生の垢《あか》は重く、根器が純でない故に、【「純」は混ざったものがないことである。】仏は先に三乗を説き、名を借りて引導《いんどう》なさるのであり、【「引導」はひいて道を示すことである。】それは権《ごん》であって実《じつ》ではなく、麁《そ》であって妙ではない。様々の糞《くそ》がすっかり除かれ、心が互いに体信《たいしん》するようになると、初めて仏は実相をお示しになり、誰もが一乗に向かうようになさるのである。それは妙であって麁ではないから、諸仏の能事はここにおいて終ることになる。

しかしながら、いわゆる妙法とは、麁をなくして妙だけがあるのではなく、麁があるままで妙を現すものである。また、いわゆる一乗とは、三を離れて一を説くものではなく、三を集めて一へ行くもの〔会三帰一《えさんきいち》〕であり、麁の中に妙を顕すものであって、それは蓮が汚泥《おでい》の中にありながら清浄《しょうじょう》であることで譬えられている。また三を集めて一へ行くことは、蓮の花が咲いたままで実をつけることで譬えられている。このように法と譬喩の二つが明らかであって、名と実がみな顕れている故に、名を『妙法蓮華』というのである。この法を証した人は誰もがみな本智《ほんち》を体《たい》とし、妙行《みょうぎょう》を用《ゆう》とする。智は蓮の実によって譬えられ、行は蓮の華《はな》によって譬えられるから、智と行の二つが備わることになり、それで妙が全うするのである。それ故に、経文では一筋の光が東方を照らして始まることで智境がすべて明らかになり、四法（聖戒・聖定・聖慧・聖解脱）が成就《じょうじゅ》して終わることで、行門《ぎょうもん》が悉《ことごと》く具備《ぐび》することになる。

正宗分《しょうしゅうぶん》の始まりに三周〔5〕を開示するのは【この経は全部で二十八品であり、いわゆる妙法は権《ごん》と実《じつ》及び本《ほん》と迹《しゃく》に残らずある。『「本」はもとであり、「迹」はあとである。』権は九界の三乗であり、実は仏界の円乗であり、本は久遠成仏《くおんじょうぶつ》であり、迹は仏果を得た後の教化の展開である。前十四品は迹門《しゃくもん》であり、権を開いて実を顕すものであり、後十四品は本門《ほんもん》であり、迹を開いて本を顕すものである。しかしながら、迹と本の二門で開いて顕すことができるとしても、衆生の機の利鈍に異なりがあるから、それで三周と七喩《しちゆ》は様々に異なっているのである。「三周」は、初めの法説周《ほうせつしゅう》は上根人《じょうこんにん》の為のものであり、三乗と一乗を示して説かれていて、舎利弗ただ一人が領解《りょうげ》するものであり、即ち方便品の中に説かれている。二の譬説周《ひせつしゅう》は中根人の為のものであり、三車と一車を示して説かれていて、大迦葉《だいかしょう》など四大弟子が領解するものであり、即ち譬喩品の中に説かれている。三の因縁周《いんねんしゅう》は下根人《げこんにん》の為のものであり、宿世《すくせ》の因縁を示して説かれていて、千二百人の声聞が記を得るものであり、即ち化城喩品《けじょうゆほん》の中に明らかにされている。迹門の教化《きょうけ》は三周で終わる。「周」は終わりであり、終わりには必ず始まりがあるから、上根は鹿野苑《ろくやおん》で小法を受けることで始まり、法華の会で記を得ることで終わり、中根は譬喩によって悟り、下根は大通智勝仏《だいつうちしょうぶつ》に種を植えられることで始まり、因縁会が開かれることで終わるから、これがいわゆる三周で〔6〕ある。「七喩」は、一は火宅喩《かたくゆ》であり、三界が安らかでないことを譬えるもので、譬喩品《ひゆほん》の中に明らかにされている。二は窮子喩《ぐうじゅ》であり、小乗には大乗の功徳法の宝がないことを譬えるもので、信解品《しんげほん》の中に明らかにされている。三は薬草喩であり、有漏《うろ》の諸善はみな悪をなくすことができるが、無漏《むろ》の善が最も良いことを譬えていて、薬草喩品の中に明らかにされている。四は化城喩《けじょうゆ》であり、二乗の真空の涅槃は能く見惑《けんわく》と思惑《しわく》の間違いをなくし、生死《しょうじ》という盗賊を防《ふせ》ぐだけのものであることを譬え、化城喩品の中に明らかにされている。五は衣珠喩《いしゅゆ》であり、法王子が結縁《けちえん》し一乗の智宝の種を植えることを譬え、それが即ち了因種であり、『金剛経記』に「了因《りょういん》とは、法身は本来真実の理であり、生じることも滅することもないけれど、ただ煩悩《ぼんのう》に妨《さまた》げられると隠れるようになり、智慧が現れると顕《あらわ》れるようになるものである。この法（了因）を持することになると、妙慧が自然に生じ、煩悩を見て滅ぼすから、法身《ほっしん》が現れるようになるのである」とある。「了」は現すことであり、正因性《しょういんしょう》を能く現すことである。』五百弟子授記品の中に明らかにされている。六は髻珠喩《けいしゅゆ》であり、中道《ちゅうどう》の実相が極果《ごくか》の宗《しゅう》であることを譬えていて、安楽行品《あんらくぎょうほん》の中に明らかにされている。以上の六喩は、すべて迹門の中にあり、権《ごん》を開き実《じつ》を現すことを譬えるものである。七は医子喩《いしゅ》であり、大医王である仏が一切の衆生の病をすべて治すことを譬えるものであり、如来寿量品の中に明らかにされている。〔7〕この一喩は本門の中にあり、迹《しゃく》を開き本《ほん》を顕すことを譬えるものである。**】この経の体《たい》をすべて明らかにする為で**

あり、嘱累《ぞくるい》が終った後に六品（薬王菩薩本事品から普賢菩薩勧発品《ふげんぼさつかんぼつほん》まで）を広げるのは、用《ゆう》をすべて明らかにする為である。その中間の迹はみな智と行を広く顕し、体と用を共に明らかにして、実相の大全を明らかにするものであり、開悟《かいご》させるための真実の範を列挙し、種智を明かし、果徳を成就させるものであるから、これを聞いた人で成仏できない者はなく、すべてを領悟《りょうご》できた人は必ず受記を得ることになり、そうなれば、一つの事《じ》、一つの相《そう》といえども、妙法でないものがなくなる。そこから進んで山河大地や明暗色空について広く究めるならば、一人一人の物《もつ》（衆生）が日月灯明仏《にちがつとうみょうぶつ》の智体となり、そこから更に行を進めれば、歩みの一歩一歩が普賢《ふげん》の行門《ぎょうもん》となる。そうなれば法に即して心を明らかにし、また物《もつ》から離れずに妙を観ることができるようになるのであるから、いわゆる大事の因縁は、一つの経題にすべて示されている。

A二、通述鄙意《ひい》[8]

慎《つつし》んで思うに、この経が世間で盛んに行われるようになった後、繰り返し誦《じゅ》し、奥まで届くようになることを願わない人はいない。毎日のように見ても、良く通じることが難しいのは、経が難しいからではなく、た[9]だ伝記が難しくしているからである。【「伝記」は注釈書である。】そもそも伝記というものは経に通じさせることにその目的があるのであるから、辞が通達《つうだつ》したところで止めなければならないのに、どの伝記も名と相を繁雑に分け、多駢《たへん》を無意味に崇尚《すうしょう》し、【多駢については『荘子（駢拇《へんぼ》）』に「合わさって生えた足の親指［駢拇］と枝別れした手の指［枝指］は性《せい》から出ているけれど、徳よりも多いもの（役に立たない余計なもの）である」とあり、また「多方に五臓の意味に余計なものを添える［駢枝］者は仁義の行《おこな》いに凝《こ》り固まった者である」とある。「駢」は合わさることであり、「枝」は脇に生じることである。生まれた時からあるものが「性」

であり、誰でもが一様に備えているものが「徳」である。〔「多方」は多くの方角である。〕】煙が広がったような細かい科目と塵《ちり》を飛ばしたような雑言が滔滔謾謾《とうとうまんまん》として、【「滔滔謾謾」は水を湛《たた》える様子である。】はっきりとしないものとなっているから、究めることが容易でなく、能く通じることが難しいのである。

そこで密かに最近の儒学の明経の体を見てみると、ひとえに経の趣旨を理解しようとするだけで、古臭い言葉には拘《こだわ》らないで、分かりやすくすることに意を用い、深い所まで明らかにしようとし、釈義を科目から出さないようにし、立言において必ず綸貫《りんかん》することを求めている。【「綸貫」は糸を通すことである。】そこには輝くような文彩があり、明瞭で理解しやすいものになっている。それで、今それに倣《なら》ってこの『要解《ようげ》』を作ってみた。とは言うものの、その志はあっても、それに見合う才能がないものであるから、及ばないことを深く恥じている。

愚かな考えかもしれないが、私は当初から密かに、『法華経』は三乗を檃栝《いんかつ》するものであり、【曲がっているものを直すことが「檃」であり、角のあるものに丸みをつけることが「栝」である。】大事についての指南《しなん》であり、【黄帝《こうてい》が蚩尤《しゆう》と戦った時、蚩尤が辺り一面に霧を発生させ兵士を混乱させたので、黄帝は南を指し示す車を作って四方を示し、蚩尤を捕え殺した。】『華厳経』〔10〕と共に見事に始まりと終わりを作るものであると考えている。私はこの二年の間、『華厳経論』について深く考え、我らの仏が降霊なさった本当の意味を深く考えてみた。それだけでなく宗匠《そうしょう》に尋ねたり、講肆《こうし》に深い意味を探ったりもした。【「肆《し》」は商品を陳列するところである。張揩には弟子が多くいて、行く所々が市のようだったから、学問をする所を肆という。】智者（智顗《ちぎ》）と慈恩（基《き》）の広疏、及び古今の注釈家の注解をすべて考究し、聞き及んだ言葉も集め、更には『円覚経《えんがくきょう》』・『楞厳経《りょうごんきょう》（大仏頂如来密因修証了義諸菩薩万行首楞厳経）』・『維摩経《ゆいまぎょう》』などの諸経も参照し、宗趣《しゅうしゅ》を尋ね、事法を検討して正してみた。このようにした後で、この書を清書するように及南に命じたのである。

たとえ新たに立てた科目と釈義に旧説と異なるところがあるとしても、それは文章を整え、意味を統一することにおいて、少々『華厳経』に合わせ、繁雑な解釈を削り、実を録そうとしたからであり、一大事である仏の知見を明らかにすることに力を使い、私見を挿入するようなことはしないように努めた結果である。通達《つうだつ》した人であるなら、昔を是《ぜ》として今を非とし、今の人の言葉だからといって見向きもしないようなことはしないで、試《こころ》みにでも詳しく見てから当否の判断を加えて欲しいものである。

A三、通叙科判〔13〕

経を解釈するのに科《か》があり、教えを判ずるのに宗《しゅう》があることは、【「判」は裂いて分けることである。】禾《か》に科《しな》があって【「禾」は籾《もみ》がついている穀物のことである。】その株を分類するようなものであり、水の流れに宗があってその宗に支流が集まるようなものである。かねてから思っていることであるが、『華厳経』と『法華経』は一つの宗《しゅう》である。どうしてそのように考えるかというと、法王は運に応じて真と〔14〕なり、兆聖におなりになったが、【呂恵卿《りょけいけい》が言った、「宗から離れることがない人を天人といい、精から離れることがない人を神人といい、真から離れることがない人を至人といい、天を棟（宗）と定め、徳を土台（本）と定め、道を門と定め、変化を始める人を聖人という。この四つの名が一つの体に同時に生じ、聖になっても真を保てば、神天の本宗に入り、真から出て兆聖となれば、応じて帝王が出現することになる」と。「兆」はきざすことである。】それはただ一事の為であり、余乗はない。それで仏は衆生の根《こん》は鈍であることを知っていらしたけれども、本懐《ほんかい》を曲げないで、最初に『華厳経』を唱えて特別に頓法《とんぽう》を明かしたのであり、その時衆生が大法を聞き恐れ惑《まど》うことになったから、権《ごん》によって方便を設け、衆生の心が正しく純になるのを待って、再び実法をお示しになったのである。それ故に、二つの経は、一つは始まりであり、もう一つは終わりであって、実に互いに助け合うものである。それで、今『華厳経』を宗と定めて、科目を作って『法華経』を解釈するのである。或る人は「『華厳経』は実性《じっしょう》を純粋に談じ、ひとえに大機《だいき》だけを対象にするものであるけれども、『法華経』は権を引いて実に入れ、三根を斉《ひと》しく対象にするものである」と言う。確かに二経の趣旨は遠く隔たり、互いに合うことはないようであるが、『華厳経』を引いて『法華経』を解釈してみると、宗はすべからく似ていることが分かってくる。

愚が秘かに信解品《しんげほん》を見ると、【「愚」はおろかなことであるから、愚かな私という意味である。】その父は初め子を探し求めても探すことができなかったので、中間で一城に滞在している。その家は大いに富んでいたから、窮子《ぐうじ》ははるか遠くからその様子を見て、恐れをなして一目散《いちもくさん》に逃走《とうそう》している。これは仏が初めに『華厳経』を説いた[15]ことを正しく譬《たと》えるものである。また臨終の時に、長者が子に財産を委《ゆだ》ねると宣告したことで、窮子が歓喜して大宝蔵を得ることになるというのは、最後に『法華経』を説いたことを正しく譬えるものである。このことを踏まえてみれば、初めに驚かせ恐れさせた人と最後に親しく委ねた人は別の父ではなく、また窮地に陥り捨てられたものと通達して得ることになったものは別の宝物ではないことになる。別のものではないということになれば、どうして宗とすることができないことになるだろうか。況《ま》して二つの経は智で体を立て、行で徳を成し、放光し祥瑞を現して法界《ほっかい》の真機を全うし、因を融《と》かして果に集め、修証の近道を開くものである。凡《およ》そ法を設けるということにおいて、二つの経の意はみな同じである。相互に宗となり、同じように聖人の説法が終始一貫していて、行き着くところはただ一事であり、余乗がないことを充分に見ることができ、趣旨が少なからず順であり、互いに深く謗《そし》ることがない。

今この経を科判すると、二十八品を三に分けることができる。一が序分《じょぶん》一品（序品《じょほん》）であり、二の正宗分《しょうしゅうぶん》は十九品（方便品から常不軽菩薩品まで）であり、三の流通分《るずうぶん》は八品（如来神力品《にょらいじんりきほん》から普賢菩薩勧発品まで）である。正宗分は二に分けられる。一は三周開示の十品であり、その内の方便品から授学無学人記品に至る八品は三周法を説き、三根に記を授けるものであり、法師品一品は広記を授け前の記を円満に行き渡るようにする［授広記円該前記］ものであり、見法塔品一品は諸仏を集め前の法を円満に証する［会諸仏円証前法］ものである。二は妙を顕わし受持することを勧《すす》める［顕妙勧持］九品であり、提婆達多品《だいばだったほん》から安楽《あんらく》行品《ぎょうほん》に至る三品は功行の妙を顕わし、従地涌出品《じゅうじゆじゅつほん》から如来寿量品に至［16］る二品は迹と本の妙を顕わし、分別功徳品《ふんべつくどくほん》から常不軽菩薩品《じょうふきょうぼさつほん》に至る四品は聞持《もんじ》の妙を顕わしている。この四品の前までの所で開悟し、この四品の所で弘持し、宗を失うことがなくなると、妙法に円契することになる。流通分の八品について述べると、如来神力品で発起し、嘱累品《ぞくるいほん》で付授され、その後の六品はそれ以前の所で示されている法のすべてを体とし、行境を示現し、この道を流通《るずう》するものであるから、その名は行によって智に合わせた常然《じょうねん》の大用《だいゆう》の門である。

今初めの序分は正宗《しょうしゅう》の端緒《たんしょ》を開いて発《おこ》すものであり、二に分けられる。一は人天衆《にんてんしゅ》が集まっている中で、仏が『無量義経』を説き終えて大きな禅定《ぜんじょう》に坐ると、天から四種の花が降り、六震が無明《むみょう》に閉ざされている縁を動かし、一筋の光が智境の実相を現すものであるが、これは釈尊《しゃくそん》が本を顕わそうとして、その端緒を円満に発したことを示すものである。二は弥勒菩薩が疑問を示したことに対して文殊菩薩がそれを解決しようとして、日月灯明仏《にちがっとうみょうぶつ》の本の光明を引いて、今の仏の祥瑞《しょうずい》の相を証するものであるが、これは文殊菩薩が流れを受け、【「流」は水がながれることである。】その端緒を助け発《おこ》すものである。それ以後の広引（方便品から普賢菩薩勧発品まで）は、みな一経の本末《ほんまつ》の意を詳しく述べるものであり、正宗《しょうじゅう》に通達《つうだつ》するようにするものであるから、最初に序分を明らかにすることができれば、からまった糸をほぐす人が糸の端を見つけると、その後は簡単に事を運ぶことができるように、経の深い意味を理解できないということが何もないことになる。またそれは堂に昇る人が、その入り口を見つければ、必ずその奥までたどり着くことができるようなものでもある。[17]

A四、訳経人時

姚秦三蔵法師鳩摩羅什奉　詔訳

姚秦《ようしん》は東晋《とうしん》時代の偽王《ぎおう》が建てた国である。姓が姚《よう》、名が興《こう》である者が秦国《しんこく》の王となった。梵語の鳩摩羅《くまら》什《じゅう》はこの地の言葉で童寿《どうじゅ》である。童子の年齢で既に老人の徳があったから、そのように呼ばれている。鳩摩羅什は秦王の詔勅《しょうちょく》を受けて、この経を翻訳したのである。

A五、正解文義３　B一、序分

妙法蓮華経 序品《じょほん》 第一 [18]

文４　C一、説法時処 [19]

このようなことを私はお聞きしました。一時、仏は王舎城《おうしゃじょう》の耆闍崛山《ぎしゃくっせん》の中に住《じゅう》していました。 [20]

「このような法を私は仏からお聞きしました」というこの言葉は、結集《けつじゅう》をする時に【「結集」は集めることであり、仏の言葉を集めて経を作ることである。】阿難《あなん》が座に昇り、最初に発した唱である。【「唱」は初めに言葉を述べることである。】この言葉は、法が仏によって授けられたものであることを証するだけであって、必ずしも深い意味があるのではない。「一時」という言葉も仏が遺《のこ》した言葉であるという意味であるから、諸経に通じて用いられる言葉であり、特定の時を指すものではない。「王舎城」は、即ち霊鷲山《りょうじゅせん》の近くにある城であり、摩竭陀国《まがだこく》に属する土地にあるから、西域の人間にある。「耆闍崛山《ぎしゃくっせん》」はこの地の言葉では鷲の頭の山という意味であるから、その形によって名付けられたものである。即ち、昔仏が住んでいらした所であり、昔仏が住んで [21] いらした所であるから霊鷲と称されるのである。仏が説法する時に留まった場所は各々重要な意味を持ち、『華厳経』で十処を移しているのは法界を円満に現す為であり、『円覚経《えんがくきょう》』で大光明蔵《だいこうみょうぞう》によっているのは根源を起す心を直接に示す為であり、この『法華経』では人間の城によることで、汚れと清浄を一つにして、蓮華の意味を明らかになさっている。昔仏が留まっていらした所に拠るのは、日月灯明仏の道を祖述し、【「祖」は法を受けることであり、「述」は他人の言葉をその通りに伝えることである。】受け継いでいることを示すものであるに他ならない。

C二、法会聴衆３　初声聞　次菩薩　後人天　この経は権《ごん》を集めて実に行かせるものである。声聞は当機である故に初めに列せられている。菩薩は即ち主伴衆《しゅばんしゅ》であり、人天は外護衆《げごしゅ》である。

D初、声聞衆2　E初、無学衆[22]

大比丘衆《だいびくしゅ》一万二千人と共にいましたが、彼らはみな阿羅漢《あらかん》でした。諸々《もろもろ》の漏《ろ》が既に皆なくなっていて、再び煩悩《ぼんのう》が生じることがな[23]**く、己利《こり》を得るに到り、諸々の有《う》の結《けつ》をなくし、**【「結」に九があり、貪《とん》・瞋心《しんしん》・他人を軽蔑すること（慢）・無明《むみょう》・見・戒取《かいしゅ》・疑心・羨《うらや》ましがること（嫉）・物惜《ものお》しみをすること（慳）である。これらの九は煩悩を体《たい》となし、互いに結び付き、壊すことが難しいので、結という。「結」はむすびつくことである。】**心が自在を得ていました。**[24]

仏に常に従っていた衆は千二百五十人だけであるのに、ここで「一万二千人」と言うのは、他方から集まってきた人も含めて言うものである。「阿羅漢」はその意味を翻訳すると、盗賊を殺す［殺賊《せつぞく》］という意味である。また応供《おうぐ》ともいい、不生《ふしょう》ともいう。善良で清浄な心が完全な一であることができずに、澄んでいる状態から識《しき》が発し流れ出て、境《きょう》に至ることの名が「漏《ろ》」である。【「漏」はもれて流れることである。】「諸々の漏」は欲漏《よくろ》と有漏《うろ》と無明漏《むみょうろ》をいい、【「欲漏」は無明を除いた欲界における一切の煩悩であり、「有漏」は無明を除いた上の両界（色界と無色界）における一切の煩悩であり、「無明漏」は三界における無明である。】すべて澄んだ状態から出た妄識《もうしき》を体となすことで三界の煩悩の根源とな[25]る。「煩悩」は即ち貪瞋痴《とんじんち》などの十使であり、【「使」は追いかけまわすという意味であり、「十使」は生死《しょうじ》の根本である。凡夫《ぼんぶ》が顚倒《てんどう》した惑により、少しも理も見ることができず、妄量で捉えることが相続き、三有《さんう》から〖「三有」は三界《さんがい》である。〗逃れることができないことは、罪人が世間の官庁の差使《さし》（追捕使《ついぶし》）に追いかけまわされるようであるから、煩悩を使と名付けるのである。】一は身見《しんけん》であり、身体を捉えて我《が》があるとすることである。二は辺見であり、我は断滅してなくなるものである（断見）としたり、常にあるものである（常見）としたりする、このような二つの極端な考えに陥《おちい》ることである。三は見取であり、涅槃はないという考えに執著し、その考えを貴いものとすることである。四は戒取《かいしゅ》であり、戒法でないことを間違えて戒法と捉《とら》えることである。五は邪見《じゃけん》であり、因果はないと考え、善種を断つことである。以上の五つは利使《りし》である。六は貪《とん》であり、所有したいと思う心を厭《いと》い憎むことができないことである。七は瞋《しん》であり、怒りを抑えることができないことである。八は痴《ち》であり、無明であって、知ることがないことである。九は慢《まん》であり、自分を恃《たの》み、他人をないがしろにすることである。十は疑心である。以上の五つは鈍使《どんし》である。】諸漏の縁となって法身《ほっしん》を壊し、正しい性《しょう》を急《せ》き立てて悩ますものであるから、煩悩賊《ぼんのうぞく》と名付ける。「漏が既に皆なくなっていて、再び煩悩が生じることがなく」と言うのは煩悩の根源（漏）をなくすことにより縁（煩悩）がなくなることであり、これがいわゆる殺賊《せつぞく》の意味である。「己利《こり》」は即ち智を証得して惑を断じることであり、『法華文句《ほっけもんぐ》』には「三界の因果をみな名付けて他となし、証智と断惑の功徳を己利と名付ける。己利を得ることになると、人天の福田となることができるから、応供《おうぐ》と名付けられる」とある。律文には「およそ応供は必ず自己の徳行が完[26]全でなければならず、それが欠けている者は己利について考えなければならないのである。真実に己利の徳がないのに応じるならば、身体を苦しめ、端坐して食し、手をついてひざまずき、礼をして受けなければならないのであるから、その害は小さいものではない」とある。行じる人はこのことを知らなければならない。「諸々の有の結」は即ち惑習の業《ごう》であり、【「習」はくせである。】二十五有《にじゅうごう》に生じる因となるから、【「二十五有」は四洲《ししゅう》・四趣《ししゅ》（四悪道）・六欲天・梵王天・四禅・四空処・無想天・那含天《なごんてん》（浄居天《じょうごてん》）である。二十五の場所に生じる因果が滅することがないから有と言う。】その因が皆なくなれば、果もなくなることになり、これがいわゆる不生《ふしょう》である。小乗は禅定《ぜんじょう》はあるが智慧がなく、片寄り束縛されているので、自在を得ることができない。ここで「心が自在を得ていました」とあるが、これは禅定と智慧の二つが充足して、解脱している人を意味するから、大阿羅漢の影響衆《ようこうしゅ》であることを明らかにしている。【昔、通り過ぎる諸仏と法身菩薩が、衆星が月を取り囲むように、円極を備えて法王を助けた。たとえ自らなすことではなかったといえ、衆生に大きな利益を与えたので、その名を「影響衆」という。「影」はかげであり、「響」はこだまである。】〔30〕

その名は、阿若憍陳如《あにゃきょうじんにょ》と摩訶迦葉《まかかしょう》と優楼頻螺迦葉《うるびんらかしょう》と伽耶迦葉《がやかしょう》と那提迦葉《なだいかしょう》と舎利弗《しゃりほつ》と大目犍連《だいもっけんれん》と摩訶迦旃延《まかかせんねん》と阿㝹楼駄《あぬるだ》と劫賓那《ごうひんな》と憍梵波提《きょうぼんはだい》と離婆多《りはた》と畢陵伽婆蹉《ひつりょうがばしゃ》と薄拘羅《はくら》と摩訶拘絺羅《まかくちら》と難陀《なんだ》と孫陀羅難陀《そんだらなんだ》と富楼那弥多羅尼子《ふるなみたらにし》と須菩提《しゅぼだい》と阿難《あなん》と羅睺羅《らごら》であり、このように誰でもが知っている大阿羅漢たちでした。〔31〕

ここは一万二千人の中の領袖《りょうしゅう》の上徳を挙げるものであり、【「領」は襟《えり》であり、「袖」はそでである。】即ち十大弟子と同じ列である。【「列」は同じ位置に並ぶことである。】仏には十大弟子がいらして、法王の法臣《ほうしん》とされた。各々は多くの徳を備えていたが、権《ごん》として専門を見せるのは、仏の大きな教化《きょうけ》を輔弼《ほひつ》する為である。大迦葉は頭陀《ずだ》第〔32〕一であり、【「頭陀」は払い捨てるという意味であり、煩悩を払い捨てることである。】舎利弗〔身子〕は智慧第一であり、目犍連は神通第一であり、迦旃延は論議第一であり、阿㝹楼駄（阿那律）は天眼《てんげん》第一であり、富楼那は説法第一であり、須菩提〔善吉〕は解空《げくう》第一であり、【「解空」は空について知ることである。】阿難は多聞《たもん》第一であり、優波離は持律第一であり、羅睺羅〔羅云《らうん》〕は密行《みつぎょう》第一である。各々が第一と言われるのは、孔門の十哲と同じような序列である。【孔子の弟子の中で徳が優れた者が十人いた。】これは常数であるけれど、今ここに列挙されている阿若憍陳如から羅睺羅までの二十人は、誰もが多くの徳を広く兼ねて法化《ほうけ》を円満に顕した上で、また各々に第一の徳があったのである。『増一阿含経《ぞういちあごんきょう》』に「阿若憍陳如は初めに悟り、優楼頻螺迦葉は衆を供養し、伽耶迦葉は多くの結を降伏させ、那提迦葉は善く教化し、劫賓那は星宿《せいしゅく》を知り、憍梵波提は天の供養を受け、離婆多は倒れたり乱れたりすることがなく、畢陵伽婆蹉は苦座することができ、薄拘羅は長生きをし、摩訶拘絺羅は善く難問に答え、【「難」は難詰《なんきつ》することである。】孫陀羅難陀は容貌が独り特別であった」とあり、各々において第一であった。「誰でもが知っている」のはその徳が顕著であったからである。一万二千人のすべての名について書くことは経の趣旨ではないから、わざわざ多く講じることをしていない。

Ｅ二、有学衆〔33〕

また学無学は二千人であり、及び摩訶波闍波提比丘尼《まかはじゃはだいびくに》は眷属六千人と共であり、羅睺羅のお母様の耶輸陀羅《やしゅだら》比丘尼もまた眷属と共に来ていました。〔34〕

ここは小声聞衆である。小声聞はなお学ばなければならない地位であり、もうそれ以上学ぶことがない人〔無学〕から学ぶ人たちである。「摩訶波闍波提」はこの地の言葉では大愛道であり、尼衆の筆頭となり、耶輸陀羅と共に迹を示し、俗塵に混ざった影響衆《ようこうしゅ》である。

Ｄ次、菩薩衆〔36〕

菩薩摩訶薩《ぼさつまかさつ》八万人は、みな阿耨多羅三藐三菩《あのくたらさんみゃくさんぼ》〔37〕**提《だい》から退くことがなく、**【「阿耨多羅三藐三菩提」はこの地の言葉では無上正遍知である。これ以上大きな道がないことを「無上」といい、その道が真正であって、知らない法がないことを「正遍知」という。○「阿」は無であり、「耨多羅」は上であり、「三藐」は正であり、「三」は遍または等であり、「菩提」は覚である。】**みな陀羅尼《だらに》と楽説弁才《ぎょうせつべんざい》を得て、**【「楽説」は喜んで述べることであり、「弁」

は妨げられることなく分かりやすく別けて述べることである。弁に四種（四無礙弁《しむげべん》）があり、義と法と辞と楽説である。義は諸法の意味をすべて現すことであり、法は法の名を述べることであり、辞は様々の言語を巧みに述べることであり、たとえこれら三つの弁才があっても、必ず楽説することがなければならないである。】**不退転《ふたいてん》の法輪《ほうりん》を転じ、無量百千の諸仏を供養《くよう》し、諸仏に多くの徳の根源を植え、常に諸仏が称《たた》え讃嘆するところとなり、慈《じ》で身を修《しゅ》して仏慧《ぶつえ》に善く入り、大智に通達《つうだつ》し、彼岸《ひがん》に到り、名称《みょうしょう》は無量の世界に広く知れ渡り、**【「称」は釣り合うことであり、円満な徳が真実であって、名と釣り合っているという意味である。】**無数百千の衆生《しゅじょう》を済度《さいど》することができる方《かた》たちでした。**[38]

「菩薩摩訶薩」は菩薩の中の大菩薩のことであるから、即ち地上《ちじょう》（十地《じゅうじ》）と等覚菩薩《とうがくぼさつ》の列であり、地前《じぜん》（十地以前の十信《じっしん》・十住・十行・十回向《じゅうえこう》の四十位）の菩薩ではないと区別している。「阿耨多羅三藐三菩提」はこの地の言葉では無上正遍正道《むじょうしょうへんしょうどう》である。「陀羅尼」はこの地の言葉では総持《そうじ》であり、一切智を得て万法を総《す》べて持《じ》するという意味[39]である。「楽説弁才」は即ち四弁のすべてを含めるものである。八地から上の名が不退位であり、五地から七地までで陀羅尼を得る。決定《けつじょう》した法を説くことの名が不退輪《ふたいりん》であり、誰もがその徳を讃歎する。不退位に住《じゅう》するとはこの道を得てそこに留まることであり、「不退転の法輪を転じ」はこの道を運んで他を利することであり、これは自ら覚を得て他に覚を得させる徳である。「慈で身を修《しゅ》し」は広く済度することにその意図があり、「仏慧に善く入り」は方便を巧みに運ぶことであり、「大智に通達し」は明らかに証得していることであり、「彼岸に到り」は進んだところが実であることを意味するから、これらは内徳《ないとく》である。この内徳によって真の実が現れると「名称が広く知れ渡る」ことになるから、これが外徳《げとく》である。内徳が通達すると、それを見て教化《きょうけ》される人が生じ、このようにして外徳が広く知れ渡るようになると、それを聞いて教化される人が益々増え、済度される人が無数百千に至ることになる。これらはみな大菩薩の徳であって、地前《じぜん》の菩薩にはこのような徳はない。[41]

その名は文殊師利《もんじゅしり》菩薩と観世音《かんぜおん》菩薩と得大勢《とくだいせい》菩薩と常精進《じょうしょうじん》菩薩と不休息《ふくそく》菩薩と宝掌《ほうしょう》菩薩と薬王《やくおう》菩薩と勇施《ゆせ》菩薩と宝月《ほうがつ》菩薩と月光《がっこう》菩薩と満月《まんがつ》菩薩と大力《だいりき》菩薩と無量力《むりょうりき》菩薩と越三界《おつさんがい》菩薩と跋陀婆《ばつだば》羅《ら》菩薩と弥勒《みろく》菩薩と宝積《ほうしゃく》菩薩と導師《どうし》菩薩であり、このような菩薩摩訶薩の八万人がすべてそこに来ていました。[43]

この経は智によって体を立てるものであるから、文殊菩薩が初めに挙げられている。文殊菩薩は大智と妙徳を具《そな》えた法身体であり、諸仏の師、世間の目となって、仏の知見を開く者であるから、この場には文殊菩薩より優れた菩薩はいない。他の菩薩は、それぞれこの経の中の一つの徳を表《ひょう》するものである。【「表」はあらわすことである。】観世音菩薩は智を補助し悲を行じ、得大勢菩薩は大きな徳用を具え、常精進菩薩は念から退くことがなく、不休息菩薩は億劫《おくこう》の間ひたすら修し、宝掌菩薩は法宝を手のひらに載せ、薬王菩薩は機に応じて薬を提供し、勇施菩薩は一切のものを能く喜捨し、宝月菩薩は覚体《かくたい》が明るく清浄《しょうじょう》であり、月光菩薩は愚かさの闇を巧みに除き、満月菩薩は宝月と月光の二菩薩の徳を兼ね備え、大力菩薩は大法を背に担《かつ》ぎ、無量力菩薩は境に対して動くことがなく、越三界菩薩は身体と意を現すことがなく、跋陀婆羅菩薩は正見《しょうけん》を善《よ》く護《まも》り、弥勒菩薩は慈によって仏に続き、宝積菩薩は能く集めて能く利を与え、導師菩薩は邪を引導《いんどう》して正に入れる。これらの菩薩は八万菩薩の上首《じょうしゅ》であって、一経の表法である。大智によって仏の知見を開くことで智を補助し、多くの徳をみな備えて悲によって邪を正に導き入れるものであるから、一乗の体《たい》を備え、万行《まんぎょう》の用《ゆう》を全うするものである。普賢《ふげん》菩薩の名が挙げられていないのは、観世音菩薩以[44]下はみな普賢の行であるけれども、ただ始まりはまだ智で体を立てるものであるからであり、仏の知見が開かれた後、行によって徳が成ることになると、そこで始めて普賢菩薩を見ることができるようになる。このように各々は一つの徳を表している。

D後、人天衆2　E一、天竜八部6　F初、天衆[45]

その時、釈提桓因《しゃくだいかんいん》は眷属《けんぞく》の二万の天子《てんし》と共に来ていました。同じように、名月《みょうがつ》天子と普香《ふこう》天子と宝光《ほうこう》天子と四大天王《しだいてんのう》は眷属の一万の天子と一緒であり、自在天子と大自在天子は眷属の三万の天子と一緒であり、娑婆《しゃば》世界の主である梵天王の尸棄大梵《しきだいぼん》と光明《こうみょう》大梵等は眷属の一万二千の天子と一緒でありました。[46]

釈提桓因は即ち帝釈天《たいしゃくてん》であり、名月天子は月天子であり、普香天子は星天子であり、宝光天子は日天子である。欲界の六天は四天王天《してんのうてん》と忉利《とうり》天と夜摩《やま》天と兜率《とそつ》天と化楽《けらく》天と他化自在《たけじざい》天である。帝釈天は即ち忉利天の主であり、化楽天の主の号が自在天子であり、他化自在天の主の号が大自在天子である。夜摩天と兜率天について言及していないのは、上と下を挙げることで、その中間を含めているからである。色界は四禅十八天であり、初禅三梵天の王は娑婆世界の主であり、尸棄大梵という号である。二禅三光天の王が光明大梵という号である。その他の色界の天を挙げていないのは、「等」という言葉でその中に含められているからである。

F次、竜衆[47]

八竜王の難陀《なんだ》竜王と跋難陀《ばつなんだ》竜王と娑伽羅《しゃから》竜王と和修吉《わしゅきつ》竜王と徳叉迦《とくしゃか》竜王と阿那婆達多《あなばだった》竜王と摩那斯《まなし》竜王と優鉢羅《うはつら》竜王等は、各々《おのおの》若干《にゃくかん》の百千の眷属と共に来ていました。

「難陀」はこの地の言葉では喜びである。「跋」は賢いという意味であるから、「跋難陀」は時節にふさわしい雨で衆生を喜ばせるような、賢い徳があるという意味である。この二頭は目連が降服させた竜である。「娑[48]伽羅」は海という意味であり、「和修吉」は頭が多いという意味であり、「徳叉迦」は毒を出すという意味であり、「阿耨達（阿那婆達多）」は池の名であり、「摩那斯」は大きな身体という意味であり、「優鉢羅」は青蓮の池という意味である。「若干《にゃくかん》」は定まらない数であり、すべてを数え切れないという意味である。

F次、緊那羅衆

四緊那羅王《しきんならおう》の法《ほう》緊那羅王と妙法《みょうほう》緊那羅王と大法《だいほう》緊那羅王と持法《じほう》緊那羅王は、各々若干の百千の眷属と共に来ていました。[49]

「緊那羅」はこの地の言葉では疑わしい神であり、人に似ているけれど、角があり、疑わしいのである。また歌を歌う神とも言われ、仏の説法に合わせて、みな巧みに歌を歌うから、誰の名にも法が付く。法緊那羅王は四諦《したい》を歌い、妙法緊那羅王は十二因縁を歌い、大法緊那羅王は六度を歌い、持法緊那羅王は一乗を歌う。

F次、乾闥衆

四乾闥婆《けんだつば》王の楽《がく》乾闥婆王と楽音《がくおん》乾闥婆王と美《み》乾闥婆王と美音《みおん》乾闥婆王は、各々若干百千の眷属と共に来ていました。

「乾闥婆」はこの地の言葉では香をかぐという意味であるから、巧みに香を尋ねて音楽を演奏する者たちである。「楽」は歌や踊りなどの技芸であり、「楽音」は太鼓を叩く棒、及び絃《げん》と竹であり、「美」は即ち音楽の技芸の中で最も優れたものであり、「美音」は音楽の音〔50〕の中で最も優れたものである。

F次、修羅衆

四阿修羅《あしゅら》王の婆稚《ばち》阿修羅王と佉羅騫駄《からけんだ》阿修羅王と毘摩質多羅《びましったら》阿修羅王と羅睺《らご》阿修羅王は、各々若干百千の眷属と共に来ていました。

「阿修羅」はこの地の言葉では天でない者であり、瞋心《しんじん》が多く、〔51〕天の行がない故にこのように呼ばれる。「婆稚」は縛られるという意味であって、戦いを好む故にこのように呼ばれる。「佉羅騫駄《からけんだ》」は広い肩という意味であり、その肩で海の水をはね上げる。「毘摩質多羅」は海の波の音という意味であり、海の波を叩く者である。「羅睺」は遮《さえぎ》るという意味であり、能く太陽と月の光を遮ることができる。

F次、迦楼羅衆

四迦楼羅《かるら》王の大威徳迦楼羅王と大身迦楼羅王と大満迦楼羅王と如意《にょい》迦楼羅王は、各々若干百千の眷属と共に来ていました。

「迦楼羅」はこの地の言葉では金翅鳥《きんしちょう》であり、【「翅」は羽である。】常に竜を食する者である。「大威徳」は竜を恐れさせ、「大〔52〕身」は仲間の中でも大きな者であり、「大満」は竜を捕まえて食べようとする気持ちがいつも満ちわたっている者であり、「如意」は顎《あご》に如意珠《にょいしゅ》がある者である。八部衆《はちぶしゅ》はみな神衆《じんしゅ》であり、巧みに容貌を変化《へんげ》させて法会《ほうえ》に参加する者である。夜叉《やしゃ》と摩睺羅伽《まごらか》を列ねていないのは、省略しているだけである。

E二、人王等衆

韋提希《いだいけ》の子である阿闍世王《あじゃせおう》は、若干の百千の眷属と共に来ていました。各々は仏の足に礼をして、

一面に退いて坐りました。

摩竭陀国《まがだこく》の頻婆娑羅王《びんばしゃらおう》の夫人《ぶにん》は名が韋提［53］希であり、その子の名が阿闍世である。人民について書かれていないのは、王が来れば民がそれに従うのは容易に知ることができるからである。「各々は仏の足に礼をして、一面に退いて坐りました」は、たとえ数が多くとも急《せ》き立てられることもなく、順序に従い粛然と行動したことを意味する。

C三、大覚円発６　謂之六瑞《ろくずい》　D一、説法瑞［54］

その時、世尊の周りを四衆《ししゅ》が囲繞《いにょう》し、供養《くよう》し恭敬《くぎょう》し尊重《そんじゅう》し讃歎《さんだん》しましたので、世尊は諸々の菩薩の為に大乗経《だいじょうきょう》をお説きになりましたが、名は無量義《むりょうぎ》であり、菩薩をお教えする法であり、仏が護《ご》念《ねん》なさる所でした。

D二、入定瑞《にゅうじょうずい》［55］

仏はこの経を説き終わると結跏趺坐《けっかふざ》して【「結」は交差させることであり、「加」はくわえることであり、「趺」は足の甲であり、「坐」はすわることであるから、「結加趺坐」は左の足の甲を右の膝に載せ、右の足の甲を左の膝に載せ、互いに交差させて坐ることである。】**無量義処三昧《むりょうぎしょざんまい》に入り、身体《からだ》と心を動かしませんでした。**

『無量義経』に「無量義とは一つの実相《じっそう》によって無量の法が生じることである」とある。大勢の人が集まったところで、仏は先ず『無量義経』を説き、経を説き終えて再び無量義処三昧に入ったのは、妙法の端緒《たんしょ》を発しようとしたからである。一事《じ》・一理・一動・一寂《じゃく》の間に無量義をすべて具備して、その後にはじめて妙法《みょうほう》に入ることができるということを示している。

D三、雨花瑞［56］

この時、天から曼陀羅華《まんだらけ》と摩訶《まか》曼陀羅華と曼殊沙華《まんじゅしゃげ》と摩訶曼殊沙華が降《ふ》り、仏の上とすべての大衆《だいしゅ》に散《さん》じられ、

「摩訶」は大きいという意味である。「曼陀羅」は意にかなうという意味であり、「曼殊沙」は柔らかいという意味であり、どれも天の微妙《みみょう》な花である。花は正因《しょういん》を表し、因は必ず果に向かうものであるから、仏の上に花が散じられ、それが大衆にまで及んだことは、この会において間違いなく正因を得ることになることを示している。

D四、動地瑞〔57〕

広い仏の世界が六種に震動しました。

「六震」は動・起・涌《ゆう》・震・吼《く》・撃の六種である。別に東に涌《わ》き出て西に入ると言ったり、動と遍動と等遍動と言ったりすることがあるが、皆このことから離れない。【「六種」に三種がある。一は六時動であり、胎にお入りになる時・胎から出られる時・出家なさる時・成道なさる時・転法輪なさる時・入涅槃なさる時である。二は六方動であり、東方から涌き出て西方に入る・西方から涌き出て東方に入る・南方から涌き出て北方に入る・北方から涌き出て南方に入る・真ん中から涌き出て端に入る・端から涌き出て〔58〕真ん中に入るである。三は六相動であり、動・涌・振・撃・吼・爆である。揺れて安らかでないのが動であり、六方で出たり入ったりすることが涌であり、隠々と音がするのが振であり、〖「隠々」は深く沈むことである。〗ぶつかることが撃であり、天が動くような音が出ることが吼であり、音を出して驚かすことが爆である。動・涌・振・撃・吼・爆のそれぞれに三があるから十八相となる。三とは動・遍動・等遍動である。ただ動くことが「動」であり、四天下が動くことが「遍動」であり、大千世界が動くことが「等遍動」である。涌・振・撃・吼・爆についても同様であるから、全部合わせると十八種の動となる。】「六種に震動しました」は六識による無明を翻《ひるがえ》し破ることを表している。『楞厳経《りょうごんきょう》』には「山河大地はみな無明《むみょう》が感じ作り出すものであり、本来はただ一真《いっしん》があるだけである」と説かれている。故にここで「広い仏の世界」と言っている。

D五、衆喜瑞 [59]

その時、会中《えちゅう》の比丘《びく》と比丘尼《びくに》と優婆塞《うばそく》と優婆夷《うばい》と天と竜と夜叉《やしゃ》と乾闥婆《けんだつば》と阿修羅《あしゅら》と迦楼羅《かるら》と緊那《きんな》羅《ら》と摩睺羅伽《まごらが》・人《にん》・非人《ひにん》、及び諸々の小王と転輪聖王《てんりんじょうおう》のこのすべての大衆《だいしゅ》は、未曾有《みぞう》なことに出会い、歓喜《かんぎ》し合掌し、一心に仏を観《み》ました。

目の前に展開する祥瑞《しょうずい》を喜んで見て、爪先立《つまさきだ》って素晴らしい応《おう》が起きることを待ったのである。

D六、放光瑞3　E一、光相周亘《しゅうこう》[60]

その時、仏が眉間《みけん》の白毫相《びゃくごうそう》の光を放ち、東方の一万八千の世界を照らしますと、周遍《しゅうへん》しないところがなく、【「周遍」はあまねくゆきわたることである。】

一筋の光明が遍《あまね》く貫いた[一光周亘]ことで、妙体がすべて現れた[61]のである。「白毫《びゃくごう》」は即ち本覚《ほんがく》の妙明《みょうみょう》であり、「東方」は不動の智境であり、「一万八千の世界」は根・塵・識の十八界に即して言うものである。衆生はこの本明と本智を知らないから十八界を作り出し、自ら限界を作って妙体を見ることができないのである。それで仏はこの後『法華経』を説くに当たり、まずこの祥瑞《しょうずい》を現すことによって、行者《ぎょうじゃ》がすぐに本明《ほんみょう》を自ら発し、本智をすべて照らせるようになさったのである。すると根・塵・識の界がすべて通じて智境《ちきょう》となり、そうなると限界も妨《さまた》げもなくなり、広々と通じて円満に融合することになるから、衆生にも一万八千の世界が見えるようになったのである。

E二、円現法界《ほっかい》事相

下は阿鼻地獄《あびじごく》まで至り、上は阿迦尼吒天《あかにたてん》まで至りましたから、この世界にいながら、彼の土地の六趣《ろくしゅ》の衆生をみな見、また彼の土地の現在の諸仏《しょぶつ》〔62〕**も見、また諸仏が説く経法《きょうほう》も聞き、**

「阿鼻」はこの地の言葉では休む間がない〔無間《むけん》〕であり、即ち最も下にある地獄である。「阿迦尼吒」は形体をなす究極という意味であるから、即ち色界《しきかい》の最も高い所である。無色界《むしきかい》について言及していないのは、無色界は見ることができないからである。上は諸天に至り、下は地獄に至るまでの彼の地のすべての場所を、この世界にいながら見ることができることが、いわゆる円現《えんげん》である。

E三、円現生仏始終〔63〕

彼の土地の諸々の比丘・比丘尼・優婆塞・優婆夷で修行《しゅぎょう》して得道《とくどう》する人も併《あわ》せて見、また諸々の菩薩摩訶薩が種々の因縁《いんねん》と種々の信解《しんげ》と種々の相貌《そうみょう》によって菩薩道を行じる様子も見、また諸仏が般涅槃《はつねはん》する様子も見、また諸仏が般涅槃した後に、仏の舎利《しゃり》によって七宝《しちほう》の塔が起《た》てられる様子も見ました。〔64〕

初めの比丘など四衆の修行と得道から、次の菩薩と諸仏の行相と、最後の涅槃と起塔に至るまでは、衆生と諸仏の始まりから終りまでを現している。一筋の光が東方を照らし遍《あまね》く貫いたことで円満に現れた〔円現〕ことを、このように詳しく述べるのは、直接智境を現して諸法実相《しょほうじっそう》を示すためである。世間の万法は識と境によって観るならば、すべては幻惑であり、それでは実を捉えることができないが、智と境によって観るならば、このような性《しょう》と相《そう》の因縁とこのような果報の本末《ほんまつ》がすべて一つの妙明となり、実相でないものがなくなるのである。若しも諸々の衆生が本明《ほんみょう》をあまねく発して本智が前に現れることになると、広々と照らされ円現することになるから、仏と異なることがなくなり、妙体の実相が心と目に明らかになる。それ故に文殊菩薩は、この後の偈で「今、[65]仏は光明を放ち、実相の義を助発《じょほっ》なさろうとしています」（同品・F三、総牒決疑）と言っている。この後（方便品以下）の経文《きょうもん》はひとえにこの趣旨を現すものであるから、最初にその端緒がこのように発せられるのである。

C四、大士助発《だいじじょほっ》2　D初、弥勒示問2　E初、示疑発問[66]

その時、弥勒《みろく》菩薩はこのように考えました、「今日、世尊は神変《じんぺん》の相《そう》を現しましたが、どのような因縁でこの祥瑞《しょうずい》が起きたのでしょうか。今日、仏《ぶつ》・世尊《せそん》は三昧《さんまい》にお入りになっていますから、この不可思議の希有《けう》の事を現したことについて、【「希有」はまれにあるという意味である。】**一体誰に尋ねたらよいのでしょうか。誰がうまく答えることができるでしょうか」と。また、このように考えました、「この文殊師利《もんじゅしり》法王子《ほうおうじ》は既に過去の無量の諸仏に親近《しんごん》し、供養してきていますから、必ずこのような希有な相をこれまでに見たことがあるに違いありません。私は今必ず尋ねてみることにしよう」と。その時、比丘・比丘尼・優婆塞・優婆夷、及び諸々の天・竜・鬼神《きじん》たちは皆このように考えました、「この仏の光明《こうみょう》と神通《じんずう》の相《そう》を、今一体誰に問えばよいのでしょうか」と。その時弥勒菩薩は、自分の疑問を解決しようとなさり、また四衆《ししゅ》の比丘・比丘尼・優婆塞・優婆夷、及び諸々の天・竜・鬼神《きじん》などそこに集まっている皆の心も観《み》てとって、文殊師利に尋ねました、「どのような因縁でこの祥瑞《しょうずい》が起《おこ》り、神通の相が大光明を放《はな》って東方の一万八千の土地を照らし出し、彼の仏の国界《こっかい》の**[67]**荘厳《しょうごん》をすべて見ることができるようになったのですか」と。**

弥勒菩薩は補処《ほしょ》の主であるから、【「補」はおぎなうことであり、「処」は場所であるから、「補処」は仏の場所にやってきて補うことである。】未来に利益を作ろうとして、ここで疑心を示して文殊菩薩に尋ねたのである。文殊菩薩は世間の眼《まなこ》であるから、大勢の盲目の人たちが智を発するように、この後昔のことを援用して立証することになるから、これがいわゆる助発《じょほつ》である。

E二、以偈重宣

この時、弥勒菩薩はこの意味を重ねて宣《の》べようとして、偈《げ》によって尋ねました。【「偈」は文章の句である。】

偈文2　F初、申問《しんもん》2　G初、総問六瑞所以《しょい》[68]

「文殊師利よ、導師《どうし》はどういう理由で【「導師」は引導する師匠である。】**眉間《みけん》の白毫《びゃくごう》の大光を普《あまね》く照らすのですか。**

曼陀羅華と曼殊沙華が降り、梅檀《せんだん》の香風《こうふう》が皆の心を悦《よろこ》ばしています。

この因縁により、大地はみな厳《おごそ》かで清浄《しょうじょう》となり、この世界が六種に震動しています。

時に当たり、四部衆はみな歓喜し、身体《からだ》と心が晴れ晴れして、未曾有なことに出会っています。

ここは放光と雨華と動地と衆喜の四つの祥瑞について問うている。説法と入定《にゅうじょう》の二つの祥瑞について問うていな[69]いのは、常に見るところであるからである。

G二、詳問光中所見2　H一、問円現法界事相

眉間《みけん》の光明は東方の一万八千の国土を照らし、すべてが金色《こんじき》のように輝いています。

阿鼻地獄から上の有頂天に至るまで、諸々の世界の中の六道《ろくどう》の衆生の、生死《しょうじ》の趣《おもむ》く所と善悪《ぜんあく》の業縁《ごうえん》によって果報として受ける好《こう》と醜《しゅう》を、この場所にいながら、すべて見ることができます。

上は諸天に至り、下は地獄に至るまでの諸々の相を頌《じゅ》している。【「頌」は様子であるから、そのことの様子を歌に歌うことである。】[71]

また、諸々の仏・聖主師子《しょうしゅしし》が微妙《みみょう》第一の経典を演《の》べ説いているのが見えます。

その声は清浄であって、柔らかい音を出し、無数億万の諸々の菩薩を教えています。

梵音《ぼんおん》は深く微妙《みみょう》であり、人々が喜んで聞くようになさっています。

各々の世界で正法《しょうぼう》を講論し、種々の因縁と無量の譬喩《ひゆ》を説いて、仏法を照らして明らかにし、衆生を開悟《かいご》させています。

若しも苦しみに遭遇して、老病死を厭《いと》う、そのような人の為には、涅槃《ねはん》を説いて諸々の苦の際《きわ》がなくなるようにしています。

若しも福があり、過去に仏を供養して、勝《すぐ》れた法を求める人の為には、縁覚《えんがく》を説いています。

若しも種々の行《ぎょう》を修《しゅ》して、無上の智慧を求める仏子《ぶっし》の為には、清浄な道を説いています。[72]

諸仏が経法を説く様子を見聞することを頌《じゅ》している。「聖主師子《しょうしゅしし》」は畏れなく説法なさる人のことである。「微妙第一の経典を演べ説いて」から「人々が喜んで聞くようになさっています」までは、即ち仏が一乗によって諸々の菩薩を教える様子である。「正法を講論し、種々の[73]因縁と」から「清浄な道を説いています」までは、即ち仏が三乗によって衆生を開悟させる様子である。「若しも苦しみに遭遇して」から「苦の際がなくなるようにしています」までは、即ち小乗の四諦法であり、この四句は順序通りに、苦を見、集《じゅう》を断じ、【「集」はあつまることである。】道《どう》を修し、滅を証することが配されている。「若しも福があり」から「縁覚を説いています」までは、即ち中乗の十二縁法である。声聞が三生の間福を植えるのは苦を厭《いと》うからであり、辟支仏が百劫の間福を植えるのは道を求めるからである。それ故に辟支仏には福があり、仏を供養して心から勝法を求め、中乗を授かることができるのである。「若しも種々の行を修して」から「清浄な道を説いています」までは、即ち大乗六度の法であり、六度は種々の行を用《ゆう》とし、無上慧を体《たい》とするものである。行により慧を遂げることができるようになれば、即ち汚れた執著がなくなるから、その名が「清浄な道」である。二乗において「人」と言い、大乗において「仏子」と言うのは、草庵に留まって眠る者は使用人と同じであるが、大志を成就すれば、子と認められるようになるからである。

文殊師利よ、私がここに留まりながら見聞きすることは、このようであります。またその他にも千億にも及ぶ多くの事柄がありますので、このような多く［74］**のことを、今からかいつまんで述べてみます。**

これまでの文を結び、この後の文を開いている。

H二、問円現生仏始終［76］

私には彼の国土の恒沙《ごうじゃ》の菩薩が、種々の因縁によって、仏道を求める様子が見えます。或る菩薩が布施を行じ、金《こん》・銀《ごん》・珊瑚《さんご》・真珠《しんじゅ》・摩尼《まに》・硨磲《しゃこ》・瑪瑙《めのう》・金剛《こんごう》などの様々な宝物と奴婢《ぬひ》と［77］**乗り物と宝物で飾った輦輿《れんよ》を**【車輪が付いていないものが「輿」である。】**歓喜《かんぎ》して布施《ふせ》し、仏道に回向《えこう》して、諸仏が讃歎なさるところのこの三界《さんがい》第一の乗《じょう》を得ようと願っています。**

或る菩薩が四頭の馬を繋《つな》いだ宝車と欄楯《らんじゅん》と華やかな蓋《がい》と【「欄」は欄干《らんかん》であり、「楯」は傾いた板である。】**軒飾《けんしょく》を布施しています。**【「軒」は貴族が乗る車であり、「飾」はかざりである。】

また、菩薩が身体の肉と手足と妻子を布施して、無上道《むじょうどう》を求めているのが見えます。

また、菩薩が頭と目と身体を喜んで布施して、仏の智慧を求めているのが見えます。

文殊師利よ、私には諸々の王が仏の所に出掛けて無上道について尋ね、安楽な国土と宮殿と臣下と妾《しょう》をすぐに捨て、鬚髪《しゅほつ》を剃《そ》って、【「鬚」はくちひげである。】法服《ほうぶく》を着るのが見えます。

或いは、菩薩が比丘となって、閑静《げんじょう》な所で独《ひと》り過ごし、経典を楽しんで誦《じゅ》するのが見えます。

また、菩薩が勇猛《ゆうみょう》に精進《しょうじん》して、深山《じんせん》に入り、仏道を思惟《しゆい》するのも見えます。

また、欲から離れて、常に人気のない閑静な所に留まって、禅定を深く修し、五神通《ごじんずう》を得るのも見えます。【「五神通」は六神通の中の究竟漏尽通だけが得られないものである。】

また、菩薩が安らかに禅定し、合掌して千万偈によって諸々の法王を讃歎するのも見えます。

また、菩薩が智慧が深く、意志を固く保って、能《よ》く諸仏に尋ね、聞いたことすべてを受持《じゅじ》するのも見えます。

また、仏子が禅定と智慧を具足《ぐそく》して、無量の譬喩によって、大勢の人々の為に法を講論し、喜んで説法して、諸々の菩薩を教化し、魔王の軍勢を破り、法鼓《ほうこ》を叩《たた》くのも見えます。[78]

ここでは[79]修行の始まりについて頌《じゅ》し、次の次の節で終わりの涅槃について頌している。これらは即ち、種々の因縁と信解《しんげ》の相貌《そうみょう》であり、大きく見るなら、六度を出るものではない。「或る菩薩が布施を行じ」から「仏の智慧を求めています」までは戒度であり、「私には諸々の王が」から「法服を着るのが見えます」までは檀度であり、「比丘となって、閑静な所で独り過ごし、経典を楽しんで誦する」は忍度であり、【「忍」は我慢することである。】「菩薩が勇猛に精進して、深山に入り、仏道を思惟する」は進度であり、「欲から離れて」から「諸々の法王を讃歎する」までは禅度であり、「智慧が深く、意志を固く保って」から「法鼓を叩く」までは智度である。戒に三聚《さんじゅ》があり、【「三聚」は三つの集まりである。】善法を摂《しょう》する戒〔摂善法戒《しょうぜんぼうかい》〕と衆生を摂する戒〔摂衆生戒《しょうしゅじょうかい》〕と律儀を摂する戒〔摂律儀戒《しょうりつぎかい》〕である。「諸々の王が仏の所に出掛けて無上道について尋ね」は摂善法戒であり、「臣下と妾をすぐに捨て」は摂衆生戒であり、「法服を着る」は摂律儀戒である。忍に三種があり、生忍《しょうにん》（衆生忍）と苦忍と第一義忍である。「比丘となって、閑静な所で独り過ごし」は、即ち人気のない林や静かな渓谷で悪人と悪獣の害を忍ぶことであるから生忍であり、【悪獣に対して忍び、瞋心を起さないことが「生忍」である。】比丘が節義をみがくことが苦忍であり、「経典を楽しんで誦する」は即ち第一義忍である。「欲を離れる」ことに三種があり、五塵欲と【「五塵」は色《しき》・声《しょう》・香《こう》・味《み》・触《そく》である。】二乗欲と法愛欲からそれぞれ離れることである。「五神通を得る」は凡夫の五通ではない。初学者の神通は仏に対して漏があるか漏がないかで分けられる〔80〕だけである。〔82〕

また、菩薩が静かに安らかに黙し、天と竜に恭敬《くぎょう》されても喜ぼうとしないのも見えます。

また、菩薩が林の中にいて放光し、地獄の苦しみから済度《さいど》して、仏道に入らせるのも見えます。

また、仏子《ぶっし》が少しの間も眠らずに林の中で経行《きょうぎょう》して、仏道を熱心に求めるのも見えます。

また、戒律を具足し、威儀《いぎ》に欠けるところがなく、宝珠《ほうじゅ》のように清浄に仏道を求めるのも見えます。

また、仏子が忍辱力《にんにくりき》に住《じゅう》して、増上慢《ぞうじょうまん》の人によって口汚《くちぎたな》く罵《ののし》られたり、打たれたりしても、すべてを能く耐えて仏道を求めるのも見えます。

また、菩薩が戯《たわむ》れの笑いと愚かな眷属《けんぞく》から離れて、智慧ある人に親近《しんごん》し、一心に乱れを除いて、山林を慕《した》い、億千万年の間仏道を求めるのも見えます。

或いは、菩薩が肴饍《きょうぜん》の飲食《おんじき》【「肴」は穀物以外のおかずであり、「饍」は上等なおかずである。**】とあらゆる種類の湯薬《とうやく》を仏と僧に布施し、また、値《あたい》が千万もしたり、或いは値を付けられないような名のある上等の服を仏と僧に布施したり、また千万億種の栴檀《せんだん》で作った宝舎と【**「舎」は家である。**】数多くの立派な臥具《がぐ》を【**「臥具」は横になるも[83]のであり、布団など、その上に横になるものである。**】仏と僧に布施するのも見えます。**

その家の清浄《しょうじょう》な庭園には花と果実が生い茂り、流れる泉と沐浴《もくよく》する池があり、このような種々の立派なものを仏と僧に布施して歓喜し、厭《いと》うことなく無上道を求めるのも見えます。

或いは、菩薩が寂滅《じゃくめつ》の法を説き、種々に無数の衆生を教えるのも見えます。

また、菩薩が諸法の性《しょう》に二つの相がなく、虚空《こくう》と同じようであると観《かん》じるのも見えます。

また、仏子が心に執著するところがなく、この妙慧《みょうえ》で無上道を求めるのも見えます。

ここは菩薩が道を行じる因縁と相貌《そうみょう》を広く頌[84]している。「天と竜が恭敬しても喜ぼうとしない」は菩薩が自らを重んじることとである。「林の中にいて放光し、地獄の苦しみから済度して」は菩薩の大悲である。「愚かな眷属」はただ情欲を恣《ほしいまま》にし、善に向かうことができない者である。「少しの間も眠らずに」から「歓喜し、厭うことなく」までは、六度の様々な行を前節の記述のように順序に従うことをしないで、ただ見るままに述べている。「或いは、菩薩が寂滅の法を説き」の文は、或る菩薩が教説することによって道を求めることを言っている。「また、菩薩が諸法の性に二つの相がなく」の文は、或る菩薩が覚《かく》と観《かん》によって道を求めることを言っている。「また、仏子が心に執著するところがなく」の文は、教と観を離れ、心の迹を忘れて道を求めることである。たとえ種々の因縁や相貌は同じではなくても、どれも実相の妙行でないものはないから、仏が放った光の中にこれらの因縁と相貌が詳細に現れたのである。[85]

文殊師利よ、また菩薩が、仏が滅度なさった後に舎利を供養しています。

また、仏子が無数恒沙《むしゅごうじゃ》の塔廟《とうみょう》を作って【仏の骨がある所の名が塔婆《とうば》であり、塔婆をこの地の言葉に翻訳すれば霊廟《れいびょう》となる。「廟」は容貌であり、先祖の容貌がある場所である。】**国界を厳粛に飾っていますが、その微妙な宝塔の高さは五千由旬《ゆじゅん》であり、縦と広の長さはきっかり等しく二千由旬であり、一つ一つの塔廟には各々千の幢《はた》と幡《のぼり》、及び珠《たま》を交露《きょうろ》して飾った張があり、**【「交」はまじわることであり、「露」は外に現れていることである。】**宝物の鈴が温和に鳴り響き、諸々の天・竜・神、人と非人が香華《こうげ》と伎楽《ぎがく》で常に供養するのも見えます。**

文殊師利よ、諸々の仏子たちが舎利を供養する為に塔廟《とうみょう》を厳粛に飾っていますが、国界は自然のままでも特別に微妙で好ましく、まるで天の樹王が【「樹」は大きな木である。】**花を咲かせたようです。**[86]

ここは終わりの涅槃を頌している。「縦」はたてであり、横を「広」という。「一由旬」は四十里である。「天の樹王」は忉利天の円生樹《えんしょうじゅ》である。宝花が咲き、天界が自然に厳かに飾られ、微妙で好ましくなるのは、仏が滅度なさった後に舎利を供養した果報である。それ故に諸々の仏子はこのように厳かに好ましく飾って舎利を供養するのである。

F二、請答［88］

仏が一筋の光を放ったことによって、私とここに集まったすべての人々はこの国界の種々の特別に微妙なものを見ました。

諸仏の神力《じんりき》と智慧は希有《けう》であり、一筋の清浄《しょうじょう》な光を放ち、無量の国を照らしています。

私たちはこれを見て未曾有《みぞう》なことを得ました。

仏子である文殊よ、お願いですから、すべての者の疑問を解決してください。

四衆は喜びのうちに、仁《にん》と私を仰ぎ見ています。【「仁」は他者を思いやることであるから、仁徳のある人を仁と呼ぶのである。】

世尊は、何故にこの光明を放つのですか。

仏子《ぶっし》が今お答えくださり、疑問を解決して、私たちを喜ばせてください。

どのような饒益《にょうやく》があるので、【「饒」は利益であり、「益」は加えることである。】仏はこの光明を放つのですか。

仏は道場にお坐わりになって、得られた妙法をお説きなさろうとしていらっしゃるのでしょうか。

これから授記《じゅき》をなさろうとしていらっしゃるのでしょうか。

諸々の仏土の衆宝の厳《おごそ》かさと清浄さをお示しくださり、また、諸仏を見られるようにしてくださるのは、決して小さな縁ではございません。

文殊よ、必ず分かってください。

四衆《ししゅ》と竜神《りゅうじん》は仁者《にんじゃ》がどのようにお説きになるか仰ぎ見ています。」

「仁」は文殊菩薩のことを指している。

D二、文殊決疑4　E一、忖答《そんとう》〔90〕

その時文殊師利は弥勒菩薩摩訶薩と諸々《もろもろ》の大士《だいじ》に語りました、「善男子《ぜんなんし》たちよ、私が推察するようであれば、今仏《ぶつ》・世尊《せそん》は大きな法を説き、大きな法雨を降らせ、大きな法螺《ほうら》を吹き、大きな法鼓を打ち、大きな法義を演《の》べようとなさっているのです。善男子たちよ、私は過去の諸仏において、これまでにこの祥瑞《しょうずい》を見てきましたが、このような光明を放ちますと、すぐに大きな法をお説きになるのでした。それ故に、必ず知りなさい、今仏が光明を現していらっしゃるのも、またこれと同じことでありまして、衆生に一切世間において信じることが難しい法のすべてを聞かせ、分からせようとなさって、それでこの祥瑞を現していらっしゃるのです。

「雨」は一味であまねく潤し、「螺《ら》（ほらがい）」は一音であまねく響きわたり、「鼓《こ》（つづみ）」は多くの人に号令を下し、【「号」は告げることであり、「令」は指し示すことである。】「義」は様相を適切に開示するものである。

E二、引証2　F初、引灯明本始〔91〕

善男子《ぜんなんし》たちよ、過去の無量・無辺・不可思議の阿僧祇劫《あそうぎこう》の時のことですが、その時に仏がいらして、号が日月灯明如来《にちがつとうみょうにょらい》・応供《おうぐ》・正遍知《しょうへんち》・明行足《みょうぎょうそく》・善逝世間解《ぜんぜいせけんげ》・無上士《むじょうし》・調御丈夫《じょうごじょうぶ》・天人師《てんにんし》・仏《ぶつ》・世尊《せそん》でありました。〔92〕

「阿僧祇」は無数という意味であり、「劫《こう》」は時という意味である。光瑞の本始を尋ねようとして、無数・不可思議の劫に言及するのは、この光とこの法が無始の過去に始まり、数量を超越したものであるからである。仏号の「日月灯」は、日は昼を明るくし、月は夜を明るくし、灯は日も月も照らすことができない所を照らすものであるから、昼夜の道に通じ、相続して無窮であることを表す。この仏は微妙《みみょう》な智・真・明の三つの徳を兼ね備えているので、日月灯を号とするのである。十号について述べると、最初の如来は本《ほん》について言い、最後の世尊は迹《しゃく》について「93」言うものであり、その間の八つの号は徳について言うものである。本は真性について言うものであり、一切は如であるから、「如来」と言う。迹は道を教化することを言うものであり、人と天が尊いものとして仰ぐから、「世尊」と言う。徳とは即ち万徳種智のことである。良い福田となるから、「供養に応じる「応供」」と言う。四智を円満に具えているから、【「四智」は、一は大円鏡智《だいえんきょうち》であり、大きな丸い鏡に多くの色像が現れるような智である。二は平等性智《びょうどうしょうち》であり、一切法がすべて平等であると見る智である。三は妙観察智《みょうかんざっち》であり、諸法を善く見て妨げるものなく転じる智である。四は成所作智《じょうしょさち》であり、本願力《ほんがんりき》が作《な》そうとするところを成し遂げる智である。】「正しくすべてを知ることができる「正遍知」」と言う。万行《まんぎょう》が真実に明るいから、「明るい行が足りている「明行足」」と言う。塵労《じんろう》に善く入り万法をすべて知っているから、「善く行き世間を知っている「善逝世間解」」と言う。並ぶものがないほど優れているのに並ぶものであること「無等等」を証するから、「上が無い士「無上士」」と言う。衆生「物《もつ》」を教化するのに乱暴でなく、抜きんでて屈することがないから、「丈夫を手なずける「調御丈夫」」と言う。三界において模範となるから、【「模範」は法であり、木で作った本《もと》が「模」であり、竹で作った本が「範」である。】「天人師」と言う。自他において覚が満ちているから、「仏」と言う。これら八つの号をまとめて言えば、実である道に従ってやって来、万徳《まんどく》を具えて衆生に応じ、世において尊ばれるところである〔世尊〕という号である。[95]

正法《しょうぼう》を演《の》べ説いて、初善・中善・後善《ごぜん》でありました。その意味は深くかつ遠く、その語は巧みかつ微妙《みみょう》で、純一で混ざりものがなく、清白《しょうびゃく》な梵行《ぼんぎょう》の相を具足していました。声聞《しょうもん》を求める人の為には四諦法《したいほう》を応じて説き、生老病死《しょうろうびょうし》から抜け出させて究竟《くきょう》に涅槃《ねはん》させ、【心に生《しょう》があれば必ず滅することがあるが、心には本来生がないから、真実には滅することはない。生がなく滅が無いことの名が「涅槃」である。「究」はきわめることであり、「竟」はやりとげることである。三世の塵労と妄念がなくなれば、本来生滅はないことになるから、それが「究竟に涅槃させる」の意味である。】**辟支仏《びゃくしぶつ》を求める人の為には十二因縁法《じゅうにいんねんほう》を応じて説き、諸々の菩薩の為には六波羅蜜《ろくはらみつ》を応じて説き、阿耨多羅三藐三菩提《あのくたらさんみゃくさんぼだい》を得させて一切種智《いっさいしゅち》を成就《じょうじゅ》させました。**[96]

ここは日月灯明仏もまた一乗において宜《よろ》しきに従って三乗を説いたことを述べている。「初善・中善・後善」は三乗法を指し、すべての機に応じ、道に適合し、善くないことがないこと[97]である。権《ごん》を借りて実《じつ》を顕《あらわ》すから「その意味は深くかつ遠い」のであり、方便で機に合わせるから「その語は巧みかつ微妙である」のであり、一乗に根源を置くから「純一で混ざりものがない」のであり、菩薩行を明らかにしているから「清白な梵行の相を具足している」のである。一乗によって三乗に応じるように説く故に「四諦法を応じて説き」などと言い、そこで二乗には「求める」という言葉を使い、菩薩には「求める」という言葉を使わないのは、仏が大事の為に出興《しゅっこう》するのは、本来菩薩を教える法を説くためであり、それは求められるのを待って説くのではない。仏には一乗以外の乗を説きたいという願いはないからである。ただ小法を喜ぶ者が求めることに因り、その後説くことになる。声聞には涅槃について告げ、辟支仏と菩薩には一切種智について告げるのは、声聞は生死の苦を厭い、滅諦《めったい》という小さな果を得ようとする者であることにより、究境に涅槃に進ませようとなさるからであり、辟支仏は鋭利な智がある者であり、菩薩は大きな根がある者であることにより、一切種智を成就させようとなさるからである。「一切種智」は仏だけに備わるものである。〔98〕

次にまた仏がいらして、同じように名が日月灯明《にちがつとうみょう》であり、また次に仏がいらして、同じように名が日月灯明でありました。このように二万の仏がみな同じように一つの字《あざな》であって号が日月灯明であり、また同じように一つの姓《しょう》であって、その姓は頗羅堕《はらだ》であり〔99〕ました。弥勒よ、必ず知りなさい。初めの仏も後の仏もみな同じように一つの字で、名は日月灯明であり、十号を具足し、お説きになる法は初めも中も後も善でありました。その最後の仏には、出家なさっていなかった時に八人の王子がいましたが、一の名は有意《うい》であり、二の名は善意であり、三の名は無量意であり、四の名は宝意であり、五の名は増意であり、六の名は除疑意《じょぎい》であり、七の名は響意《こうい》であり、八の名は法意でありました。この八人の王子は威徳が自在であり、各々四天下《してんげ》を領していました。この王子たちはお父様が出家して阿耨多羅三藐三菩提を得たということを聞くと、みな王位を捨て、同じように後を追って出家し、大乗の意《こころ》を発《おこ》し、常に清浄な行を修し、皆が法師《ほうし》となり、既に千万の仏の所において様々の善本《ぜんぽん》を植《う》えました。〔100〕

ここはまた然灯仏《ねんとうぶつ》の本始を引いて妙法を伝持し引き継いでいく経緯について明らかにしている。最初の日月灯明仏から最後の日月灯明仏に至るまでに二万仏がいらしたのであり、然灯仏《ねんとうぶつ》は即ちその最後の日月灯明仏の王子であった。二万の日月灯明仏が名字も姓もみな同じであったというのは、道が同じであったということを明らかにするものである。八王子がいらしたことは、聖人《しょうにん》の迹《しゃく》を示して、法を表す〔101〕ものである。灯明によって八つの意味〔八意〕があるのは、妙明真心《みょうみょうしんしん》によって妙観察意《みょうかんざつい》が生じ、その用《ゆう》が八つあることを表している。妙心（妙明真心）は本来は空であるが、能く用があるから名が「有意《うい》」であり、これは妙有《みょうう》である。妙心から生じる用は善くないことがないから名が「善意」であり、これは妙善である。量を測ることができないから名が「無量意」であり、これは妙量である。境に対して利となるような用があるから名が「宝意」であり、これは妙宝である。類に触れて長くなるから名が「増意」であり、これは妙増である。【「増」はふやすことである。】善く知ることができるから名が「除疑意」であり、【「除疑」は疑心をなくすことである。】これは妙覚である。物に応じることがこだまのようであるから名が「響意」であり、これは妙響である。万法を立てるから名が「法意」であり、これは妙法である。「四天下を領する」は出家していない時には物《もつ》の煩《わずら》いから逃れることができないことを表している。父が道を得たことを聞いて王子の位を捨てて出家するということは、情から離れて煩《わずら》いを取り除き、正覚《しょうがく》に向かうことを表している。このことは大通智勝仏《だいつうちしょうぶつ》の王子に珍宝の玩具があったが、父が得道したことを聞いて、その珍宝の玩具を捨てて父の許へ行ったこと（化城喩品・H二、王子随仏）と同じ意味であり、心王《しんおう》が三界《さんがい》の家から出ると、八識《はっしき》の子もそれに従って家から出ることである。法師になるということは、このようなことを言うのである。【「八識《はっしき》」は六識《ろくしき》と第七末那識《まなしき》と第〔102〕八阿頼耶識《あらやしき》である。眼《げん》・耳《に》・鼻《び》・舌《ぜつ》・身《しん》・意《い》は六根《ろっこん》であり、色《しき》・声《しょう》・香《こう》・味《み》・触《そく》・法《ほう》は六塵《ろくじん》である。眼に見えるものが色塵《しきじん》であり、耳に聞こえるものが声塵《しょうじん》であり、鼻に嗅ぐものが香塵《こうじん》であり、舌に味わうものが味塵《みじん》であり、身体に汚れをつけるものが触塵《そくじん》であり、意に付着するものが法塵《ほうじん》であって、合わせると十二処《じゅうにしょ》となる。また六識は本来は自己の一心であるが、六根によって六識となる。見ることによって眼識となり、聞くことによって耳識となり、臭《におい》を嗅《か》ぐことによって鼻識となり、味をみることによって舌識となり、汚れることによって身識となり、分別することによって意識となる。根と塵と識を合わせると十八界《じゅうはっかい》となる。「阿頼耶《あらや》」はこの地の言葉では種子《しゅじ》という意味であり、また蔵識《ぞうしき》という意味でもある。世間《せけん》と出世間《しゅっせけん》の諸法の種子《しゅじ》を能く含蔵《がんぞう》するから、「蔵識」である。「末那《まな》」は意という意味である。いつも細かく思量《しりょう》するから意と名付けられる。第八識を思量して我《が》とするのである。このように思量するのは第七識だけであり、他の識では思量することはないから、意と名付けられる。前の六識は根によって名付けられたものであり、この第七識は体《たい》によって名付けられたものである。】

F二、引瑞事同今4　G一、六瑞同〔103〕

この時、日月灯明仏は大乗経をお説きになりましたが、名は無量義であり、菩薩をお教えする法であり、仏が護念《ごねん》なさる所でした。この経を説き終わると、すぐに大衆《だいしゅ》の中で結跏趺坐《けっかふざ》して無量義処三昧《むりょうぎしょざんまい》に入り、身体と心を動かしませんでした。この時、天〔104〕が曼陀羅華《まんだらけ》と摩訶曼陀羅華と曼殊沙華《まんじゅしゃげ》と摩訶曼殊沙華を降らせ、仏の上とすべての大衆《だいしゅ》に散じ、広い仏の世界は六種に震動しました。その時、会中《えちゅう》の比丘・比丘尼・優婆塞・優婆夷と天・竜・夜叉・乾闥婆・阿修羅・迦楼羅・緊那羅・摩睺羅伽・人・非人、及び諸々の小王と転輪聖王《てんりんじょうおう》などのすべての大衆は、未曾有なことに出会い、歓喜し合掌し、一心に仏を観《み》ました。その時、如来が眉間《みけん》の白毫相《びゃくごうそう》の光を放ち、東方の一万八千の仏土を照らしますと、光が行き渡らない所がなく、それは今日見ているこの諸々の仏土と同じようでした。

G二、示疑同

弥勒よ、必ず知りなさい。その時、集まりの中で二十億の菩薩が法を聴《き》こうとしていましたが、このすべての菩薩はこの光明が仏土を普く照らすのを見て、未曾有なことに出会い、この光が発せられた因縁を知ろうとしました。〔105〕

昔の衆が祥瑞を見てその因縁を知ろうとしたのは、また今の衆と同様である。

G三、説証同

その時、妙光《みょうこう》という名の菩薩がいまして、その菩薩には八百人の弟子《でし》がいました。この時、日月灯明仏は三昧《さんまい》からお起《た》ちになると、妙光菩薩に因《よ》って大乗経を説きましたが、名は妙法蓮華であり、菩薩をお教えする法であり、仏が護念なさる所でした。

妙光菩薩は文殊菩薩の〔106〕前身であり、昔「妙光菩薩に因って大乗経を説きました」と言うのは、妙光菩薩は世間の眼《まなこ》となって、能くこの法を証することができたからである。そのことがまた今文殊菩薩が助発《じょほつ》する因となっている。

G四、広引5　H一、三昧同

仏は六十小劫《しょうこう》の間座から起《た》ち上がらずにいましたが、その時集まって聴《き》いていた者たちもまた一カ所に坐り、六十小劫の間、身体と心を動かさないで、仏がお説きになるところを聴こうとしていましたのに、それを飯を食べるぐらいの短い時間と感じただけで、この時衆の中には身体にも心にも疲れを生じる者は一人もいませんでした。〔107〕

昔の衆が六十小劫を飯を食べるほどの短い時間〔食頃《じききょう》〕と感じ、今の衆が五十小劫を半日ほどの短い時間と感じた（従地湧出品・H二、延促互現）とあるのは、どちらも法華三昧《ほっけざんまい》を得ていたことにより、このように道に怠《おこた》りがなかったからである。法華三昧の真実の知見力は時が推移しても変遷することがなく、時と劫に長いとか短いとかいうことがないものである。

H二、唱滅同

日月灯明仏は六十小劫の間この経を説くと、すぐに梵・魔・沙門《しゃもん》・婆羅門《ばらもん》、及び天・人・阿修羅の衆《しゅ》の中においてこの言葉をお告げになりました、『如来は、今日の夜のうちに必ず無余涅槃《むよねはん》に入るだろう』と。［108］

経を説き終えてから「滅度する（無余涅槃に入る）だろう」とお告げになったのは、大事を任せようとなさったからである。そうであるから、今の仏［109］もこの後経を終えると、また「遠からず必ず涅槃に入る」（見宝塔品・E二十二、釈迦宣伝）とおっしゃるのであり、このことは仏が妙法を付嘱《ふぞく》するところがあるようにすることを意味するのである。「涅槃」はこの地の言葉で滅度であり、諸々の苦が滅して皆なくなり生死《しょうじ》の海を渡ることであり、真常（真如常住）の道果を表す号であって、滅びて亡くなることを表す号ではない。「真常」は生霊《しょうりょう》の性命《しょうみょう》の大本である。【「生」は衆生であり、「霊」は霊的な覚である。衆生はみな霊覚を備えているから「生霊」という。】本真（真如）は妄がなく、凝常《ぎょうじょう》で不変であるが、一念の迷いが起きることによって、幻の苦を妄量《もうりょう》することで沈むことになり、いわゆる真を失うことになり、それで生死に沈み、変じることになり、いわゆる常を失うことになるが、聖人は根源の覚に還り、諸々の虚妄《こもう》に沈むことがなく、また諸々の変を受けることがないから、真常であるのである。儒学者が言うところの「戻れば惑わされることがない［復則不妄］」、及び老子が言うところの「命に戻ることを常という［復命曰常］」と同じ意味である。

有余《うよ》と「無余」について言うと、小乗は生死の苦を厭い、三界から急いで出ようとするから片寄った真〔偏真〕に滞《とどこお》り、性を証することが円満でない故に「有余」と名付け、大乗は生死の見を離れ、退くこともなく出ることもないから、凝然《ぎょうねん》として常寂であり、性を証することが既に円満である故に「無余」と名付ける。仏が「今日の夜のうちに必ず無余涅槃に入るだろう」とお告げになることは、幻のように虚妄で混乱した塵から抜け出して、本真の凝寂《ぎょうじゃく》に戻ることを示すものである。

H三、授記同〔110〕

その時徳蔵《とくぞう》という名の菩薩がいましたが、日月灯明仏はすぐに記を授けて、すべての比丘に『この徳蔵菩薩は次に必ず仏となって、号を浄身多陀阿伽度《じょうしんただあかど》・阿羅訶《あらか》・三藐三仏陀《さんみゃくさんぶっだ》と言うだろう』とお告げになりました。仏は授記《じゅき》をし終えると、すぐにその夜のうちに無余涅槃にお入りになりました。

日月灯明仏も、この時経を説いた後に、弟子たちに記を授けたのである。「多陀阿伽度」は如来という意味であり、「阿〔111〕羅訶」は応供という意味であり、「三藐三仏陀」は正遍正覚（正遍知）という意味である。十号を省略して三つだけ言ったものである。

H四、助化伝続同〔112〕

仏が滅度なさった後に、妙光菩薩は妙法蓮華経を持して、八十小劫の間ずっと人々の為に演《の》べ説きました。日月灯明仏の八人の子はみな妙光菩薩を師と定めたので、妙光菩薩はその八人の子を教化《きょうけ》して阿耨多羅三藐三菩提に堅固《けんご》にさせました。この王子たちは無量百千万億の仏を供養し終わると、みな仏道を成就しましたが、その最後に成仏《じょうぶつ》した方の名が然灯《ねんとう》でした。

妙光菩薩は昔、日月灯明仏を助けて然灯仏《ねんとうぶつ》（燃灯仏）の師となり、今は釈迦を助けて日月灯明仏の道を継承している。八人の子は日月灯明仏から生まれ、妙光菩薩を師と定め、成仏するに至り、その一人は号を然灯とした。「然灯仏」はまた釈迦の師となるから、この道は本覚明心か[113]ら出て常に妙光菩薩の智体によって伝持・継承されて尽きることがない。このことは、一つの灯《ともしび》が百千の灯に明るく火をつけ、その明るさは尽きることがなく、その光が別のものでないことを意味するから、これが妙法の大本である。それ故に援引はここで終わることになる。

H五、顕益同

八百人の弟子の中に求名《ぐみょう》という名の一人の者がいましたが、利養に貪著《どんじゃく》して、たとえ多くの経を読誦《どくじゅ》しても通利《つうり》することができず、忘れてしまうことが多かったので、名が求名でした。この人もまた様々の善根因縁を植えたことによって、無量百千万億の諸仏に会い、供養し恭敬し尊重し讃歎しました。[114]

弥勒菩薩は初心において小乗の利養《りよう》に貪著《どんじゃく》した故に多くの経においてただ名と言だけを求め、通達することなく、正見《しょうけん》を亡失していたけれども、日月灯明仏の教えを蒙ったことにより、多くの仏に会い、補処《ふしょ》の果に向かうことができたのである。須菩提《しゅぼだい》などが小果である一日の価《あたい》に貪着して、この大乗において希求するということがなかったが、釈迦の教えを蒙《こうむ》ることによって、法王に近付き、大きな宝位を得ることができたこと（信解品・一二、慶今得）と同じことを言っている。

E三、結証所付《そん》

弥勒よ、必ず知りなさい。その時の妙光菩薩はどうして他の人であったでしょうか、私の身体が

これです。求名菩薩はそなたの身体がこれです。今日この祥瑞を見るところ、本来見たことと変わることがありませんから、そのことから推察してみますと、今日如来は必ず大乗経をお説きになり、名は妙法蓮華であり、菩薩をお教えする法であり、仏が護念なさる所であります」と。[115]

今と昔のことがさながら互いに契合《けいごう》するので、この後仏が『法華経』を説くことは間違いないと文殊菩薩は推し量る[忖《そん》]ことができたのである。引いた祥瑞のことが今と同じであることから、このようになさるだろうと推し量ったことも、また三昧にお入りになったことや「滅《めっ》する」とおっしゃったことなどを広く引いている[広引]ことなども、文殊菩薩の意図が『法華経』一経の本末について暗示しようとすることにあったことを示している。広引のこと（同品・H一、三昧同からH五、顕益同までのこと）はみなこの後の経文《きょうもん》に述べられていて、そこで合点《がてん》が行くことになる。

E四、重頌《じゅうじゅ》

その時、文殊師利は大衆《だいしゅ》の中で、この意味を重《かさ》ねて宣《の》べようとして、偈《げ》を説きました。

文3　F初、頌引証2　G初、頌灯明本始[116]

「私が過去世《かこせ》の無量無数劫《むしゅこう》を念じるところ、仏《ぶつ》・人中《にんちゅう》の尊《そん》がいらして、号は日月灯明《にちがつとうみょう》でした。
世尊は法を演べ説き、無量の衆生と無数億の菩薩を済度《さいど》して、仏の智慧に入らせました。
仏がまだ出家《しゅっけ》をなさらずにいました時に生まれた八人の王子は、大聖《だいしょう》が出家なさるのを見て、
同じように従って梵行《ぼんぎょう》を修《しゅ》しました。

ここは最初から最後までの日月灯明仏の法化《ほうけ》と八子の迹を通して頌《じゅ》している。

G二、頌瑞事同今5　H一、頌六瑞同

その時仏は大乗をお説きになりましたが、経の名は無量義であり、すべての大衆《だいしゅ》[117]の中で、彼らの為に広く分別《ふんべつ》なさいました。

仏はこの経を説き終わると、すぐに法座の上で結跏趺坐して三昧《さんまい》に入りましたが、その名は無量義処《むりょうぎしょ》でありました。

天から曼陀羅華が降り、天の鼓《つづみ》が自然《じねん》に鳴り、諸々の天・竜・鬼神は人中《にんちゅう》の尊《そん》を供養しました。

一切の諸仏の土地が即時に大きく震動すると、仏は眉間《みけん》の光を放ち、様々の希有《けう》の事を現しました。


H二、頌光相同2　I一、頌円現法界事相[118]

この光は東方の一万八千の仏土を照らし、一切衆生の生死《しょうじ》の業報《ごうほう》の処を見せました。

諸々の仏土は多くの宝物によって荘厳《しょうごん》され、瑠璃《るり》と頗梨《はり》の色を見ることができましたのは、仏の光明が照らしたからです。

また、諸々の天・人・竜神《りゅうじん》・夜叉衆《やしゃしゅ》・乾闥婆・緊那羅の各々がその仏を供養するのが見えました。

また、諸々の如来は自然《じねん》に仏道を成就なさり、身体の色は金山《こんせん》のようであり、端正《たんしょう》で厳《おごそ》かで甚《はなは》だ微妙《みみょう》でした。

清浄《しょうじょう》な瑠璃の中の内側に真金《しんこん》の像が現れたように見える世尊は、大衆《だいしゅ》の中にあって深い法の義を広げました。

一つ一つの諸々の仏土には声聞衆が無数であり、仏の光に照らされたことに因って、その大衆を悉く見ることができました。

「自然《じねん》に仏道を成就なさり」は、慧身を成就することは、他人から知らされることによるものでないことを言っている。

I二、頌円現生仏始終〔119〕

或いは、諸々の比丘が山林《せんりん》の中において精進《しょうじん》し、明珠《みょうしゅ》を護持するように浄戒を守っていました。

また、諸々の菩薩で布施や忍辱《にんにく》などを行《ぎょう》じる者が、その数が恒沙《ごうじゃ》のように多いのが見えましたが、これは仏の光明が照らしたことによるものでした。

また、諸々の菩薩が諸々の禅定《ぜんじょう》に深く入り、身体と心を静かにして動かさずに、無上道《むじょうどう》を求めているのが見えました。

また、諸々の菩薩が法の寂滅《じゃくめつ》の相《そう》を知り、各々その国土において説法し仏道を求めているのが見えました。

涅槃の相を頌〔120〕していない（同品・H二、問円現生仏始終にはある）のは、省略しただけである。

H三、頌疑問同

その時四部衆《しぶしゅ》は日月灯明仏が大神通力《だいじんずうりき》を現すのを見て、皆の心が歓喜しました。

各々は自《みずか》ら互いに『このことは何の因縁《いんねん》によるのでしょうか』と尋ね合いました。

H四、頌説証同

天《てん》・人《にん》がお仕えする尊は、折しも三昧から起《た》ち上がり、妙光菩薩を讃歎しました、

『そなたは世間《せけん》の眼《まなこ》であり、一切の者が帰依《きえ》し信じるところである。

能く法蔵を奉持《ぶじ》するから、余が説く法は、ただそなただけが証《しょう》し知ることができるだろう』と。

世尊は讃歎した後、妙光菩薩を歓喜させて、

H五、頌広引5　I一、頌三昧〔121〕

この法華経をお説きになり、六十小劫を満たす間、この座からお起ちになりませんでした。

お説きになりました最高の妙法を、この妙光法師はすべて受持することができました。

I二、頌唱滅

仏はこの法華経をお説きになり多くの人々を歓喜《かんぎ》させると、続いてすぐにこの日のうちに天・人の衆にお告げになりました、

『諸法実相《しょほうじっそう》の義を既にそなたたちの為に説いたので、余は今、夜のうちに必ず涅槃に入るだろう。

そなたたちは一心に〔122〕精進して、必ず放逸《ほういつ》から離れなければならない。

諸仏は甚《はなは》だ遇《あ》うことが難しく、億劫《おくこう》が過ぎると、その時やっと一度遇《あ》うくらいだろう』と。

世尊の諸子《しょし》たちは仏が涅槃にお入りになるとお聞きして、各々悲悩《ひのう》を懐《いだ》きました、

『仏が滅度《めつど》なさるのはどうして速《はや》いのでしょう』と。


諸子が悲悩を懐いたのは、生滅《しょうめつ》の為に愛見《あいけん》の悲しみを起したのではなく、衆生の為に悲しんだのである。

「諸法実相の義」は即ち『法華経』の要旨であり、そこから「億劫が過ぎると、その時やっと一度遇うぐらいだろう」までは、すべて日月灯明仏が滅度に臨んで、宣《の》べ付嘱《ふぞく》し、人々を力づけた言葉である。

この経は大体において、長行《じょうごう》が簡略であれば偈《げ》が詳細であり、長行が詳細であれば偈が簡略である。聖人の言葉の説約《せつやく》は【「説」は述べることであり、「約」は省略することである。孟子は「博く学び詳細に〔123〕述べること（説）は、その本源に立ち返って、その要旨（約）を述べるためである」と言っている。（『孟子』離婁《りろう》）】文の体において皆そのようであるから、今ここでも、疑問などの文は、即ち前の長行が詳細で後の偈は簡略であるが、滅度すると唱える〔唱滅〕文は、前の長行が簡略で、後の偈が詳細になっている。

Ⅰ三、頌授記

聖主《しょうしゅ》である法の王は無量の衆《しゅ》を安らかに慰《なぐさ》めました、

『余が滅度《めつど》する時、そなたたちは憂《うれ》え〔124〕たり恐れたりしてはいけない。

この徳蔵《とくぞう》菩薩は無漏《むろ》の実相において心が通達《つうだつ》することが既にできているから、その次に必ず仏となるだろう。

号を浄身と言い、また無量の衆《しゅ》を済度《さいど》するだろう』と。

仏はこの夜に薪《たきぎ》が尽きて火が消えるように滅度なさいました。

舎利を分布《ぶんぷ》して、無量の塔を起《た》て、恒沙《ごうじゃ》のように数が多い比丘・比丘尼たちは、それまでより倍も多く精進して、無上道を求めました。


衆が悲悩を懐いたので、仏は慰め安んじようとなさって、徳蔵に記を授け、衆生が徳蔵に帰依するようになさったのである。「無漏の実相」は即ち妙法の真体である。大覚の滅度を薪の火に譬えるのは、薪はたとえ尽きても、火は尽きることなく伝わるからである。それが滅度を示すということである。「舎利を分布して」から「無上道を求めました」までは、弟子が追慕《ついぼ》し景仰《けいごう》したことを表すものである。【「景仰」は慕いあおぐことである。】

Ⅰ四、頌助化伝続〔125〕

この妙光法師は仏の法蔵を奉持《ぶじ》して、八十小劫の間、法華経を広く宣《の》べました。

この八王子は妙光が開き教化《きょうけ》した者たちであり、無上道に堅固《けんご》でありましたから、確かに無数の仏に会い、諸仏を供養して、順序に従い大道《だいどう》を行《ぎょう》じ、相継《あいつ》いで成仏なさり、次々に順番に授記をしました。

最後の天中天《てんちゅうてん》は号が然灯仏《ねんとうぶつ》であり、諸仙の導師《どうし》となって無量の衆を度脱《どだつ》しました。

妙光が広く宣べたことが即ち「助化《じょけ》」ということであり、「この八王子は」より下は伝続の経緯について明らかにしている。

Ｉ五、［126］頌顕益

この妙光法師にはその時一人の弟子がいましたが、その弟子は心に常に懈怠《けだい》を懐《いだ》いて、名利《みょうり》に貪著《とんじゃく》していました。

名利を求めることに飽きることがなく、族姓《ぞくしょう》の家で多く遊び、【「族姓」は高貴な家柄と高貴な姓である。】**学び誦《じゅ》したことを棄捨《きしゃ》し、忘れ去って通利することができませんでした。**

この因縁により、号が求名《ぐみょう》でありましたが、また多くの善業《ぜんごう》を行《ぎょう》じたことで、無数の仏を見ることができるようになり、諸仏を供養し、順序通りに大道を行じ、六波羅蜜《ろくはらみつ》を具《そな》え、今釈《しゃく》師子《しし》を見ています。

この後に必ず仏となり、名は弥勒であり、諸々の衆生を広く済度し、その数は限りがないことでしょう。［127］

「心に常に懈怠を懐いて」などは、怠《なま》けて宝所から退き、小乗に貪著することを言っている。「族姓の家で多く遊び」は即ち名と相を崇尚することであり、「学び誦したことを棄捨し」は本に務めることをしないことである。その他は前に解釈してある通りである。

F二、頌結証所付

彼の仏が滅度なさった後に懈怠《けだい》であった者とはそなたのことであり、妙光法師は今の私の身体です。

私は日月灯明仏の本の光瑞がこのようであったのを見ましたから、このことにより今の仏が法華経を説こうとなさっていることが分かります。

F三、総牒《ちょう》決疑〔128〕

今の相は本の瑞祥であると言えます。

これは諸仏の方便《ほうべん》です。

今、仏は光明を放ち、実相の義を助発《じょほつ》なさろうとしています。

すべての人は今〔129〕必ずそのことを知り、合掌して一心に待たなければいけません。

仏はこれから必ず法雨を降らして、道を求める者を充足させるでしょう。

すべての三乗を求める人で、若しも疑い悔《く》いる者がいるならば、仏は必ずそのような疑いと悔いをすべて除断して、残るものが少しもないようにするでしょう。」

「疑い悔いる」は小法によって大法を疑うことである。　上序分竟

〔130〕Ｂ二、正宗分２　Ｃ一、三周開示３　Ｄ初、説三周法授三根記３　正宗分の十九品は二に分けられる（三周開示十品と顕妙勧持九品）。一は三周開示十品であり、三に分けられる。初めは三周法を説いて三根の記を授けるもの〔説三周法授三根記〕であり、即ち方便品から授学無学人記品に至るまでの八品である。二は広い記を授け前の授記を円満に備わるようにするもの〔授広記円該前記〕であり、即ち法師品である。三は諸仏を集め前の法を円満に証するもの〔会諸仏円証前法〕であり、即ち見宝塔品である。いわゆる三周は、法説一周は上根に相当し、即ち方便品である。上根は極めて利根であるから、仏は法の体をそのままに説いて〔131〕いる故に法説という。喩説一周は中根に相当し、即ち譬喩品である。中根はいささか鈍であるから、譬喩によって始めて理解できる故に喩説という。因縁説一周は下根に相当し、即ち化城喩品である。下根は非常に鈍であるから、過去の世の因縁によって丁寧に開いている故に因縁説という。しかしながら、根はたとえ三にわかれていても、教えは実際には通じ、どの根にも相当するものである。

Ｅ初、法説

妙法蓮華経 方便品《ほうべんぼん》 第二〔133〕

前品《ぜんぽん》において一筋の光が東方を照らしたことで妙体《みょうたい》は既に全《まっと》うされたことになるが、仏が無言でいるのに知り、言葉を告げないのに信じることは、垢《あか》の重い衆生には到底できないことであるから、必ず言葉を借りて方便で開示されなければならない故に、方便品《ほうべんぼん》と名付けられる。諸法の寂滅相《じゃくめつそう》は言葉で述べることができないものであるが、ただ方便によって開示されることで、各自は悟り、入ることができるようになる。それ故に以下において仏が正しく説こうとした文〔正説之文〕は、「このような妙法は、諸々の仏・

如来が時が来ると説くものである」（同品・H一、全提）と「諸仏はただ一大事《いちだいじ》のために出現し、衆生たちに仏の知見《ちけん》を開かせようとなさる」（同品・I三、示出世本懐）だけであり、その他には正しく説こうとした言葉［正説］はなく、その他の言葉はただ異なる方便によって、第一義を補助し顕《あらわ》すものであるに過ぎない。三周・九喩・百界・千如《せんにょ》（千如是）に至るまでのものは、みな異なる方便である。それでは、いわゆる妙法と、いわゆる一大事を、最終的にどのように説き示しているのだろうか。また、いわゆる仏の知見と、いわゆる第一義を、どのように開き顕しているのだろうか。『法華経』は仏の最後の言葉が記されたものであるから、またどうして漫然とお説きになるようなことがあっただろうか。この経そのものを観ると、真実に思量《しりょう》や分別《ふんべつ》で理解できないことがその間にあり、仏はそれを言葉で宣《の》べることができないと説いているが、そこに述べられていることはもとより虚言であるはずはない。およそ語言《ごごん》や文字によるものはみな方便であるから、正宗《しょうしゅう》の最初の品名に方便の［134］名が付けられていることには、深い意味があるのである。

文3　F初、出定《しゅつじょう》称歎2　G初、出定

その時、世尊は三昧《さんまい》からゆっくりと起《た》ち上がり、

無量義処三昧から起ち上がったのである。

G二、称歎3　H初、歎諸仏二智［135］

舎利弗《しゃりほつ》にお告げになりました、

「諸仏の智慧は甚《はなは》だ深く無量であり、その智慧の門は解《さと》ることも難しく、入ることも難しく、一切の声聞《しょうもん》と辟支仏《びゃくしぶつ》が知ることができないところである。

二智と〔136〕一乗の深さを並べて讃歎なさっている。「諸仏の智慧」は権智《ごんち》と実智《じっち》の二智を指し、権智は法を説くものであり、実智は法を証するものである。「その智慧の門」は一乗の妙法を指す。経の発端では独り文殊菩薩に因っていたのに、禅定から出たところで突然舎利弗〔鶖子《じゅし》〕に告げているのは、この経が智で体を立て、権を集め実に行くもの〔会権帰実〕であるからである。文殊菩薩は実智《じっち》についての第一人者であり、舎利弗は権智《ごんち》についての第一人者であるから、ここで舎利弗にお告げになることには、権で誘ってそこから実に入らせる意図がある。

何故なら、仏はかつて百千万億の無数の諸仏に親近《しんごん》し、諸仏の無〔137〕量の道法《どうほう》をことごとく行《ぎょう》じ、勇猛《ゆうみょう》に精進《しょうじん》し、その名称《みょうしょう》は普《あまね》く聞こえ、甚だ深い未曾有《みぞう》な法を成就し、宜《よろ》しいところに随《したが》って説くところはその意趣を理解することが難しいからである。

ここは前節で仏の智と法が深いと言った理由を説明している。「無数の諸仏に親近し」は仏が学んだことが深いことであり、「無量の道法をことごとく行じ」は進んだところが深いことであり、「勇猛に精進し」は志《こころざし》を建てることが深いことであり、「名称は普く聞こえ」は徳を積んでいることが深いことであり、「深い未曾有な法を成就し」は証していることが深いことであり、「宜しいところに随って説くところ〔随宜所説〕」は方便が深いことであるから、「解《さと》ることも難しく、入ることも難しい〔難解難入《なんげなんにゅう》〕」と言っているのである。このように仏がその深さを讃歎するのは、徐々に権で誘って実に入らせ〔引権入実〕、三を集めて一に行かせる〔会三帰一《えさんきいち》〕ように計《はか》らうからであり、そのようにすることで二乗の者が一乗に願望を抱《いだ》くように取り計らっていらっしゃるのである。

H二、陳自行二智〔138〕

舎利弗よ、余は成仏した時からこれまで、種々の因縁と種々の譬喩《ひゆ》で語り、教えを広く演《の》べ、無数の方便《ほうべん》で衆生《しゅじょう》を引導《いんどう》して、様々の執著《しゅうじゃく》から離れさせるようにしてきた。何故なら、如来は方便と知見《ちけん》の波羅蜜《はらみつ》をみな既に具足《ぐそく》しているからである。〔139〕

釈尊が出興《しゅっこう》して種々に演べ説き、方便で衆生を引導するのは、みな権《ごん》と実《じつ》の二智によるものであった。「方便波羅蜜」は権智《ごんち》であり、「知見波羅蜜」は実智《じっち》である。権でなければ衆生を引導することができないし、実でなければ執著から離れさせることができないから、必ずこの二つが具《そな》わらなければならない。「様々の執著」とは、麁《そ》であれば即ち六塵《ろくじん》の業《ごう》であり、細《さい》であれば即ち二乗法である。

H三、歎二智徳用5　I一、歎実智証法〔140〕

舎利弗よ、如来の知見は広く大きく深く遠く、無量《むりょう》（四無量心）**と無礙《むげ》**（四無礙弁）**と力《りき》**（十力）**と無所畏《むしょい》**（四無畏）**と禅《ぜん》と定《じょう》と解脱《げだつ》と三昧《さんまい》に際限がない所まで深く入っていて、一切の未曾有《みぞう》な法を成就している。**〔141〕

如来の真実の知見力は、広さは含まない所がなく、深さは届かない所がないから、四無量心と【「四無量心」は慈無量と悲無量と喜無量と捨無量である。「喜」は喜ぶことである。「捨」は捨てることであり、三毒を捨てようとすることである。】四無礙弁《むげべん》と十力《じゅうりき》と【「十力」は、一は処非処智力であり、仏は一切の因縁と果報の決まった相がこの因縁によっては生じるということと、このような果報がこの因縁によっては生じないということ、及びこのような果報とこのような種々のものが道理にかなっているかいないかということをすべて知っていて、妨《さまた》げることができる者も優《まさ》ることができる者もいないから、これを力と名付ける。二は業智力（業異熟智力）であり、仏が一切衆生の過去・未来・現在の様々の業と受（異熟）を知っていることである。三は定力《じょうりき》であり、仏が一切の様々の禅と三昧を知っていることである。四は根力であり、仏が衆生の諸々の根の上下を知っていることである。五は欲力であり、仏が衆生の種々の欲と楽を知っていることである。六は性力《しょうりき》であり、仏が世間の種々無数の衆生の性を知っていることである。七は至る所の道力（遍趣行智力）であり、仏が一切の衆生の趣く道の相を知っていることである。八は過去の命の力（宿住随念智力）であり、仏が種々の過去の命を、一世・二世から百・千世のすべてに至るまで知り、このすべての〔142〕性と名と苦と楽と寿命の長短を知っていることである。九は天眼力《てんげんりき》（死生智力）であり、仏は衆生が死ぬ時、及び生まれる時における容貌の良し悪し、悪道に堕ちるか善道に生まれるかなどを見ることができることである。十は漏をなくす力（漏尽智力）であり、仏は諸々の漏をすべてなくしているから、自らの生が尽きることがなく、後に生じることがないことを自ら知っていることである。】**四無畏と**【「四無畏」は正等覚無畏《しょうとうかくむい》と漏尽無畏と障法無畏と出苦道無畏であり、この四つをことごとく自ら獲得して、全く恐れることがなく、心に怯《おび》えを懐かず、疑心が少しもなく、恐懼《きょうく》することも全くないことの名が無畏である。正覚と等覚の諸法の名が「正等覚」であり、すべての煩悩の漏が、隠れている種子《しゅじ》も現れている種子も、すべてが断じられていることの名が「漏尽」であり、妨げる法が汚して必ず障となることの名が「障法」であり、自から出離する道を開き、聖人としてそれを修得してすべての苦から抜け出したと説くことの名が「出苦道」である。】**深い禅と大きな定と諸々の解脱法と**【内に色《しき》が有ることを見、外にもまた色を見る解脱『内を見ることで、外を見ることである。』・内に色がないことを見、外に色を見る解脱『外を見ることで、内を見ることである。』・内外の諸々の色の解脱『あるものとないものがみな清浄であることである。』・空無辺処解脱《くうむへんじょげだつ》『縁と色が虚空のようであることである。』・識無辺処解脱『三世の識が空であることである。』・無所有処《むしょうしょ》解脱『色と縁がないことがないことである。〔143〕』・非非想処《ひひそうじょ》（非想非非想処）解脱『相がなくなり妙が起きることである。』・滅受想定（滅尽定）解脱『心の数法がなくなることである。』である。】**諸々**

の三昧門のそれぞれの真実の際《きわ》に深く届いていて、これらによっておよそ一切の未曾有な法のすべてを成就しているのである。この智は、虚空が色《しき》を包むように一切法をすべて包括するものであり、海が流れ込む川の水を含むように一切の相《そう》を融合するものである故に、「広く大きく深く遠い」と説いていらっしゃる。

Ⅰ二、歎権智説法

舎利弗よ、如来は種々に分別して、諸法を巧妙に説き、言辞《ごんじ》が柔軟《にゅうなん》であり、すべての心を喜ばせることができる。

如来の真実の方便力は万法を分別し、三乗を巧妙に説き、機にふさわしいように順応《じゅんのう》するものであるから、言葉が柔軟で、衆生の性〔144〕に適合し、すべての人の心を喜ばせることができる。

舎利弗よ、要点を捉《とら》えてこのことを言うならば、無量無辺の未曾有の法を仏はことごとく成就している。

二智の徳用《とくゆう》を結んでいる。

Ⅰ三、重顕深妙〔145〕

止《や》めよう。舎利弗よ、わざわざこれ以上述べないようにしよう。何故なら、仏が成就したのは第一の希有《けう》で解《さと》ることが難しい法であり、諸法実相《しょほうじっそう》のすべてを究《きわ》めることができるのは、ただ仏と仏だけだからである。

仏が「止めよう」と告げ、説くのを止めようとするのは、深く微妙であることを更に強調しようとするからである。「第一の希有で解ることが難しい法」は即ち実相妙法のことであり、それは言葉が及ぶところでないから「わざわざこれ以上述べないようにしよう」と告げるのであり、その意趣に到達することは到底できないから「希有で解ることが難しい」のであり、二乗が進むことができない所であるからただ仏だけが究めることができるのである。

Ⅰ四、陳諸法実相〔146〕

それは諸法のこのような相《そう》と、このような性《しょう》と、このような体《たい》と、このような力《りき》と、このような作《さ》と、このような因と、このような縁と、このような果と、このような報と、このような本末究竟《ほんまつくきょう》などである」と。〔148〕

前節で説いた「実相」とは、即ち世間諸法の相・性・体・力から本末究竟などまでのことであると言っている。見えるものが「相」であり、相の本源が「性」であり、形を具えているものが「体」であり、利となるように用いるものが「力」であり、しばらくの間起きることが「作」であり、始まりが「因」であり、因を補助するものが「縁」であり、縁が熟したものが「果」であり、果に応じるものが「報」であり、最初と最後が「本末」であり、極みに至ることが「究竟」である。一切の諸法はこの十から離れることがなく、またそれぞれはこの十を備えている。「このような〔如是〕」は事《じ》に随《したが》う法を指す言葉であるから、諸法には「このような相」・「このような性」から「このような本末究竟」に至るまで、実相でないものはないという意味である。ここで目の前にある種々のもので推して考えると、松はまっすぐで、茨《いばら》は曲がり、鵠《くぐい》（白鳥）は白く、カラスは黒く、竹はこのように緑であり、花はこのように黄色いというように、諸々の世俗諦《せぞくたい》のものごとで実相でないものはないのである。ただ世俗諦においてでも実相でないものはないということを証得した人だけが、天真《てんしん》が欠けることがなく、当体《とうたい》から離れることがなく、色心《しきしん》の外に黙することができるから、これがいわゆる「第一の希有で解ることが難しい法」である。旧説では四聖・六凡の十法界と〔149〕共に解説し、一界はそれぞれ十如《じゅうにょ》（十如是）を備えているから、十界では百如となり、更に百界なら千如となり、さらに溶かせば無尽に至ると言っている。これは実相に即して法性《ほっしょう》を明らかにするものである。また三観を互いに廻らして解説して、空《くう》は「是の相が如である〔是相如〕」であり、仮《け》は「是《か》くの如きの相である〔如是相〕」であり、中《ちゅう》は「相が是くの如きである〔相如是〕」とも言い、これは実相に即して観智を明らかにするものである。しかしながら、これは諸法実相を正しく明らかにする一乗の究極の言葉であり、如々《にょにょ》たる理性《りしょう》は言葉にして説明することができないものである。況《ま》して十如三観こそは大乗の円融の法であるから、尚更である。一乗実相に向かうということで、道は同じであるけれども、軌道《きどう》は様々に異なるから、達意の人はこのことを良く考究しなければならない。

Ｉ五、重頌

その時、世尊はこの意味を重ねて宣《の》べようとして、偈《げ》をお説きになりました。

文6　Ｊ初、頌歎智徳用〔150〕

「世雄《せおう》は量《はか》ることができない。

諸々の天と世間の人と一切の衆生の類で、仏を知ることができる者はいない。

仏の力《りき》と無所畏《むしょい》と解脱《げだつ》と諸々の三昧《さんまい》、及び仏のその他の法を測ることができる者はいない。

仏は、本来無数の仏に従い、具足して多くの道を行じてきたから、甚だ深い微妙《みみょう》の法は見ることも難しく、知ることも難しい。

無量億劫《おっこう》にこの諸々の道を行《ぎょう》じ、道場において果を成就したから、余は既に悉《ことごと》くを知見する者である。〔151〕

「世雄は量ることができない」から「測ることができる者はいない」までは諸仏の二智の深さを讃嘆し、「仏は、本来無数の仏に従い」から「見ることも難しく、知ることも難しい」までは諸仏の智慧の深さの理由を頌し、「無量億劫にこの諸々の道を行じ」から「余は既に悉くを知見する者である」までは自らの行をまとめて顕している。仏の号は世尊であり、またの号は世雄《せおう》である。世尊は十号を総括するものであり、その他の号はみな徳に従って称するものであるから、雄猛《ゆうみょう》ともいい、慧日《えにち》ともいい、両足尊《りょうそくそん》などともいう。ここで「世雄《せおう》」という言葉を使って、釈迦は、諸仏の智徳が雄猛《ゆうみょう》であり世間にまたとないと言っている。その他の語句の意味は、長行の所（同品・I一、歎実智証法）で説明してある通りである。

J二、頌歎法実相〔152〕

このような大果報と種々の性《しょう》と相《そう》の意味を、余と十方の仏は能《よ》くこのことを知っている。

この法は示すことができない。

言辞《ごんじ》の相が寂滅《じゃくめつ》しているからである。

様々の衆生の類で知ることができる者はいない。

諸々の菩薩衆《ぼさつしゅ》で、信力《しんりき》が堅固《けんご》な者を除く。

諸仏の弟子《でし》衆《しゅ》で、かつて諸仏を供養し、一切の漏《ろ》を既に尽《つ》くし、この最後身《さいごしん》に住《じゅう》している、このような人たちでも、その力が及ばないところである。〔153〕

十如是を頌すると共に、舎利弗〔身子〕に「止めよう」と告げて、説こうとしなかった理由を頌で告げている。

「この法は示すことができない。言辞の相が寂滅しているからである」とは、このような実相は触れるすべてのことが真実であるけれど、これを譬えようとしても程遠いものとなり、これを言葉で言い表そうとしても隔たったものになってしまうことを言っている。「様々の衆生の類で知ることができる者はいない」と言うのは、様々の世諦の性と相で、色と心の外のことを、暗黙の内に会得することは難しいからである。「諸々の菩薩衆で、信力が堅固な者を除く」と言うのは、信がある者ならば入ることができることを認め、「諸仏の弟子衆でもその力が及ばないところである」と言うのは、それが二乗法でないことを明らかにしている。「漏を尽くした最後身」は即ち二乗の果であるから、ここで言う「最後身に住している人」は有余涅槃の人である。

J三、広歎智 [154]

たとえ世間に満ちる者がみな舎利弗のようであり、その者たちが限りなく思いを尽くして共に考えたとしても、仏の智を思い測ることはできないだろう。正に十方に満ちている者がみな舎利弗のようであり、その他の諸々の弟子がまた十方の刹《せつ》に満ちて、【「刹」は国土の全域を指す言葉である。】**思いを尽くして共に考えたとしても、やはり知ることはできないだろう。**

ここは少ない智の者を多くの智に向かわせようとして、仏の智が深いことを広く讃歎なさっている。舎利弗は智慧第一であり、多くの衆のように知恵が少ない者ではない。たとえ十方に満ちる多くの衆が舎利弗と同じように第一の知恵を持つことになり、そのような者が皆で力を合わせて思い測ったとしても、仏の深い智を知るには十分でないのである。[155]

辟支仏が鋭利な智があり、無漏の最後身であって、また十方界に満ちてその数が竹林の竹のように多いとして、これらの者が共に一心に億無量劫の間仏の実智について考えようとしたとしても、わずかな部分も知ることができないだろう。

新発意《しんぼっち》の菩薩が無数の仏を供養し、多くの義趣に通達したとしても、また巧みに説法できる者たちが稲や麻や竹や葦《あし》のように十方の国に充満して、妙智によって一心に恒河沙劫《ごうがしゃこう》の間皆で共に思量したとしても、仏の智を知ることはできないだろう。

不退《ふたい》の諸々の菩薩がその数が恒沙《ごうしゃ》のように多く、共に一心に考え求めたとしても、また知ることはできないだろう。［156］

ここは、また鋭利な智の者を上智に向かわせようとして広く讃歎なさっている。声聞の智は辟支仏の鋭利さに及ばない。「辟支仏」は既に無漏の後身を証していて、その智慧は至極明晰《めいせき》であるからである。「新発意の菩薩」は多数の仏を供養して智慧を増し、能く義趣を了解し、智慧について分かりやすくはっきりと説法することができるから、その智慧の妙は辟支仏の鋭利さより更に勝るものである。また地上《ちじょう》の「不退の菩薩」の智は地前《じぜん》の新発意の菩薩に勝るものであるが、このような者たちでも最後まですべてを知ることができないということは、仏の智は三乗の人には知ることができないということを明らかにするものであり、このように告げる仏の真意は、権《ごん》の小である人々を激励し発奮させることにある。「辟支仏」はこの地の言葉では独覚《どくかく》である。「稲・麻・竹」などは非常に多いことを譬えている。［157］

J四、広歎法

また舎利弗に告げよう。

無漏で不思議な甚だ深い微妙《みみょう》の法を、余は今既にすべて得ている。
ただ余だけがこの相を知っているのであり、十方の仏もまた同様である。

「無漏の妙法」は即ち一乗の実相である。二乗が能く測ることができないところであるから、「ただ余だけがこの相を知っているのであり」と告げ、それは諸仏が同様に証するところであるから、「十方の仏もまた同様である」と告げている。

J五、正顕今実〔158〕

舎利弗よ、必ず知らなければならない。
諸仏は言葉に異なることがないから、仏の説く法において、必ず大信力《だいしんりき》を生《しょう》じなければならない。
世尊は法を久しい間説いた後に、必ず真実を説くことになるのである。

J六、斥権使悟

諸々の声聞衆及び縁覚《えんがく》を求める乗の者で、余が苦縛《くばく》を抜け出させ涅槃を得させた者に告げよう。
仏が方便力《ほうべんりき》によって三乗教を示したのは、衆生が処々で執著していたから、引いてそこから出させる為であった。」

これまでの権《ごん》を斥《しりぞ》け〔斥権〕、今から実《じつ》を悟らせる〔使悟〕ことを告げている。初めの四句（「諸々の声聞衆」から「涅槃を得させた者に告げよう」まで）で二乗の人を呼び、後の四句（「仏が方便力によって」から「そこから出させる為であった」まで）で権を斥けることを告げている。

F二、〔159〕衆疑請問6　G一、声聞疑念

その時、大衆《だいしゅ》の中の諸々の声聞で漏を尽した阿羅漢である阿若憍陳如《あにゃきょうじんにょ》など千二百人と、また声聞《しょうもん》と辟支仏《びゃくしぶつ》の心を発《おこ》した比丘・比丘尼・優婆塞・優婆夷は各々このように考えました、「今日、世尊はどういう訳で慇《ねんご》ろに方便を称《たた》え讃歎なさってこの言葉を説くのでしょうか、『仏が得た法は甚だ深くて解《さと》ることが難しく、説く言葉の意味を知〔160〕ることが難しいから、一切の声聞と辟支仏には及ぶことができないところである』と。

二乗の者は、仏が二智の深さを讃歎するのを聞いても理解することができないから、疑うのである。「この言葉を説くのでしょうか」から下は、すべて仏が前に述べた言葉（同品・H一、歎諸仏二智）である。

仏がお説きになった一つの解脱の意味を、私たちもまたこの法を得て涅槃に到達したというのに、今日になってこのようなことをおっしゃる意味が分かりません」と。

仏が解脱と諸々の三昧を讃歎したことに因り、二乗の解脱によって仏の解脱をまねたことで、自分自身では既にそれを得たと思っているが、二乗は単に虚妄《こもう》から離れることを解脱であると名付けるだけであるから、真実には一切〔161〕解脱を得たのではないということを知ることができないのである。

G二、身子発問

その時舎利弗は四衆《ししゅ》の心の疑いを知り、また自身も分からなかったので、仏に申し上げました、「世尊よ、どのような因、どのような縁で、諸仏の第一の方便と甚深微妙《じんじんみみょう》で解ることが難しい法を慇《ねんご》ろに称え讃歎なさるのですか。私は昔からこれまでに、仏からこのようなお話を伺《うかが》ったことがありません。今日〔162〕四衆はみな疑いの心を懐《いだ》いています。ただお願いですから、世尊がこのことを広げて演《の》べてください。世尊はどういうわけで甚深微妙で解ることが難しい法を慇《ねんご》ろに称《たた》え讃歎なさるのですか」と。

その時、舎利弗はこの意味を重ねて宣《の》べようとして、偈を説きました。

「慧日大聖尊《えにちだいしょうそん》は、久しい時が経った後になって、この法を説こうとなさっていらっしゃる。


仏の二智は闇を破るから「慧日」と称する。ここは仏がこの重要なことについて久しい間黙っていらしたことを讃歎し、この後で再び問うことになる。


自らこのような力《りき》と無畏《むい》と三昧《さんまい》と禅《ぜん》と定《じょう》と解脱《げだつ》などの不可思議《ふかしぎ》の法を得たと説いていらっしゃる。

道場において得た法について、能《よ》く問いを発せられる者はいません。

私の心では思い測ることが難しいとおっしゃいましたが、また問うことができる者はいません。

問う者がいないのに、仏は自らお説きになり、行じた道を称《たた》え讃歎して、『智慧は甚だ微妙であり、諸仏が得るところである』とおっしゃっています。〔163〕

ここはすべて仏の前の言葉について頌《じゅ》にして問うものである。即ちそれは仏の力と無所畏と解脱と諸々の三昧などについての長行の文（同品・一—一、歎実智証法）である。「道場において得た法」は、仏が証《しょう》したところの実智のことであり、「私の心では思い測ることが難しい」のは仏が説法なさる権智のことである。


無漏の羅漢たち、及び涅槃を求める者は、今みな『仏はどうしてこのようなことを説くのでしょうか』という疑いの網《あみ》に堕《お》ちています。

その縁覚《えんがく》を求める比丘・比丘尼と諸々の天・竜・鬼神《きじん》、及び乾闥婆《けんだつば》などは、互いに見合って

猶予《ゆうよ》を懐《いだ》き、【「猶」は獣の名であり、その獣の性は疑心が多く、山の中にいて何か音が聞こえると、未〔164〕然に樹上に登り、人がいなくなり長い間が経《た》った後に降りてきて、その後長く経たないうちにまた登る。それで疑心が多く決断力がない人を猶予と呼ぶ。「予」はあらかじめすることである。】**両足尊《りょうそくそん》を仰《あお》いで見ています。**

これは一体どういうことなのでしょうか。

お願いですから、仏よ、私たちの為に解説《げせつ》してください。

「無漏の羅漢たち」は既に果を得た者であり、「涅槃を求める者」は果をまだ得ていない者である。「縁覚を求める者」と併せて、この三者は前で言われている「声聞と辟支仏の心を発した比丘など」（同品・G一、声聞疑念）である。誰もが仏が讃歎したことについて疑問を抱いているのである。

すべての声聞衆の中で私が第一であると仏は説いていらっしゃいます。

私は今自らの智において疑惑《ぎわく》を抱き、了《さと》ることができません。

これは究竟《くきょう》の法なのでしょうか。

これは仏が行《ぎょう》じた道なのでしょうか。

仏の口から生まれた子は合掌〔165〕**して仰ぎ見、待っています。**

お願いですから、微妙《みみょう》な声を出して、今から私たちの為に真実の通りにお説きください。

「究竟の法」は即ち道の行きついた境地であり、「行じた道」は仏が暫くの間従っただけのものである。「仏の口から生まれた」は弟子たちは仏の口から生まれるということであり、それは法で教化されて生まれるという意味である。

諸々の天・竜・神《じん》などはその数が恒沙《ごうじゃ》のように多く、仏を求める菩薩たちは、大きな数である

八万人がいます。

また諸々の万億の国の転輪《てんりん》聖王《じょうおう》がやって来て、合掌し、恭敬《くぎょう》の心で具足した道について聞きたがっています。」

「具足した道」は即ち円頓《えんとん》の法である。【「頓」は徐々に進む順序というものがなく、一時に成就することである。】

G三、仏止不説〔166〕

その時、仏は舎利弗に「止めよう、止めよう。無理にこれ以上は説かないようにしよう。若《も》しもこのことを説けば、一切世間の諸々の天と人《にん》はみな必ず驚いて、疑うようになるだろう」とお告げになりました。

道は大きいのに機が小さいので、聞いた人が驚いて疑うようになると言っている。

G四、身子再請

舎利弗は重ねて仏に申し上げました、「世尊よ、ただお願いですから、お説きください。ただお願いですから、お説きください。何故なら、この会《え》の無数《むしゅ》百千万億阿僧祇《あそうぎ》の衆生は過去に諸仏にお会いして、諸根は研《と》ぎ澄《す》まされ、智慧は明了《みょうりょう》であり、仏の所説をお聞きすれば、恭敬し信じることができるからです」と。〔167〕

仏は小根の者を念頭において説くことを止め、「天と人は驚いて、疑うようになるだろう」と告げただけであり、舎利弗〔身子〕は大根の者を念頭において仏に説くことを要請し、「諸根は研ぎ澄まされ、智慧は明了であり」と言っている。

その時、舎利弗はこの意味を重ねて宣べようとして、偈を説きました。

「法王・無上尊《むじょうそん》はただお説きくださり、お願いですから、心配なさらないでください。この会《え》の無量の衆には能く恭敬し信じることができる者がいます。」

Ｇ五、世尊再止

仏は再び舎利弗を止めて、「若《も》しもこのことを説くと、一切世間の天・人・阿修羅はみな必ず驚いて疑い、増上慢《ぞうじょうまん》の比丘は後で大きな穴に墜《お》ち〔168〕るだろう」とお告げになりました。

その時、世尊は重ねて偈をお説きになりました。

「止めよう、止めよう。

無理に説かないようにしよう。

余《よ》の法は微妙《みみょう》であって、考えることが難しい。

諸々の増上慢の者が聞けば、必ず敬信《きょうしん》しないことになるだろう。」

仏の意図は、大根の者を念頭において「止めよう」と言ったのではない。席から退く衆がいることを予知し、また人・天が驚いて疑うことが分かっていたから、このように言っただけである。舎利弗はそれが分からなかったのである。それで仏は重ねて天・人の増上慢の衆に向けて、「止めよう」と告げたのである。「大きな穴に墜ちる」は、法を破ることによって悪道に堕《お》ちるというぐらいの意味である。

Ｇ六、身子三請〔169〕

その時、舎利弗は重ねて仏に「世尊よ、ただお願いですから、お説きください。ただお願いですから、お説きください。今日この会《え》の中の私たちと同じような百千万億の者は、既に世々《せせ》において仏に従い、教化《きょうけ》を受けて参りました。このような者たちですから、必ず恭敬し信じることができ、

長い夜も安らかとなり、多くの利益を受けることになるでしょう」と申し上げました。

その時、舎利弗はこの意味を重ねて宣べようとして、偈を説きました。


「無上の両足尊《りょうそくそん》よ、お願いですから、第一の法を説いてください。

私は仏の長子《ちょうし》ですから、分別《ふんべつ》してお説きください。

この会の無量の衆《しゅ》は能くこの法を恭敬し、信じることができます。

仏は既に世々《せせ》においてこのような者たちを教化《きょうけ》していらっしゃいますから、皆は一心に合掌し、
仏の言葉を聴いて受持しようとしています。

私たち千二百人、及びその他の仏を求める者の為に、お願いですから、分別《ふんべつ》してお説きください。

これらの者は、この法をお聞きすれば、大きな歓喜《かんぎ》を生じるでしょう。」[170]

舎利弗は切実に法を求め、堅く大根の者に寄せて請《こ》うているのである。「長い夜も安らかとなり」は、「長い夜を過ごす」ことが衆生が迷い盲目であることの譬えであるから、若しも明るさを蒙《こうむ》るようになれば、大きな安穏《あんのん》を得るようになるという意味である。「両足」は福と慧が足《た》りることである。舎利弗は声聞衆の中で智慧第一であるから、「長子」と称している。

F三、正説妙法4　G初、許説

その時、世尊は舎利弗にお告げになりました、「そなたが既に懇《ねんご》ろに三度要請したからには、どうして説かないことがあるだろうか。[171] **そなたは今、しっかりと聴《き》き、よく思念《しねん》しなさい。余は必ずそなたの為に分別《ふんべつ》して解説《げせつ》することにしよう」と。**

聖人の慈悲の心は感じれば応じるものであるから、たとえ「説くことを止めよう」とおっしゃったとしても、そのようにはなさらない。

G二、上慢退席

仏がこの言葉をお告げになった時、会の中の比丘・比丘尼・優婆塞・優婆夷の五千人などがにわかに座から起ち上がって、仏に礼をして退きました。何故なら、この者たちは罪の根《こん》が深く重く、また増上慢《ぞうじょうまん》であり、まだ得ていないことを得たと考え、まだ証していないことを証したと考え、このような間違いがありましたから、それでそこに留まることができなかった[172]のです。世尊は黙って見過ごし、制止なさいませんでした。

仏が「止めよう」と言って、説こうとなさらなかったのはこの輩《ともがら》を退かせるためであった。増上慢の者たちが予想通り退出したからには、霊鷲山《りょうじゅせん》の高貴な会集《えじゅう》の中にどうして凡材《ぼんざい》がいることになろうか。【「凡材」は平凡な者である。】これは、大きな権《ごん》により迹を示して、末世《まっせ》において学ぶ人たちを戒《いまし》めるために退出させただけである。それ故に、道宣《どうせん》が弘伝序《こうでんじょ》の中で「五千人の退席は増上慢の輩が大乗を求めて進むようにする為であり」と言っている意味を、ここで知ることができる。法においていまだ得ることができていないのに既に得たと言い、道においてまだ証することができていないのに既に証したと言い、自身は事実は低いところにいるのに自らを高めて上である[増上]と言い、法と人をないがしろにする[慢]者を「増上慢《ぞうじょうまん》」と言う。

G三、衆浄誠聴[173]

その時、仏は舎利弗にお告げになりました、「余の今日のこの衆にはもはや枝や葉はなく、純粋で正しい実だけとなった。舎利弗よ、このような増上慢の人は退いてもまた構わない。そなたは

今しっかりと聴きなさい。必ずそなたの為に説くことにしよう」と。

「枝や葉」は瑣末《さまつ》の衆を譬え、「正しい実」は徳を成就した衆を譬えている。

舎利弗は「唯然《ゆいねん》、世尊よ、お願いします。喜んでお聴きしとうございます」と申し上げました。

「唯《ゆい》」は恭敬して答える言葉であるから、仏が「しっかりと聴きなさい」と戒めたことを、舎利弗が受け入れたことを表している。

G四、正説2　H初、全提〔174〕

仏は舎利弗にお告げになりました、

「このような妙法は、

妙法の全体を直指《じきし》している。妙法はこの後で「一大事」ともされ、「仏の知見」ともされるものであり、この法は思量や分別によって知ることができないものであると言われるが、この後ですべて説かれることになる。それは即ち思量や分別で知ることができないことがどういうことかということである。

諸々の仏・如来が時が来ると説くものであり、それは優曇鉢華《うどんはつげ》が時が来ると一度だけ咲くようなものである。〔175〕

「優曇鉢華」はこの地の言葉では霊妙な祥瑞《しょうずい》の花という意味であり、三千年に一度花を咲かせる。花が咲くと、金輪王《こんりんおう》が出現するから、仏が一大事の為に、時が来ると妙法をお説きになることを譬えている。

H二、款啓《かんけい》14　I初、令篤信《とくしん》

舎利弗よ、そなたたちは必ず仏の説くところを信じなければならない。その言葉は虚妄《こもう》ではない。

既に全体が提示された〔全提〕から、ここからは順番に丁寧に開く〔款啓《かんけい》〕ことになるのである。それ故に仏は信によって入るように戒めているのである。

I二、明権顕実2　J一、標

舎利弗よ、諸仏の宜《よろ》しいところに随《したが》う説法は意趣《いしゅ》を解《さと》ることが難[176]しい。

J二、釈

何故なら、余は無数の方便と種々の因縁と譬喩と言辞《ごんじ》で諸法を演べ説くけれども、この法は思量《しりょう》や分別《ふんべつ》で理解できるものではなく、ただ諸仏だけが知ることができるものだからである。

「余は無数の方便と種々の因縁と譬喩と言辞で諸法を演べ説く」と言うのは権《ごん》を明らかにし[明権]、この法は思量や分別で理解できるものではなく」と言うのは実《じつ》を顕している[顕実]。「思量や分別で理解できるものではない」のは、識と情を離れているからである。「ただ諸仏だけが知[177]ることができる」のは二乗法でないからである。

I三、示出世本懐《しゅっせほんがい》

何故なら、諸々の仏・世尊はただ一大事の因縁の故にのみ、世間に出現するからである。

「一大事」は一乗妙法であり、それは即ち諸仏の知見であり、人においては妙心であり、万法においては実相である。二もなく三もないから「一」といい、小さな縁ではないから「大事」という。[179]

舎利弗よ、『諸々の仏・世尊はただ一大事の因縁の故にのみ、世間に出現する』とはどういうことだろうか。諸々の仏・世尊は衆生に仏の知見を開かせ清浄《しょうじょう》を得させようとするから世間に出現し、衆生に仏の知見を示そうとするから世間に出現し、衆生に仏の知見を悟らせようとするから世間に出現し、衆生を仏の知見の道《どう》に入らせようとするから世間に出現する。[180]

前節の意味を解釈し、諸仏が出興《しゅっこう》する本来の意図［本懐《ほんがい》］を明らかにしている。「仏の知見」は実相を透徹して知る真知と真見である。法としての名は一仏乗であり、因としての名は一大事であり、果としての名は一切種智である。それ故に仏はここで「諸仏は一大事を因とする故に出興し、一仏乗の為に説法し、衆生に仏の知見を開かせ、究極において皆に一切種智を得させようとする」と説いている。この真実の知見は、衆生と仏が等しく有するものであり、本来清浄なものである。ただ、人は虚妄《こもう》の塵によって汚され、無明《むみょう》に覆われているから、自ら迷いそれを失っている。それ故、仏はそれを開示し、本来の清浄を得させ、衆生自らが悟ってそこに入り、再び迷い失うことがないようになさるのである。「開かせ」は仏が無明の封蔀《ふうほう》【「蔀」は光を遮《さえぎ》るものである。】を取り除くことであり、「示す」は仏が迷っている衆生に真体を指し示すことであり、「悟らせ」は衆生が明らかに洞察して見るようになさることであり、「入らせ」は衆生が深く〔181〕入って自ら一切種智を証得するようになさることであるから、これらのことを「仏の知見の道《どう》」と言うのである。

舎利弗よ、これが、諸仏が一大事の因縁の故に世間に出現するということである」と。

まとめて解釈している。

Ｉ四、示無他道

仏は舎利弗にお告げになりました、

「諸々の仏・如来はただ菩〔182〕薩だけを教化《きょうけ》する。様々にすることは常に一つのことの為であり、ただ仏の知見について衆生に示して悟《さと》らせることだけである。舎利弗よ、如来はただ一仏乗《いちぶつじょう》の故に衆生の為に説法をするだけであり、その他の乗《じょう》が、或《ある》いは二つ、或いは三つとあるのではない。

諸仏は一大事の為に出現するから、様々になさることは常に一つのこと〔一事〕の為であり、これによって菩薩を教え、これによって衆生に示し、これによって諸法を説き、その他の道はわずかばかりもない。

I五、十方道同

舎利弗よ、一切の十方《じっぽう》の諸仏の法もまたこのようである。

また、この道によらない仏はいない。

I六、三世道同〔183〕

舎利弗よ、過去の諸仏は無量無数の方便と種々の因縁と譬喩と言辞によって、衆生の為に諸法を演べ説いたのであり、この法はみな一仏乗《いちぶつじょう》の為であった故に、この〔184〕すべての衆生は諸仏から法を聞いて、究竟《くきょう》に皆が一切種智《いっさいしゅち》を得ることになった。舎利弗よ、未来の諸仏は必ず世間に現れ、また無量無数の方便と種々の因縁と譬喩と言辞によって、衆生の為に諸法を演《の》べ説くのであり、この法もみな一仏乗の為である故に、このすべての衆生は仏から法を聞いて、究竟に皆が一切種《いっさいしゅ》智《ち》を得ることになる。舎利弗よ、現在する十方の無量百千万億の仏土の中の諸々の仏・世尊は利益を多く与えて衆生を安楽にしているが、この諸仏もまた無量無数の方便と種々の因縁と譬喩と言辞によって、衆生の為に諸法を演べ説いているのであり、この法もみな一仏乗の為である故に、このすべての衆生は仏から法を聞いて、究竟に皆が一切種智を得ることになる。

仏は百千億の無数の諸々の法門を説くけれども、その実は一乗の為である。「一切種智」は即ち仏果の智である。〔185〕

舎利弗よ、これは諸仏がただ菩薩だけを教化《きょうけ》し、仏の知見《ちけん》について衆生に示そうとするからであ

り、仏の知見について衆生に悟らせようとするからであり、衆生を仏の知見に入らせようとするからである。

帰結するところが同じであることを結んでいる。ここで仏が「開かせる」ことについておっしゃっていない（同品・Ⅰ三、示出世本懐では言及されている。）のは、「教化する」ことは即ち「開かせる」ことを意味するからである。

Ⅰ七、自行道同

舎利弗よ、余も今またこれと同じであり、すべての衆生〔186〕**には種々の欲と深く心に執著するところがあることを知っているから、その本性《ほんしょう》に合わせて、種々の因縁と譬喩と言辞と方便力によって衆生の為に説法をしているが、舎利弗よ、このようにするのは、みな一仏乗の一切種智《いっさいしゅち》を得させる為である。**

釈迦が今説法するのは、みな諸仏の法を受けてなすものである。「種々の欲と執著」は、濁った業によるものであれば五塵を欲して愛染《あいぜん》に執著することであり、清浄な業によるものであれば小果を欲して二乗に執著することである。

Ⅰ八、結顕一乗

舎利弗よ、十方の世界の中には二つの乗すらないのに、況《ま》して三つがあるだろうか。

Ⅰ九、原始要終〔187〕

舎利弗よ、諸仏は五濁《ごじょく》の悪世《あくせ》に現れ、それは劫濁《こうじょく》と煩悩濁《ぼんのうじょく》と衆生濁《しゅじょうじょく》と見濁《けんじょく》と命濁《みょうじょく》である。このように舎利弗よ、劫濁の乱れた時には、衆生は垢《あか》が重く、物惜《ものお》しみをし、貪《むさぼ》り、妬《ねた》むなど、様々の不善

の根《こん》を具えているから、諸仏は方便力《ほうべんりき》によって、一仏乗において分別《ふんべつ》して三を説くのである。[188]

ここは、聖人は初め［原始］は、時に乗じて済度し引導なさるために止むを得ず三を説くが、しかし最後に締めくくる［要終］実は一乗の為だけであるということを言っている。「五濁《ごじょく》」はすべて性《しょう》に関して説くもので[189]ある。性は本来泉の水のように澄んでいるけれども、これらの五つのことが入り混じって乱し、多くの塵《ちり》と滓《かす》を生じさせるので濁《じょく》と名付けられている。「劫濁」は、劫は時であり、時に悪いことが多いことにより、性を濁らせて業を起すことである。「煩悩濁」は、広げれば九十八使《くじゅうはっし》であり、まとめれば貪瞋痴《とんじんち》などの五鈍であって、それらが性を濁らせて事を妨げることである。【「九十八使」とは、見惑《けんわく》は、欲界では苦諦《くたい》は十使が揃い、集諦《じったい》と滅諦《めったい》は七使で身見《しんけん》・辺見《へんけん》・戒取《かいしゅ》の三使がなく、道諦《どうたい》はただ身見・辺見の二使だけがないから三十二使であり、上界（色界《しきかい》と無色界《むしきかい》）ではそれぞれの諦で瞋がなく、それ以外は欲界と同じであるから、それぞれ二十八使であり、全部で八十八使となる。それに思惑《しわく》の十使を加え九十八使となる。「見惑」は意根の法塵によって起り、「思惑」は五根の五塵から生じる。「思惑の十使」とは欲界の貪・瞋・痴・慢と色界の貪・痴・慢と無色界の貪・痴・慢である。】「衆生濁」は無明《むみょう》を長く保って六道にあまねく通い、多くの悪事が次々に生じることで、性を濁らせて妨げることである。「見濁」は広げれば六十二見であり、まとめれば即ち身見と辺見などの五利使《ごりし》が性を濁らせて理を妨げることである。【「六十二見」は、我がこれ色であると考え・我がこれ受であると考え・我がこれ想であると考え・我がこれ行であると考え・我がこれ識であると考え、我が色と異なると考え・我が受と異なると考え・我が想と異なると考え・我が行と異なると考え・我が識と異なると考え、我が色の中にあるとし・我が受の中にあるとし・我が想の中にあるとし・我が行の中にあるとし・我が識の中にあるとし、色が我の中にあるとし・受が我の中にあるとし・想が我の中[190]にあるとし・行が我の中にあるとし・識が我の中にあるとすることであり、この二十種を過去・現在・未来で数えると六十となり、それに断見と常見を合わせると六十二見となる。】「命濁」は業識《ごうしき》が種子《しゅじ》となり、それが入り混じって生じることであり、劫を追って寿命が短くなり、生死《しょうじ》に没することである。「劫濁」には特別の体《たい》はなく、ただその他の四つの濁が激しさを増すことを名付けるものである。釈迦が出現した劫は、寿命が減って百歳の時であり、四つの濁が甚《はなは》だ激しかったので、「劫濁の乱れた時には、衆生は垢が重く…」と言っている。

I十、斥名会実

舎利弗よ、若しも余の弟子が、自分は阿羅漢であるとか辟支仏であるとか考えて、諸々の仏・如来はただ菩薩だけを教化《きょうけ》するということを、聞くことも知ることもできなければ、この者は仏の弟子でもなく、阿羅漢でもなく、辟支仏でもない。〔191〕

法王の法中に二乗の名はあるけれども、二乗には実が少しもないから、「如来は出興してただ菩薩を教える法を説くだけである」とおっしゃっている。このことを伝えられた者が弟子となり、このことを得た者が応供《おうぐ》となり、このことを覚《さと》った者が真実の辟支仏となるのであるから、これを聞くことも知ることもできない者がどうして弟子と呼ばれるに足《た》りるだろうか。それ故に仏は「弟子でもなく、阿羅漢でもなく、辟支仏でもない」と言っている。こういう訳であるから、摩訶迦葉《まかかしょう》は領悟《りょうご》した後に「私たちは今日こそ真実の声聞となり、真実の阿羅漢となりました」（信解品・」二、合今得）と言っている。

I十一、揀邪勧信《かんじゃ》〔192〕

また舎利弗よ、このような諸々の比丘・比丘尼が自ら既に阿羅漢を得たと考え、これが最後身《さいごしん》であり、究竟《くきょう》の涅槃《ねはん》であると考えて、すぐに進んで阿耨多羅三藐三菩提《あのくたらさんみゃくさんぼだい》を志求《しぐ》しようとしなければ、

この者たちはみな増上慢の人であることを必ず知らなければならない。何故なら、若《も》しも比丘が真実に阿羅漢を得たのであれば、この法を信じない者はここにはいないからである。

阿羅漢を最後身とすることは、小果を究竟のものと考えることである。このようにその先に心を廻らして正道を求めない人は、みな増上慢の邪《よこしま》の人であり、名だけの阿羅漢に過ぎない。

Ⅰ十二、示作遠因〔193〕

ただし、仏が滅度した後の現前《げんぜん》に仏がいない時は除く。何故なら、仏が滅度した後にこのような経を受持《じゅじ》し読誦《どくじゅ》して、意味を解《さと》るような人を探すことは難しいからであり、そのような人が若しも余仏《よぶつ》に遇《あ》うことになれば、【釈迦は余国で仏となり、その国でまた別の名があることになるから、それを余仏と言う。「余仏」は方便有余国土《ほうべんうよこくど》の仏である。諸仏が衆生に利益を与える差別相《しゃべっそう》は無量無辺であるが、今その国を四つにまとめて整理すると、一は凡人と聖人が同じ所に住む染浄国であり、二は方便人が住む有余国であり、三は純粋な法身が住む果報国であり、四は即ち妙覚が住む常寂光国《じょうじゃっこうこく》である。正しく巧みに修し習熟することが「方便」であり、無明が完全になくならないことが「有余」である。二乗は、たとえ三界から出ることができなくても、界の外の浄土に住んで法性身《ほっしょうしん》を得ることになるから、その国土が即ち「方便有余国土」である。】**この仏の法の中において、**〔194〕**必ず間違いなく会得《えとく》することになるだろう。**

「仏が滅度した後の現前に仏がいない時は除く」のは、聖人が去った後長い時が経つと、信じない人も生じるからである。しかし同じように得度の因縁は作られる故に、もしも余仏に遇うことになれば、「この仏の法の中において、必ず間違いなく会得《えとく》することになるだろう」とお告げになっている。

Ⅰ十三、結勧

舎利弗よ、そなたたちは必ず一心に信解《しんげ》し、仏の言葉を受持《じゅじ》しなさい。諸々の仏・如来の言葉には虚妄《こもう》はないのであり、その他の乗はなく、ただ一つの仏乗があるだけである」と。

Ｉ十四、重頌

その時、世尊はこの意味を重ねて宣べようとして、偈《げ》をお説きになりました。

文3　Ｊ初、頌退席〔195〕

「比丘・比丘尼の増上慢《ぞうじょうまん》を懐《いだ》く者と優婆塞《うばそく》の我慢《がまん》と【「我慢」は我こそはと思いあがり、自分が尊貴な者であるかのように振舞うことである。】**優婆夷《うばい》の不信、このような四衆《ししゅ》たちはその数が五千である。**

自らその過誤を見ることができないで、戒に欠けて漏《も》れるところがあり、その欠点を護《まも》り惜《お》しむから、これらの小智の者は既に出てしまった。

衆中《しゅちゅう》の糟糠《そうこう》は【「糟」は酒かすであり、「糠」はぬかである。】**仏の威徳の故に去ってしまった。**

このような人は福徳が少なく、この法を堪《た》えて受けることができな〔196〕**い。**

前の長行《じょうごう》（同品・Ｇ二、上慢退席）では罪が深い増上慢の者だけについて言い、ここで更に思いあがり〔我慢〕と不信の者などについても言っているのは、前の長行は通じて挙げるものであり、ここは別けて頌するものだからである。比丘は出家して聖果を進んで取ろうとする者であるから増上慢が多く、優婆塞は在家して豪貴で気位《きぐらい》が高い者であるから思いあがりが多い。優婆夷に不信が多いのは、女性は弱く邪僻《じゃへき》である【「僻」はかたむくことである。】からである。「欠点を護り惜しむ」は罪を覆い、過ちを繕《つくろ》うことを言い、「衆中の糟糠」は淳良《じゅんりょう》であるものを乱したり、澄んでいるものを濁らしたりする者である。「仏の威徳の故に去ってしまった」は窮子《ぐうじ》が父を恐れて逃げたようなこと（信解品・Ｊ三、喩怯頓）である。

J二、頌誡聴〔197〕

この衆から枝と葉がなくなり、ただ正しい実だけがある。

舎利弗よ、善く聴きなさい。

J三、頌正説２　K一、頌全提

諸仏は得た法を、

妙法を直接に指している。

K二、頌款啓《かんけい》14　L一、頌明権〔198〕

無量の方便力《ほうべんりき》によって、衆生の為に説く。

衆生の心の念と種々に行じる道と様々に多い欲性《よくしょう》と先世《せんぜ》の善悪《ぜんあく》の業《ごう》を、仏はこれらを悉《ことごと》く知り、

諸々の縁と譬喩と言辞《ごんじ》と方便力《りき》によって一切の者を歓喜《かんぎ》させる。

或る時は修多羅《しゅたら》と伽陀《かだ》と本事《ほんじ》と本生《ほんしょう》と未曾有《みぞう》を説き、また因縁《いんねん》と譬喩《ひゆ》と祇夜《ぎや》と優波提舎経《うばだいしゃきょう》を説く。〔199〕

小機《しょうき》に応じて権《ごん》を開くことを明らかにしている。「衆生の心の念」以下の文は、仏は衆生が念じる小法と行じる小道と欲する小果、及び引き継がれる濁業《じょくごう》をご存知であるから、方便として九部《くぶ》の法を説くことを言っている。「修多羅」は契経《かいきょう》ともいい、「伽陀《かだ》」は独自に起された頌〔孤起頌〕のことであり、「本事」は仏の本来の行を説くものであり、「本生」は仏の過去の因を説くものであり、「未曾有」は即ち希有《けう》な瑞祥《ずいしょう》であり、「因縁」は即ち種々の縁法であり、「譬喩」は事を引いて法を顕すものであり、「祇夜」は長行に応じる頌のことであり、「優婆提舎」は論議のことであり、これらは小乗の九部《くぶ》である。大乗は

方広《ほうこう》と自説と授記を加え、十二部となる。〔200〕

鈍根《どんこん》の者は小法を喜び、生死《しょうじ》に頓著《とんじゃく》し、無量の仏に深妙《じんみょう》の道を行《ぎょう》じることをせず、多くの苦に悩み乱されているから、これらの者の為に涅槃を説くのである。

余はこの方便を設けて仏慧《ぶつえ》に入ることができるようにしてきたが、そなたたちが必ず仏道を成就することができることについてはこれまでに説くことがなかった。

これまでに説かなかったのは、説く時がまだ来ていなかったからである。

今は正しくこの時であるから、決断して必ず大乗《だいじょう》を説くことにしよう。

余がこの九部《くぶ》の法を衆生に合わせて説いたのは、それらが大乗に入る本《もと》となるものであるからであり、それ故にこの経を説いたのである。

「この経」は九部経を指している。「九部経」は小法を喜ぶ人の為に、権《ごん》により方便を設《もう》けて仏慧に引いて入らせるものであり、「大乗に入る本となるものである」に過ぎない。

L二、頌顕実〔201〕

仏子《ぶっし》が心が清浄であり、柔軟《にゅうなん》であり、また利根《りこん》であって、無量の諸仏に深妙《じんみょう》の道を行じるならば、このような諸々の仏子の為に、この大乗経《だいじょうきょう》を説き、余は『このような人は来世《らいせ》に仏道を成就するだろう』と記を与える。

深心《じんしん》から仏を念じ、浄戒《じょうかい》を修《しゅ》し持《じ》するからである。

これらの者は仏になることができると聞けば、大きな喜びが身体に充満するだろう。

仏はこれらの者の心と行を知っているから、それで彼らの為に大乗を説くのである。

仏が大機《だいき》に応じて実を顕すことを明らかにしている。「心が清浄である」ので前段の「欲性の多い者」と異なり、「利根である」ので前段の「鈍根の者」と異なり、「深妙の道を行じる」ので前段の「深妙の道を行じることをしない」者と異なる。これ故に、仏はこのような者の為に大乗を説き、成仏《じょうぶつ》の記《き》を与えるのである。「深心から仏を念じ」は、即ち[202]自性仏《じしょうぶつ》を念じることであり、「浄戒を修し持する」は即ち無相の戒を持することであり、このようにすることで仏の道を得ることになる。

声聞であれ、菩薩であれ、余が説く法を聞けば、それが一偈に至るものであったとしても、誰もが成仏《じょうぶつ》することは疑いがない。

これが「究竟に皆が一切種智を得ることになる」(同品・一六、三世同道)ということである。仏道は長い劫を経て行を積んだ後に初めて成就するものであるのに、ここでわずかに一偈を聞いて成就すると言うのはどうしてだろう。仏性《ぶっしょう》がまつわりついた煩悩《ぼんのう》の中にあることは、あたかも宝珠が衣の裏に隠されているような[203]もの(五百弟子授記品・一二、説喩)である。小乗は外に向かって仏性を求めるから甚だ難しいことになるけれど、『法華経』は自身の体を直指《じきし》するものであるから、求めようとしなくても、自然に得ることになる。それ故に、彼(小乗)は必ず劫を経て行を積まなければならないが、これ(一乗)は一偈で成仏することができるとまで言えることになる。

十方の仏土の中にはただ一乗の法だけがあり、二も無く、また三もない。
仏の方便の説は除く。
ただ仮の名字《みょうじ》だけによって衆生を引導するのは、仏の智慧を説く為である。

一乗を結んで顕している。「ただ仮の名字だけによって」以下の文は、たとえ三乗の名を借り[仮]たとしても、実では正智の法を説くという意味である。

L三、頌出世本懐［204］

諸仏が世間に出現して説くことは、ただこの一事だけが実であって、その他の二は真実ではないから、最後は小乗で衆生を済度《さいど》することはしない。

L四、叙実通妨［205］

仏は自ら大乗に住《じゅう》するものであるから、獲得した法のごときは、定《じょう》と慧《え》と力《りき》で荘厳《しょうごん》され、これによって衆生を済度する。

自ら無上《むじょう》の道《どう》である大乗《だいじょう》の平等法《びょうどうほう》を証しているから、若《も》しも一人でも小乗で教化《きょうけ》するようなことがあれば、余は惜《お》しみ貪《むさぼ》る者に堕《お》ちるだろう。

このようなことはあってはならないことである。

若しも人が信によって仏に帰依《きえ》すれば、如來はその人を欺《あざむ》くようなことはしないし、また貪《むさぼ》ったり嫉《ねた》んだりするような気持ちもない。

諸々の法の中の悪を断《だん》じているから、仏は十方《じっぽう》において独《ひと》り畏《おそ》れるところがない。

余は相厳身《そうごんしん》であって、【「厳」は端正《たんしょう》でおごそかであることである。】**光明《こうみょう》が世間《せけん》を照らし、無量の衆に尊ばれ、そのような衆の為に実相《じっそう》の印《いん》を説くのである。**［206］

聖人《しょうにん》は平等《びょうどう》に慈を行じ、限りなく誠実に衆生に対応なさるから、自ら大乗に安楽に住し、獲得した法と一如《いちにょ》であり、定と慧の荘厳《しょうごん》がこれに加わり、これによって衆生を済度して、人が仏と同じように証するようになさる。若しも自らは大道を証しているのに、小乗で衆生を教化するのであれば、法を惜《お》しむことになってしまうだろう。それでは道を妨げることになるから、正しいことではない。それ故に凡《およ》そ信によって仏に帰依するならば、そのような者たちに対し、仏は誠実に対応する。仏は、小機の者を欺《あざむ》くことはしないし、未学の者をごまかすこともしないし、法利を貪ることもしないし、また他が勝っていることを嫉《ねた》むこともしないとおっしゃっている。法の中の諸々の悪を仏はみな既に断《だん》じているから、能く法を説いても、畏《おそ》れることがないのである。安楽行品《あんらくぎょうほん》にも「若しもこの経を説こうとするなら、必ず嫉《ねた》みと恚《いか》りと慢《おご》りとへつらいと欺きと邪《よこしま》と偽りの心を捨てなければならない」（安楽行品・H一、頌息業）とある。これは諸々の法の中で悪を断《た》たなければならないことを意味する。「余は相厳身であって」以下の文は、信により能く仏に帰依《きえ》する者が[207]いれば、仏はその者の為に勝身《しょうしん》を現して実相法を説くことを言っている。仏が説く法はすべて実相と一致し、異なることがないから、「実相の印」と名付けられるのである。またそれは一つの実相によって一切法を印《いん》することであるから、「山河大地は一法が印するところである」と言われているのと同じことである。

舎利弗よ、必ず知らなければならない。

余には本来誓願《せいがん》を立てたことがあり、【「誓」はちかいである。】**それは一切の衆を余と等しく、異なることがないようにすることである。**

余が昔願ったようなことは今既に満足することになったから、一切の衆生を教化して、皆を仏道に入らせることにしよう。

昔、仏は衆生が等しく実相を証することができるようにしたいと願い、今、実を顕すことができるようになったということは、本願《ほんがん》が満ちることになったことを意味するから、ここは実について叙《の》べること

〔叙実〕を結ぶものである。

L五、叙〔208〕権通妨

若しも余が衆生に遇《あ》い、尽《ことごと》く仏道によって教えれば、智慧のない者は混乱し迷い、教えを受け入れないだろう。

一つの実で教化することが仏の本願であったけれども、それによって機が小さく大法を恐れる者に対すると、どういうことになるだろうか。若しも窮子《ぐうじ》のように驚愕《きょうがく》し混迷するようなことになれば、それは却《かえ》って衆生に対して妨げとなるから、そのような理由で、仏は権を用いるのである。〔210〕

余は知っている。

このような衆生は少しも善本《ぜんぽん》を修したことがない。

五欲《ごよく》に堅く執著《しゅうじゃく》し、痴《ち》と愛の故に悩みを生じている。

多くの欲の因縁によって三悪道《さんあくどう》に堕《お》ち、六趣《ろくしゅ》の中で輪廻《りんね》し、様々の苦毒を具足して受けている。

胎《たい》で受けた小さな形は世々《せせ》に常に大きくなり、徳が薄く福が少ない人となって多くの苦に迫《せま》られている。

邪見《じゃけん》の密林の、或いは有《う》、或いは無などに入り、この様々の見に依止《えじ》して六十二見を具足し、虚妄《こもう》の法に深く執著し、堅く受けて捨てることができず、思いあがって自ら高貴の者のように振舞い、へつらい曲がり、心が真実でない。

千万億劫の間仏の名を聞くことがなく、また正法《しょうぼう》も聞くことがないから、このような人は済度することが難しい。

それ故に舎利弗よ、余はこのような人の為に方便を設けて、様々の苦のすべてをなくす道を説き、涅槃を示したのである。

余は涅槃を説いたけれども、これはまた真の滅ではない。[211]

これらの者が迷い、教えを受けようとしないのは、善本を植えることができないことで、濁《にご》った業《ごう》が非常に盛んであるからである。「五欲に堅く執著し、痴と愛の故に悩みを生じている」は即ち煩悩濁《ぼんのうじょく》である。「欲の因縁によって三悪道に堕ち、六趣の中で輪迴し」は即ち衆生濁である。「胎で受けた小さな形は世々に常に大きくなり、多くの苦に迫られている」は命濁《みょうじょく》である。「邪見の密林に入り、虚妄の法に深く執著し、へつらい曲がり」は見濁である。「或いは有」は常見《じょうけん》であり、「或いは無」は断見《だんけん》であり、衆生はこの二見に因って五蘊《ごうん》に我《が》を思いめぐらすことにより六十二見が具足することになり、このことにより虚妄であるものに執著することが一層堅固となり、道から益々遠く離れることになってしまう。このようなことで「千万億劫の間仏の名を聞くことがなく、また正法《しょうぼう》も聞くことがない」ことが、即ち劫濁《こうじょく》である。五つの濁は交々《こもごも》にかき乱し合い、その性《しょう》を曇らせ暗くするから、正道《しょうどう》によって「済度《さいど》することが難しい」のである。それ故に、仏は止むを得ず、「苦のすべてをなくす道を説き」権果《ごんか》の法を示すのであり、これが即ち小乗の滅《めっ》[212]諦《たい》である。しかし、これは「真の滅」でないから、以下に真の滅が示されることになる。

諸法は本來より常に自《おの》ずから寂滅《じゃくめつ》した相である。

仏子《ぶっし》が道《どう》を行じれば、来世《らいせ》に仏となることができるだろう。

道を修し滅を証しても、この証はまた真のものではない。法の本来は常に自ずから寂滅したものであり、修し証することで得るものでないということをはっきりと知れば、真の滅となる。能くこの道を行じることができるようになれば正覚と互いに応じることになるから、仏となることができるのである。

L六、会権帰実

余には方便力があるから三乗の法を開示《かいじ》するけれど、一切の諸々の世尊はみな［213］一乗の道を説くのである。

今ここにいるすべての大衆は、みな疑惑を除かなければならない。

諸仏の言葉には異なることがなく、ただ一だけであって、二乗はない。

仏は三乗を説くけれども、すべては一つの実に帰することになる。

L七、頌三世道同3　M一、頌過去4

過去の無数劫の間に滅度《めつど》した無量の仏は百千万億種であり、その数は数えることができない。

このような諸々の世尊は、種々の縁と譬喩と無数《むしゅ》の方便力によって諸法の相を演べ説《の》いたけれども、この諸々の世尊たちはみな一乗法を説き、無量の衆生を教化《きょうけ》し、仏道に入らせたのである。

みな権により実を演べたことを言っている。［214］

またすべての大聖主《だいしょうしゅ》は一切世間の天・人《にん》・群生《ぐんじょう》の類の深心の欲を知り、次のような異なる方便により、第一義を補助し顕《あらわ》したのである。

ここはまた諸仏が機に合わせて方便を用いたことを広く演べている。様々に異なる言葉は多いけれども、それらは多くの方便によって妙法の第一義諦《だいいちぎたい》を補助的に顕す［助顕］ものである。即ち以下の文で述べられているところの、上は菩薩から下は人・天の小善の微《かす》かな因に至るまでの「みな既に仏道を成就することになるのである」というのがそのことである。以下の文にそのことが四科に分けて示される。

N一、菩薩行〔215〕

若しも衆生の類が過去の仏に会い、或いは法を聞いて布施をし、或いは持戒《じかい》と忍辱《にんにく》と精進《しょうじん》と禅と智などによって種々に福と慧を修《しゅ》したなら、このような人たちはみな既に仏道を成就することになるのである。

施・戒・忍・進・禅・智は六度であり、その中の前の四は「福」であり、後の二が「慧」である。それ故に「種々に福と慧を修したなら」と言っている。ここから後に諸々の行が細か〔216〕く様々に列挙されているのは、即ち多くの方便を助顕《じょけん》するものである。それが顕されることによって第一義が明らかになれば、一行一相が妙法でないものはなくなり、手を挙げ頭《こうべ》を垂《た》れるようなことでも、妙行《みょうぎょう》でないものがなくなる。それ故にすべては仏道を成就することになるのであり、仮《かり》に成就することができないとしても、その道は既に備わったことになる。

N二、声聞行

諸仏が滅度した後に、若《も》しも人が善《よ》い柔軟《にゅうなん》な心を保《たも》つならば、このような諸々の衆生はみな既に仏道を成就することになるのである。

「善い柔軟な心を保つ」ことを声聞行とするのは、『大品般若経』には阿羅漢が「心が調《ととの》い柔軟である」と讃歎され、『維摩《ゆいま》経』には「調伏《ちょうぶく》された心に住することこそが賢聖《けんじょう》の行である」とあることと同様である。

N三、人天行3　O一、造塔善行〔217〕

諸仏が滅度した後に、舎利を供養する人が万億種の塔を起て、金と銀及び頗梨《はり》と硨磲《しゃこ》と瑪瑙《めのう》と玫瑰《まいかい》と琉璃《るり》と珠《しゅ》で【「玫瑰」は色が赤く、火の色をした珠《たま》である。**】清浄《しょうじょう》に広く厳《いか》めしく飾り、多くの塔をそのように飾り、或いは石の廟《みょう》を起て、栴檀《せんだん》と沈水《ちんすい》と木櫁《もくみつ》と【**「木櫁」は香木《こうぼく》である。**】その他の木材と瓦と泥などを使い、或いは広野の中において土を積んで仏廟《ぶつみょう》を造ることから、子供たちが遊びで砂を集めて仏塔を造ることに至るまで、このようなことをする人たちは、みな既に仏道を成就することになるのである。**〔218〕

「万億種の塔」は、或るものは七宝や香木の塔であり、或るものは瓦や石や砂や土の塔であり、それらは貴《とうと》かったり賤《いや》しかったり、華やかだったり質素だったりと、同じではないけれど、どれも同じように微妙な刹《せつ》（塔）であり、誠実さと戯《たわむ》れの笑みが等しく込められた妙心の現れであるから、すべては仏道を成就することになるのである。

〇二、造像善行〔219〕

若しも人が仏の為に様々の形像《ぎょうぞう》を作ろうとして、彫刻し、多くの相を作ったならば、みな既に仏道を成就することになるのである。或る者は七宝《しっぽう》で作り、或る者は鍮鉐《ちゅうじゃく》と赤白銅《しゃくびゃくどう》と【「鍮」は金のような鉱石であり、「鍮鉐」は石の薬で鍮を銅に溶かしたものである。「銅」はどうである。**】鑞《ろう》と鉛《なまり》と錫《すず》と【**この三つは同じもののようであるが、事実は異なる。「鑞」は最も白いものであり、「鉛」は黄色がかかった白いものであり、「錫」は青黒いものである。**】鉄と木と泥で作り、或る者は麻布《まふ》に膠《にかわ》と漆《うるし》を混ぜて【**「膠《こう》」はにかわであり、「漆《しっ》」はうるしである。**】厳《おごそ》かに飾り、仏像を作る。**

このような人たちはみな既に仏道を成就することになるのである。彩色して仏像を描き、百福荘厳《ひゃっぷくしょうごん》の相を作ろうとして、自分が描いても、他人に描かせても、みな既に仏道を成就することになるのである。子供が遊びで、草や木や筆や、或いは指の爪によって、仏像を描くようなことであっても、このような人たちは徐々に功徳《くどく》を積み重ねて、大悲の心を備えるようになり、みな既に仏道を成就することになるのである。ただ諸々の菩薩だけを教化して、無量の衆を度脱《どだつ》するのである。〔220〕

「様々の形像」は或るものは木を刻《きざ》んだものであり、或るものは麻布と漆で作ったものであり、或るものは泥塑《でいそ》と宝鑽で作ったものであり、【「塑《そ》」は泥で姿形を作ったものであり、「鑽《さん》」は宝石に穴をあけることである。】或るものは金と銀で作ったものであり、或いは錫《すず》や鉄を鋳造《ちゅうぞう》して作ったものであり、或いは多くの彩色を施したものであり、指の爪で描いたものに至るまでのものである。形像であっても、画像であっても、それが精であるにしろ、朴《ぼく》であるにしろ、【「朴」は樹皮が付いたままの木材である。】どれも微妙な相であることに変わりはない。自ら作っても、他人に作らせても、一生懸命に作ったものでも、片手間に作ったものでも、妙心により作られたものであることに変わりはない。「徐々に功徳を積み重ねて、大悲の心を備えるようになり」までは、このような種々のもので実相でないものはなく、みな第一義諦であるから、すべてのものが仏道を成就する所以《ゆえん》となることを言っている。しかしながら、このことは二乗には及ぶことがないから、「ただ諸々の菩薩だけを教化して」とおっしゃっている。

○三、供仏善行〔221〕

若しも人が塔廟《とうみょう》と宝像と画像《えぞう》において華《け》・香《こう》・幡《ばん》・蓋《がい》によって恭敬《くぎょう》の心で供養するか、他人に音楽を奏《かな》でさせ、太鼓を叩《たた》き、角貝《つのがい》を吹き、簫《しょう》と笛《ちゃく》と琴《きん》と箜篌《くご》と琵琶《びわ》と鐃《にょう》と銅鈸《どうばつ》など、【これらはすべて楽器である。**】このような多くの楽器の微妙な音を悉く供《そな》えて供養するか、或いは喜びの心で歌唄《かばい》により仏の徳を頌《じゅ》するかするならば、【**「唄」はこの地の言葉では讃頌《さんじゅ》である。**】それがたとえわずかばかりの音であったとしても、みな既に仏道を成就することになるのである。**

若しも人が散乱した心でいたとしても、一輪の花でも画像に供養するならば、徐々に無数の仏を見ることになるだろう。

或いは人が礼拝《らいはい》するか、或いはまたただ合掌するか、一方の手を挙げるだけでも、或いはまたわずかに頭を下げて像を供養するだけでも、徐々に無量の仏を見ることになり、自ずから無上道を成就し、無数の衆《しゅ》を広く度脱し、薪《たきぎ》が尽きて火が滅《めっ》するように無余涅槃《むよねはん》に〔222〕入ることになるだろう。

或る者は華・香・幡・蓋で恭敬する心を表し、或る者は多くの鼓《つづみ》や伎楽《ぎがく》で喜びの心を表し、或る者は一輪の花や一片の香《こう》を供養することで、乱れた心から抜け出すことになる。また歌唄《かばい》の小さな声や頭を下げるような小さな善行《ぜんぎょう》によってでも、みな仏道を成就することになるというのは、第一義諦は恭敬《くぎょう》するかそれとも怠《おこた》るかということから離れ、喜ぶかそれとも悪《にく》むかということを問題とせず、冷静であるかそれとも混乱しているか、また小であるかそれとも大であるかということにおいてでも、それらがみな通じて一であるからである。若しも恭敬することと喜ぶことを正しいものとし、怠ることと悪むことを非とするならば、身を終えるまで是と非の場と喜と悪の境に留まることになり、たとえ塵劫《じんこう》の時

〔223〕が過ぎるまで粉骨砕身《ふんこつさいしん》したとしても、得道の時は訪れることがないだろう。況《ま》して、そのことが分からないで、ここに説かれているからといって、一度手を挙げたり、頭を下げたりしたとして、どうして得道することができるだろうか。「無数の衆を広く度脱し」以下の文は、仏となって法を転じ、教化することを詳しく述べるものである。「貝」は巻貝であり、大きいものは角《つの》のように曲がっているから、名を「角貝《つのがい》」という。【「角」はつのである。】

N四、散乱行

若しも人が散乱した心で塔廟《とうみょう》の中に入ったとしても、一度『南無仏《なむぶつ》』と称《とな》えた者は、みな既に仏道を成就することになるのである。

すべての行の中で、最初に挙げられている（同品・N一、菩薩行）六度の福と慧が最も難しいものであり、ここで最後に挙げられている乱心称仏が最も易しいものであるけれども、すべて仏道を成就することには、真実に道が難しいとか易しいとかいうことがないのであり、顛沛造次《てんぱいぞうじ》でも【「顛」は倒れることであり、「沛」はつまずくことであり、「造次」はあわただしい場合である。】妙法でないものはなく、第一義諦でないものはないのである。〔224〕

どの過去仏であっても、その仏が世間にいた時でも、或いは滅度した後でも、若《も》しもこの法を聞いた人は、みな既に仏道を成就することになるのである。

過去の道が同じものであったことを結んでいる。

M二、頌未来道同

未来の諸々の世尊はその数に限りがなく、このすべての如来たちもまた方便によって説法する

だろう。

一切の諸々の如来は無量の方便によってすべての衆生を度脱し、仏の無漏智《むろち》に入らせるから、若しも法を聞く者がいれば、一人として成仏できない者はいないだろう。

諸仏の本来の誓願《せいがん》は、自らが行じた仏道を普《あまね》く衆生に伝え、この道をまた同じように得させようとするものである。〔225〕

ここは未来の諸仏の本願が釈迦が本来立てた誓願（本願）と同じものであることを説いている。

次、明随機助顕

未来世《みらいせ》の諸仏は、たとえ百千億無数《むしゅ》の諸々の法門を説いたとしても、その実は一乗の為である。

ここは過去仏の多くの方便による助顕の文（同品・N一、菩薩行からN四、散乱行まで）と同じ意味であり、その文を短く説いたものである。〔226〕

諸々の仏・両足尊《りょうそくそん》は法は常に無性《むしょう》であることを知っているけれど、仏種《ぶっしゅ》は縁に従って起きるものであるから、それで一乗を説くのである。

この法は法位《ほうい》に住《じゅう》し、世間相《せけんそう》は常住することを道場において知るから、導師は方便によって説くのである。

仏が一乗を説く意味を重ねて明らかにしている。法は常に性がないものである〔227〕から、言辞《ごんじ》の相は寂《じゃく》としていて、それを説くことはできないが、ただ仏種（仏性《ぶっしょう》）を発起《ほっき》させる為に、仏は一乗を説くという意味である。これは次の段の「第一の寂滅《じゃくめつ》を知っているけれども、方便力の故に種々の道を示すのであり」という文と同じ意味である。「この法は法位に住し」などは、森羅万象がみな即ち実相であり、世間相が常住であるのは山河大地が当体の真常であるからであることを言っている。三乗は相を捨てて真を明らかにしようとするから、法が位に住することがないのであり、動を捨て静を求めるから、見が遷流《せんる》するのである。一乗は触れることの一つ一つが真であって、情において知ることが生じないから、法と法が位に住し、世間相が常に住している。道場において仏が証したことはこのようなことだけである。それ故に、仏は衆生の為に方便によって演べ説くのである。

M三、頌現在道同

天・人が供養する現在の十方の仏は、その数が恒沙《ごうじゃ》のように多く世間に出現しているけれども、衆生を安穏《あんのん》にするために、またこのような法を説くのである。〔228〕**第一の寂滅を知っているけれども、方便力《りき》の故に種々の道を示すのであり、その実は仏乗の為である。**

次、明随機助顕

衆生の様々の行《ぎょう》と深心《じんしん》の念じるところと過去に習した業《ごう》と欲性《よくしょう》と精進力《しょうじんりき》と、及び諸々の根が利であるか鈍であるかを知っているから、仏は種々の因縁と譬喩とまた言辞《ごんじ》によって、随応する方便によって説くのである。

L八、頌自行道同〔229〕

また前述の助顕の文と同じことを述べるものであり、それを簡略に表すものである。

今、余もまたこれと同じようにする。衆生を安穏《あんのん》にするために、種々の法門によって、仏道を宣《の》べ示している。

次、明随機助顕

余は智慧力《ちえりき》により、衆生の性《しょう》と欲を知り、方便によって諸法を説き、皆に歓喜《かんぎ》を得させている。

ここもまた助顕の箇略の文である。このように文段ごとに助顕の文を列挙して説くことにより、三世の諸仏から釈迦に至るまでの説法の法がみな同じものであることを明らかにしている。

∟九、頌原始開権〔231〕

舎利弗よ、必ず知りなさい。

余は仏眼《ぶつげん》によって観《かん》じて見た。

六道の衆生は貧窮《びんぐう》して【「貧窮」は財物がないことである。】**福と慧がなく、生死《しょうじ》の険《けわ》しい道に入り、相続《あいつづ》いて苦がなくなることがなく、犛牛《みょうご》が自らの尾を愛するように深く五欲に執著し、貪愛《とんあい》によって自らを蔽《おお》い、盲目となって見るところがなく、大勢《だいせい》の仏、及び苦をなくす法を求めようとしないで、様々の邪見《じゃけん》に深く入り、苦によって苦をなくそうとしているから、このような衆生の為に大悲心を起したのである。**〔232〕

長行の「諸仏は五濁の悪世に現れ」以下の文（同品・一九、原始要終）を頌している。「貧窮して福と慧がなく」は衆生濁であり、「生死の険しい道に入り、相続いて苦がなくなることがなく」は命濁であり、「五欲に執著し、貪愛によって自らを蔽い、盲目となって見るところがなく」は即ち煩悩濁であり、「仏、及び苦をなくす法を求めようとしない」は即ち劫濁であり、「邪見に深く入り」は即ち見濁である。「苦によって苦をなくそうとしている」は出離《しゅつり》の道を知らないことを言うものであり、聖人はこのことによって悲を起し、権《ごん》を開くことになる。五眼《ごげん》の中で、肉眼《にくげん》は遮《さえぎ》られて通じることができないものであり、天眼《てんげん》は通じているけれど相に滞《とどこお》るものであり、慧眼はただ相を破するだけのものであり、法眼はただ俗を観じるだけのものであるけれど、「仏眼」は洞徹《どうてつ》できないものがないものであり、衆生の縁と業を善く観じるものである故に、「仏眼によって観じ」とある。「犛牛《みょうご》」は南夷《なんい》に住む獣であり、【「夷」はえびすである。】自らの尾を愛することで妨げられることに因り、愚かにも生を損《そこ》なうものであり、衆生が五欲の愛に妨げられて、自らを損なう様子はまるでこのようなものである。「大勢《だいせい》の仏」は、衆生は困窮し、福と慧がなく、危険な所に堕ち、苦に遭遇するけれども、ただ仏だけは大きな勢いがあり、危険な道から衆生を救い出すことができ、またその法には大きな力があり、衆生の多くの苦をなくすことができることを言っている。[233]

余は始めに道場に坐り、樹《じゅ》を観《かん》じ、また経行《きょうぎょう》し、三七日《さんしちにち》の中でこのようなことを思惟《しゆい》した、

『余が得た智慧は微妙《みみょう》であることが最も第一である。

衆生は諸根が鈍であり、愚かさを喜び、盲目となって執著しているが、このような類《たぐい》の者たちをどのようにしたら済度《さいど》することができるだろうか』と。[234]

「始めに道場に坐り」は『華厳経』の後に、舎那身《しゃなしん》を隠して大権相《だいごんそう》を現し、正覚《しょうかく》を成就したことを示した初めの時である。「樹を観じ、また経行し」は道によって衆生を覆うことを考えたことである。「三七日(二十一日)思惟した」は三乗を開いて教化を明らかにすることを考えたことである。衆生は五欲を喜び、正道を知らずに失っているから、「愚かさを喜び、盲目となって執著している」と言っている。

その時、諸々の梵王《ぼんおう》、及び諸々の天帝釈《てんたいしゃく》と護世《ごせ》の四天王、及び大自在天、並びにその他の諸々の天衆《てんしゅ》と眷属《けんぞく》の百千万が、恭敬《くぎょう》し、合掌し、礼をして、余に法輪を転じるように請《こ》うたのである。[235]

仏が折しも教化を明らかにしようとなさった時、諸々の梵天が時宜《じぎ》を得て請うたのであり、世と道が交々《こもごも》に興《おこ》り、言葉を発しないのに機縁が感じ合ったのである。

余は即ち自ら思惟《しゆい》した、

『若しもただ仏乗だけを褒《ほ》めれば、溺《おぼ》れて苦の中にいる衆生はこの法を信じることができないから、信じないという理由で法を破ることになり、三悪道《さんあくどう》に墜《お》ちるだろう。

余はむしろ説法をしないで、涅槃に急いで入ることにしよう』と。

機について深く考え、仏が進むか退くかを決めることができなかったことを言っている。

次いで、過去の仏が行じた方便力について思いが至り、『余が今日得た道も、また三乗で説くのが良いだろう』と考えた。[236]

三世《さんぜ》の仏が説法なさる法を見習おうとなさったのである。

このように思惟した時、十方の仏がみな現れて、梵音《ぼんおん》によって余を慰労して喩《さと》した、

『よろしい、釈迦文《しゃかもん》、第一の導師よ。

この無上の法を得ても、諸々の一切[237]**の仏にならって、方便力を用いようとしていらっしゃる。**

余たちもまた、みな最も微妙な第一の法を得ていますが、諸々の衆生の類の為に、分別《ふんべつ》して三乗を説いています。

少智の者は小法を喜び、仏となることを自ら信じません。

この故に、方便によって、分別《ふんべつ》して様々の果について説くのです。

たとえ、同じように三乗を説いていますが、それはただ菩薩だけを教える為です』と。

ここは、みな十方の仏が述べた言葉であり、釈迦が善く考えたことが諸仏の方便と一致することを讃歎している。


舎利弗よ、必ず知らなければならない。

余は聖師子《しょうしし》の深く清浄《しょうじょう》で微妙《みみょう》な声を聞いて、『南無諸仏』と称《とな》えた。

またこのような念を抱いた、

『余は濁悪《じょくあく》の世に出たから、諸仏が説いたように、余もまたそれに随《したが》い、順《じゅん》じて行じることにしよう』と。[238]

釈迦は昔、十方の仏が語り慰労し喩《さと》すのを聞き、称名して帰依《きえ》し、その言葉に従い、順じて衆生の機に応じるようになさったのである。「南無」は帰依するという意味の言葉である。[239]

この事を思惟すると、すぐに波羅奈《はらな》に向かった。

諸法の寂滅の相は言葉によって宣べることができないから、方便力によって五人の比丘の為に説いたのである。

この名が転法輪《てんぽうりん》である。

即ち、涅槃の音と阿羅漢と併せて、法と僧の差別《しゃべつ》の名があることになった。


仏は考えることが宜《よろ》しいものになったことを知ると、すぐに鹿野苑《ろくやおん》に向かい、実《じつ》によって権《ごん》を開いたのである。「波羅奈」は即ち鹿野苑《ろくやおん》の境の号であり、仏が最初に四諦《したい》を説いた所である。「五人の比丘」は即ち憍陳如《きょうじんにょ》などであり、この五人は迦葉仏《かしょうぶつ》から道を学んだが、証することができずに、釈[240]迦の法の中で最初に開悟しようという誓いを立てた者たちであるから、釈迦は初めに彼らを済度したのである。

【迦葉仏の時に同じ場所で修学する九人がいたが、四人は根が鋭利であったから先に道を得、五人は根が愚鈍であったから、釈迦が世間に出たら必ず最初に道を得ようという誓いを立てたのである。】このことに因《よ》って、三宝《さんぽう》の名が生じることになった。初めに道場に坐った時仏の名があることになり、法輪を転じ涅槃を説いたことにより法の名があることになり、憍陳如などが済度され羅漢となったことで僧の名があることになった。この三つはみな一道から差別《しゃべつ》が生じたものであるけれど、若しも、仏は即ち是れ法であり、法は即ち是れ衆であることを知ることになれば、不二《ふに》法門に入ることになり、そうなればこの三つには何の差別もなくなる。

『久遠劫《くおんごう》の昔からこれまでの間、涅槃の法を讃歎して示し、生死の苦を永くなくさせている』と、余は常にこのように説いてきた。〔241〕

仏が初めに権を告げる意味を結んで述べている。「涅槃の法を讃歎して示し、生死の苦を永くなくさせている」とは、いわゆる諸々の苦をなくす道を説き、このことによって涅槃を示すことであり、それは機に合わせた権に過ぎないものである。

L十、頌要終顕実〔242〕

舎利弗よ、必ず知らなければならない。

余が見るところでは、心から仏道を求める仏子たちは無量千万億であって、みな恭敬《くぎょう》の心で仏の所にやって来るが、彼らはかねてより諸仏に従い、方便によって説かれた法を聞いている。

余は即ちこのように考えた、

『如来が世に出るのは、仏慧《ぶつえ》を説く為であり、今が正しくこの時である』と。

仏は、最後に衆生の機が熟したのを見て、実を顕すことを考えたのである。

舎利弗よ、必ず知らなければいけない。鈍根の小智の人で、相に執著する憍慢《きょうまん》な人は、能くこの法を信ずることができないだろう。今、余は喜び、畏れることなく、諸々の菩薩の中で、正に直《ただ》ちに方便を捨てて、ただ無上道だけを説くことにしよう。〔243〕

「鈍根の小智の人」は退席した衆を指している。今、彼らが退いたことを仏が喜ぶのは、方便を借りないで済むことになったからである。

菩薩がこの法を聞けば、疑いの網をみなすっかり除くことになり、千二百の羅漢もまた悉《ことごと》く必ず仏となるだろう。

如来の正しい行を修する道に出遭った後は、根の大小にかかわりなく、誰もが仏果を成就することになるのである。

三世の諸仏が説法する法の通りに、余も今、またこれと同じように、無分別《むふんべつ》の法〔244〕**を説くことにしよう。**

最後に実を説くことを結んで述べている。

Ｌ十一、広讃一乗

諸仏が世間に興出《こうしゅつ》するのは遥《はる》かに遠く、遇うことは難しい。
正しく世間に出現したとしても、この法を説くことはまた難しい。
無量無数劫《むりょうむしゅこう》においてでも、この法を聞くことはまた難しい。

この法を聴くことができる者、このような人を得ることはまた難しい。

譬えるならば優曇華《うどんげ》は一切の皆が愛して喜ぶものであり、天・人における希有《けう》な花であるが、
それが時に応じて一度花を咲かせるようなものである。

法を聞き、歓喜《かんぎ》し讃歎《さんだん》して一言を発する[245]だけでも、既に一切の三世《さんぜ》の仏を供養することになる。

この人は優曇華よりも更に甚《はなは》だ希有である。


一乗が遭うことが難しく、聞くことが難しいことを讃歎している。大通智勝如来が現れる前に、百八十劫が空しく仏がいないままに過ぎた（化城喩品・一二、東南方・一三、献供）のだから、「仏に遭うことは難しい」ということになる。釈迦は五濁《ごじょく》の世に出現し、四十年の間、時が来るのを待ったのであるから、「この法を説くことはまた難しい」ということになる。この二つのことにより「無量無数劫においてでも、この法を聞くことは難しい」ということになり、また退席する者がいることから「聴いて受持することができる人を得ることはまた難しい」ということになる。この四つの難（諸仏の出現・諸仏の説法・聞法・獲聞法者）が互いに重なり合うから、優曇華が咲くことのように希有であり、「法を聞き、歓喜し讃歎する」者を得ることはこの四つの難よりも更に難しいということは、この法は甚だ深奥《じんおう》であって能く信じることができる者が少ないから[246]である。能くこの法を讃歎することが仏を供養することになるのは、三世の諸仏は皆この法によって出現するからである。

L十二、慰諭勧信

そなた達は疑心を抱いてはいけない。

余は諸法の王であるから、すべての大衆《だいしゅ》に普《あまね》く告げる、『ただ一乗の道だけによって諸々の菩薩を教化し、声聞の弟子はいない』と。

初めて一乗を説くにあたり、衆生が驚き怪しむのではないかと恐れて、仏は慰労して「疑心を抱いてはいけない」と告げてから、法王の法中には本来二乗はないことを知らせている。

L十三、流通《るずう》法説 [247]

そなたたち舎利弗と声聞及び菩薩は、この妙法が諸仏の秘密の要《かなめ》であることを必ず知らなければならない。

五濁《ごじょく》の悪世《あくせ》では、ただ諸々の欲だけに喜んで執著するから、このような衆生は最後まで仏道を求めることがないだろう。

来世《らいせ》の悪人は、仏が説く一乗を聞いても、迷うだけで信受することがないから、法を破り悪道に堕ちることになるだろう。

自ら恥じ、清浄《しょうじょう》であり、心から仏道を求める者がいるならば、必ずこのような者の為に一乗の道を広く讃歎《さんだん》しなければならない。

「この妙法が諸仏の秘密の要であることを必ず知らなければならない」は仏が舎利弗らにこの妙法を護持させて流通《るずう》させようとなさることを示し、「五濁の悪世では」の文と「来世の悪人は」の文は仏が舎利弗らに機を [248] 選んで流通させようとなさっていることを示し、「自ら恥じ、清浄であり」の文は仏が舎利弗らに機に応じて流通するようになさることを示している。

L十四、総結法説

舎利弗よ、必ず知りなさい。

諸仏の法はこのようであり、万億の方便によって、宜《よろ》しいところに随って説法するものである。習学《しゅうがく》しない者はこのことをよく知ることができないが、そなた達は既に諸々の仏・世間の師の宜しいところに随う方便ということを知り、再び様々の疑惑を起すことがなくなっているから、心に大いなる歓喜を生じて、必ず仏になれることを自《みずか》ら知りなさい。」〔249〕

昔の権《ごん》が宜しいところに随うもの〔随宜〕であることを知り、今の実を信じて惑うことがなければ、諸仏の実智を既に得たことになるから、「心に大いなる歓喜を生じて、必ず仏になれることを自ら知りなさい」と告げている。舎利弗は領悟《りょうご》して、この後の偈の中で「実智の中に安楽に住《じゅう》することになりました。私はきっと必ず仏になり」（譬喩品・Ｊ二、引証釈疑）と述べているが、この言葉を述べることが領悟したということである。

妙法蓮華経　巻第一

〔1〕妙法蓮華経 巻第二

温陵開元蓮寺比丘　戒環　解

E二、喩説一周被中根2

妙法蓮華経 譬喩品《ひゆほん》 第三〔2〕

「譬」は浅い事例を引いて深いことをたとえることであり、「喩」は言葉によって教え分からせることである。前品の法説で仏が多くの方便を示すのはみな一乗の為であることを示したことにより、上智の者は既に悟ることになったけれど、中根はまだ理解することができなかったから、仏は三車一門の浅い事例を引いて、三乗一道の深い道理を譬えによって教え分からせようとする故に、譬喩品と名付けられる。この経には火宅《かたく》・窮子《ぐうじ》・薬草《やくそう》・化城《けじょう》・繋珠《けいしゅ》・鑿井《さくせい》・王髻《おうけい》・父少《ふしょう》・医師《いし》の九喩がある。旧説ではただ七喩だけを挙げて、鑿井と父少の二喩を捨てて傍らに除《の》けているが、実際は傍らに除けて置くようなものではない。喩説の文は二に分けられ、前半は法説の緒《お》が残されたもの〔法説緒余《しょよ》〕であり、後半は喩説の正文である。ところで、法説緒余の文は前品の末に続けられるのが正しく、喩説という標題は緒余の後に付けるのが相応しいのではないかという考えがあるが、そのようにすると品を分けることになり、混乱を起すことになりかねない。舎利弗〔身子〕は既に自ら法説を領悟《りょうご》し、それを他の人々にも悟らせようと願ったから、悟ったことを喜ぶ気持ちを陳べた後、機の〔3〕為に疑いを起しているが、そのことが喩説の出発になっている。このように舎利弗が悟ったことを喜ぶ気持ちを陳べることが喩説の由来となっているから、法説緒余の文がこの品に属することは相応しいのであり、文章が混乱していることにはならない。

F初、法説緒余《しょよ》4　G初、身子領悟《りょうご》4　H初、悟喜

その時、舎利弗《しゃりほつ》は踊りあがり歓喜して、すぐに起《た》ち上がって合掌し、尊顔《そんげん》を仰ぎ見て仏に申し上げました、

「今、世尊からこの法音《ほうおん》をお聞きして、心が踊りあがり、未曾有《みぞう》のことを得ました。〔4〕

舎利弗は既に法説を悟り、自分が仏となれることを知ったから、踊りあがってこれまでに聞いたことがないことであると慶賀したのである。

何故なら、私は昔、仏からこのような法をお聞きし、諸々の菩薩が記を受けて仏となるのを見ましたが、私たちはそのことに参与することができず、如来の無量の知見を持てないでいることを自ら甚だ感傷《かんじょう》していたからです。【「感」は心が動くことであり、「傷」は痛むことである。】〔5〕

前節の文を説明している。「昔」とは方等《ほうどう》の会上《えじょう》で【仏が説法をなさった順序に五つの時がある。一は華厳時《けごんじ》であり、二は鹿苑時《ろくおんじ》であり、三は方等時《ほうどうじ》であり、四は般若時《はんにゃじ》であり、五は法華涅槃時《ほっけねはんじ》である。】菩薩と共にこの法を聞いた時のことである。その時菩薩たちは授記を得たけれども、声聞は参与することができなかったのは、声聞には「如来の無量の知見」がなかったからであり、今は既にそれを得ることになったから、踊りあがって喜んだのである。「無量の知見」は即ち一乗の正智である。

H二、悔責《けしゃく》

世尊よ、私は常に山林《せんりん》の樹木の下で独《ひと》り過ごしながら、坐ったり経行《きょうぎょう》したりして、いつも『私たちも同じように法性《ほっしょう》に入っているのに、どうして如来は小乗法によって済度《さいど》なさるのでしょうか』

と思っていましたが、このことは私たちに落度があったからであり、世尊に落度があったからではありません。[6]

同じことを聞いたのに、授記について菩薩と異なっていたのは、声聞たちが同じ所に留まりながら、常にそれを推剋《すいこく》したからであり、【「推」はおすことであり、「剋」は刻んで捨てることである。】それは仏に関わることでないから、落度は実際には自分たちにあったと言っている。「同じように法性に入っている」は、同じように真理を証しているという意味である。

何故なら、若《も》しも私たちが因となる所[所因《しょいん》]**をお説きになるのを待って阿耨多羅三藐三菩提《あのくたらさんみゃくさんぼだい》を成し遂げようとしたならば、世尊は必ず私たちが大乗で度脱《どだつ》を得るようになさったはずだからです。ところが、私たちは方便《ほうべん》により宜《よろ》しいところに随《したが》ってお説きになったものであるということが理解できないで、初めに仏の法をお聞きすると、お遇《あ》いしてすぐに信受《しんじゅ》し、思惟《しゆい》して、証《さとり》を取ってしまいました。**

「私たちの落度」について解説している。「所[7]因」は即ち般若実智であり、菩提の正因である。仏は本来続けてそれを説くはずであったのに、舎利弗が落ち着いて待たないで、初めに四諦だけを聞いてすぐに信受して速やかに小果を取ってしまったのだから、それは自らの間違いであったと言っている。

H三、自慶

世尊よ、私は昔からこれまでの間、日が暮れても、夜が明けても、常に我が身を剋責《こくしゃく》してきましたが、【「責」は間違えているとせめることである。】**今仏から、これまでにお聞きしたことのない未曾有の法をお聞きして、諸々の疑悔《ぎけ》を断《た》ち、身体と気持ちが安らか**[8]**となり、心地よい穏やかさを**

得ることになりました。今日こそ私は真実に仏の子となりました。仏の口より生まれ、法により化生《けしょう》し、仏の法分《ほうぶん》を得たことが分かります」と。

悟ったことを自ら慶賀している。「仏の口より生まれ」は仏の一音《いっとん》を聞いたことが因となったことであり、「法により化生し」は如是法を悟ったことであり、「仏の法分を得た」は如来の知見の宝蔵の分を得たことである。

H四、重頌

その時、舎利弗はこの意味を重ねて宣《の》べようとして、偈《げ》を説きました。

文4　I一、頌悟喜

「私はこの法音を聞いて未曾有なことを得、心に大きな歓喜を懐《いだ》き、疑いの網をみな已《すで》に除くことになりました。

昔からこれまでの間、仏の教えを蒙《こうむ》って〔9〕きましたから、大乗を失ったことはありません。

仏の声は甚《はなは》だ希有《けう》であり、能く衆生の悩みを除いてくれます。

私は已に漏《ろ》をなくすことができていましたが、この法音を聞いたことで、また憂いと悩みを除くことになりました。

「法音」は法説を指している。漏《ろ》をなくせば自《おの》ずと憂いと悩みがなくなるのに、「また憂いと悩みを除くことになりました」とあるのは、過去に漏をなくすことができたと思ったけれども、それはまだ余習《よしゅう》をなくせないものであったのであり、今究極の証《さとり》を得たことで、大乗を失っているのではないかという憂いと余習がまだあるのではないかという悩みの両方をなくすことができるようになったという意味である。

Ⅰ二、頌悔責

私は山の谷に留まるか、或いは林の中の樹木の下に留まるかして、或る時は坐し、また或る時は経行《きょうぎょう》して、常にこの事を思惟《しゆい》し、嗚呼《おこ》して【「嗚呼」は慨嘆するという意味である。】**深く自らを責め、『どうして我が身を欺《あざむ》くのか』と言っていました。**

常に山の谷や樹下に留まって、自ら責めていたことを頌《じゅ》している。〔11〕

私たちもまた仏子《ぶっし》であり、同じように無漏《むろ》の法に入っているのに、未来において無上道を演《の》べ説くことができませんでした。

金色《こんじき》の三十二相と【「三十二相」は、足の裏が箱の底のように平らであり、土地の〔12〕でこぼこに拘《かか》わらず、どこにでも一様に接することが第一である。足の裏に千本の輻《や》がある車輪の文様が刻まれていることが第二である。手と足がみな覩羅綿《とらめん》のように柔らかいことが第三である。手と足の指の間のそれぞれに、雁王《がんおう》のように指と指を結ぶ網があり、そこには金色が混ざり、錦《にしき》の模様のようになっていることが第四である。手と足の指が円満で細く長いことが第五である。足のかかとが広く長く円満であり、足の甲と均整がとれていることが第六である。足の甲が長く高く、充実し円満で柔らかで、微妙《みみょう》に美しく、かかとと互いに均整がとれていることが第七である。両方のふくらはぎが少しずつ徐々に細くなっていて、丸く、瑿泥耶仙鹿王《いないやせんろくおう》のふくらはぎのようであることが第八である。『「瑿《いな》泥耶仙」は鹿王の名である。』両方の腕が長くまっすぐで、均質に丸いことが、象王の鼻と同じようであり、真っ直ぐに立っていても手で足のふくらはぎを掻《か》くことができることが第九である。竜馬《りゅうめ》や象王のように陰相が隠れていることが第十である。毛穴からそれぞれ一本の毛が生え、その毛は柔らかく潤《うるお》いがあり、紺青《こんじょう》で、『「紺」は赤味を帯びた青い色である。』

右向きに巻いていることが第十一である。髪の毛の先がみな上を向いて靡《なび》き、右向きに巻き、柔らかく潤いがあり、紺青であって、金色《こんじき》の身体を荘厳《しょうごん》していることが第十二である。皮膚のきめが細く薄く潤いがあり、すべすべして、垢や水などが何も付着していないことが第十三である。皮膚がみな真の金色に輝き、微妙な金の台の上に飾られたあまたの宝石のように清浄で、眼が眩《くら》むことが第十四ある。両方の足と両方の手のひらと首と両方の肩の〔13〕七個所が、充実し円満であることが第十五である。肩と首が円満で、格別に微妙《みみょう》であることが第十六である。肩と脇腹がみな充実していることが第十七である。容貌と挙動が大きく円満で、端正《たんしょう》でまっすぐなことが第十八である。身相が高く広く、端正《たんしょう》で厳粛であることが第十九である。体相《たいそう》が、高さと幅が等しく、諾瞿陀《だぐだ》のようにどこも円満であることが第二十である。〖「諾瞿陀」は端正でまっすぐに伸びる、円満な樹木である。〗顎《あご》の下と胸など身体の上半分に威厳があり、その様子が獅子王のように広く大きいことが二十一である。常に光明がそれぞれの方向に一尋《じん》まで届くことが二十二である。〖「一尋」は八尺である。〗歯の相は四十本が揃《そろ》って平らで清浄で隙間がなく、根が深く、珂雪《かせつ》よりも白いことが〖「珂」は白玉である。〗二十三である。四本の犬歯が清浄で白く鋭いことが二十四である。味の中でも最も良い味を常に味わうことができることが二十五である。舌相は薄く清浄《しょうじょう》で、広く長く、顔を覆うことができ、鬢《びん》の際まで届くことが二十六である。梵音の言葉は和やかで正しく、聞く衆生が多ければ多いように、少なければ少ないように、誰もが等しく聞くことができ、その声は大きく震動して天の鼓の音のようであり、迦陵頻伽《かりょうびんが》の声のようにつやがあることが二十七である。まつげが牛王のように紺青《こんじょう》であり、整然として乱れていないことが二十八である。瞳《ひとみ》が紺青と清浄な白であり、周囲の赤と調和し、清浄ではっきりしていることが二十九である。顔が満月のようであり、眉の相〔14〕が天帝の弓のように清浄であることが第三十である。眉間《みけん》の白毫相《びゃくごうそう》が右向きに巻き、覩羅綿《とらめん》のように柔らかく、その光明は珂雪よりも清浄で白いことが三十一である。頭のてっぺんの烏瑟膩沙《うしつにしゃ》が〖「烏瑟膩沙」はこの地の言葉では髻《もとどり》である。』高く現れていて、天蓋《てんがい》のように丸いことが三十二である。】**十力《じゅうりき》と諸々の解脱《げだつ》は、同じように一法の中にあるのに、このことを得ることもできませんでした。**

八十種の妙好《みょうこう》と【「八十種好《はちじっしゅごう》」は、爪が細く長く薄くて潤《うるお》いがあり、花赤銅のように輝き、清浄であることが第一である。手足の指が丸く細く長く、どれも真っ直ぐで柔軟であり、関節の骨が現れていないことが第二である。手足がそれぞれ同じようで異なることなく、手の指の間がみな充実して隙間がないことが第三である。手足が円満であり、思いの通りに柔軟に曲がり、清浄で光沢があり、色が蓮の花のようであることが第四である。筋肉と血管が互いに絡《から》み、堅くて深く隠れ、現れていないことが第五である。両方のかかとが隠れていて現れていないことが第六である。歩みを真っ直ぐに進め、その静かな様子が竜王や象王のようであることが第七である。歩みに威厳があり、整って厳粛である様が師子王のようであることが第八である。歩みが安らかで静かであり、速過ぎず遅過ぎないことが牛王のようであることが第九である。歩みを進める時も止める時も、挙動が正しいことが鵞王《がおう》のようであることが第十である。『「鵞」はガチョウである。』振り返る時は必ずいつも右に振り[15]返り、竜王や象王のように身体をゆったりと回転させることが第十一である。四肢《しし》の関節がそれぞれ順序通りに丸みを帯び、微妙《みみょう》で善く安らかに伸びていることが第十二である。骨の関節が互いに結び付いて、隙間がないことが竜がとぐろを巻いているようであることが第十三である。膝が微妙で、善く安らかに広がり、堅く円満であることが第十四である。隠れた処の模様が微妙で好ましく威勢を具え、円満で清浄であることが第十五である。胴体と四肢《しし》に潤《うるお》いがあり、滑《なめ》らかで柔らかく輝き、清浄で塵《ちり》や垢《あか》が付かないことが第十六である。身体の様子が最も厳粛であり、恐れがなく、常に臆病でないことが第十七である。胴体と四肢が堅く稠密《ちょうみつ》で、善く互いに結び付いていることが第十八である。胴体と四肢が安定してどっしりと重く、少しも動じず、円満で壊れることがないことが第十九である。身相が仙王のようであり、どのような場合でも、端正《たんしょう》で威厳があり、輝き清浄で、陰になることがないことが第二十である。身体の周りに円光《えんこう》があり、出掛ける時にはいつも自ずから照らすことが二十一である。腹の形が真四角であり、欠けているところがなく、柔らかく、現れることがなく、多くの相によって荘厳されていることが二十二である。臍《へそ》の穴が深く、右向きに渦《うず》を巻き、丸く微妙《みみょう》であり、清浄《しょうじょう》で光沢があることが二十三である。臍《へそ》が厚く、窪《くぼ》みもなく、出てもいず、渦を巻く様子が微妙で好ましいことが二十四である。皮膚が疥癬《かいせん》に罹《かか》ることが全くなく、〘「疥癬」はたむしとはたけである。〙またいぼや瘤《こぶ》などの欠点がないことが二十五[16]である。手のひらが充実し円満で柔らかく、足の裏が平らであることが二十六である。手のひらの筋《すじ》が深く長くはっきりしていて、真っ直ぐで潤《うるお》いがあり、断ち切れていないことが二十七である。唇の色が輝き潤いがあり、頻婆果《びんばか》のように赤く色付き、〘「頻婆果」は濃い赤い色をした果実である。〙上唇《うわくちびる》と下唇が互いに呼応していることが二十八である。口が長くもなく短くもなく、大きくもなく小さくもなく、適切に端厳《たんごん》であることが二十九である。舌の相が柔らかく薄く広く長く、赤銅《しゃくどう》の色のようであることが第三十である。声を発すると威厳が轟《とどろ》き、明るく澄みわたり、遠く奥深い所まで聞こえることが象王の声のようであることが三十一である。声が美しく微妙に具足し、深い谷の木霊《こだま》のようであることが三十二である。鼻が高く長く、また真っ直ぐで、孔《あな》が見えないことが三十三である。諸々の歯が正しく整い、清浄で白いことが三十四である。諸々の奥歯が丸く白く輝き、清潔で徐々に尖《とが》るようになっていることが三十五である。眼が清浄で、青い所と白い所がはっきりしていることが三十六である。眼の相が長く広く、青蓮華《しょうれんげ》の葉のようであることが三十七である。上下の睫毛《まつげ》が整い稠密《ちょうみつ》で、白髪《しらが》がないことが三十八である。両方の眉毛が長く、白髪がなく、稠密で細く柔らかいことが三十九である。両方の眉毛が輝き、徐々に紺瑠璃色《こんるりいろ》となっていることが第四十である。両方の眉毛が高く現れ、輝き潤い、新月のようであることが四十一で[17]ある。耳が厚く広く大きく長く、輪が垂れているようになっていることが四十二である。両方の耳が輝き、整然と平らで、あまたの欠点から離れていることが四十三である。容貌と挙動が見る人にいやな感じを与えず、汚れがなく、誰もが愛し、恭敬心を生じるようになることが四十四である。額《ひたい》が広く円満で平らであり、顔つきが殊《こと》に微妙であることが四十五である。身体の上下が円満で師子王のようであり、その威厳に並ぶ者がいないことが四十六である。頭髪が長く紺青《こんじょう》で稠密《ちょうみつ》であり、白髪がないことが四十七である。頭髪が香潔であり、〖「潔」は清浄なことである。〗柔らかく潤い、巻いていることが四十八である。頭髪が整い、乱れず、また絡《から》まっていないことが四十九である。頭髪が堅く、切れることがなく、長い間抜けることがないことが第五十である。頭髪に光沢があり、滑らかで、塵と垢が付かないことが五十一である。身体が堅固で充実していることが那羅延《ならえん》（金剛力士）よりも勝っていることが五十二である。身体が長大で端正で真っ直ぐであることが五十三である。諸々の穴が清浄で円満で好ましいことが五十四である。身体と四肢《しし》の勢力が殊に勝《すぐ》れ、並ぶ者がいないことが五十五である。身相が誰が観ても喜ぶところであり、常に疎《うと》ましいところがないことが五十六である。顔が長く、程良い広さで、秋の満月のように、清潔に輝いていることが五十七である。顔貌《かおかたち》が穏やかで、輝き、笑みを含み、先に発言して、必ず聞き手の方を向き、背を向けないことが五十八である。顔貌《かおかたち》に輝きが〔18〕あり、喜びを表し、顔を顰《しか》めたり、怒って青くなったり赤くなったりするなどの欠点から遠く離れていることが五十九である。身体と四肢が清浄で垢がなく、常に悪臭がないことが第六十である。身体中の毛穴の一つ一つから、常に思う通りの微妙《みみょう》な香りが出ることが六十一である。口から常に最上で殊《こと》に優れた香りが出ることが六十二である。頭の相がどこも微妙で好ましく、末達那《まだな》のようであり、〖「末達那」は海の中の果実であり、丸くもなく、長くもないものである。〗また天蓋《てんがい》のようでもあることが六十三である。身体の毛の色は紺青であり、孔雀の首のように清浄な光沢があり、紅色に変じて輝くその色は赤銅《しゃくどう》のようであることが六十四である。法音は衆生の多い少ないに合わせて、高すぎることも低すぎることもなく、理にかない、間違いがないことが六十五である。頭のてっぺんの相を見ることができる者がいないことが六十六である。手足の指の節《ふし》がはっきりして荘厳《しょうごん》で微妙《みみょう》であり、赤銅の色のように好ましいことが六十七である。行き来の時、その足が四本の指ほど地面から離れているのに、足跡の印が現れることが六十八である。自らを持《じ》し、衆に囲繞《いにょう》されることを望むことがなく、身体を傾けたり動揺させたり、また曲げたりしないことが六十九である。威徳が遠くどこまでも轟《とどろ》き、それを見ると悪心の者でも喜び、恐れる者でも安らぐことが第七十である。声は高くも低くもなく、衆生が望むように、和《なご》やかな悦《よろ》びのうちに説くことが七十一である。すべての衆生の類の言葉で、心が喜ぶところに従い、それぞれの為に説法できることが七十二[19]である。一音《いっとん》で正法《しょうぼう》を演べ説き、衆生の類に合わせて、それぞれに悟りを得させることが七十三である。説法をみな順序通りに成《な》し、そこには必ず因縁があり、一つ一つの言葉に不善がないことが七十四である。すべての衆生の類を平等に見、善ならば称《たた》え、悪ならば叱《しか》り、愛することもしないし、憎むこともしないことが七十五である。為《な》すべきことを先に為しても、法は後で具備することになり、善と浄であることが分かるようになることが七十六である。一切の衆生が相好《そうごう》のすべてを見ることができないことが七十七である。頭のてっぺんの骨が堅く円満であることが七十八である。容貌が常に若く、老いることがなく、過去に留まった土地に好んで通うことが七十九である。手足と胸のすべてに吉祥《きちじょう》の喜びを回《めぐ》らす徳の相があり、その文様が錦の模様のようであり、またその色が朱丹《しゅたん》のようであることが第八十である。『「朱丹」は赤い絵の具であり、朱紅と丹砂《たんさ》などで作るものである。』】**十八の不共法《ふぐうほう》につきましても、**【『「十八不共法《じゅうはちふぐうほう》」は、一は身に過失がないことであり、二は口に過失がないことであり、三は念（意）に過失がないことであり、四は異なる想がないことであり、五は定まらない心がないことであり、六は知らずに捨てることがないことであり、『仏は一切の法について悉く照らして知り、それを捨てるが、一つの法も心で知ることを経ずに捨てるということがない。』七は欲が減ることがないことであり、『一切の者を済度しようと欲し、心でそのことを厭《いと》うたりに悪《にく》んだりすることがないという意味である。』

八は精進が減ることがないことであり、九は念が減ることがないことであり、十は智慧が減ることがないことであり、十一は解脱が減ることがないことであり、〖仏に二種の解脱〔20〕が具わっている。一は有為解脱《うい げだつ》であり、無漏の智慧と相応じる解脱であり、二は無為《むい》解脱であり、一切の煩悩をすべてなくし残るものがない解脱である。〗十二は解脱知見が減ることがないことであり、十三は一切の身業《しんごう》が智慧行に従っていることであり、十四は一切の口業《くごう》が智慧行に従っていることであり、十五は一切の意業《いごう》が智慧行に従っていることであり、十六は智慧で過去世を知ることに妨げがないことであり、十七は智慧で未来世を知ることに妨げがないことであり、十八は智慧で現在世を知ることに妨げがないことである。】**このような功徳を私はみなこれまで失っていました。**

私は独《ひと》りで経行《きょうぎょう》をしながら、仏が大衆《だいしゅ》の中にいらして、名聞が十方に満ち、広く衆生を饒益《にょうやく》なさるのを見て、自ら『この利を失っているのは、私が自らを欺《あざむ》いているからである』と考えました。

舎利弗がこれまで授〔21〕記に参与することができず、仏の功徳を失っていたことを頌《じゅ》している。「三十二相」は、最初の「足の裏が平らである」から最後の「頭のてっぺんの相が天蓋のように高く円い」までのことである。「十力」は最初の「処非処智力」から最後の「習気《じっけ》を永く断じる智力〔永断習気智力〕」までのこと（方便品・一一、歎実智証法に解説がある。）である。「八十種好」は最初の「指の爪が細く長い」から最後の「胸に万の字相（卍《まんじ》）がある」までのことである。「十八不共法」は二乗と共通でないものであり、最初の「身《しん》・口《く》・意《い》に過失がない」から最後の「過去・現在・未来のことを知ることに執著も妨げもない」までのことである。

私は常に昼も夜もいつもこのことを思惟し、世尊に『失っているのでしょうか、失っていない

のでしょうか』とお尋ねしたいと思っていました。

私は世尊が常に諸々の菩薩を称讃なさるのを見て、昼も夜もこのようなことを考えていました。

舎利弗は仏が菩薩を称讃するのを見て、自分が間違えていることを知ったから、「失っているのでしょうか」と考えたのである。

I 三、頌自慶〔22〕

今仏の音声《おんじょう》をお聞きするところでは、宜しいところに随《したが》ってお説きになる法は漏がなく、それを思議することは難しいことであるとおっしゃって、多くの人々を道場に来るようになさっています。

舎利弗は今やっと宜しいところに随う説〔随宜之説〕がみな無漏の法であり、それによれば直《ただ》ちに道を証することができることを知ることになった。

私は本来邪見に執著し、多くの梵志《ぼんし》の師となっていました。【「梵師」は即ち婆羅門であり、「婆羅門」はこの地の言葉では清浄な行という意味である。彼らは自分たちのことを梵天の口から生まれた者であると言う。】

世尊は私の心を知って、邪を抜き、涅槃についてお説きくださったので、私は悉《ことごと》く〔23〕邪見を除いて、空法において証《さと》ることができました。

その時私は心の中で『滅度に至ることができた』と思いました。

ところが今日になって、これは真実の滅度ではないことを自ら覚《さと》ることになりました。

悟ったことに感動し、自ら慶賀している。舎利弗は昔、珊闍耶《さんじゃや》に仕え、【「珊闍耶」は外道《げどう》である。】外道の梵志の師となっていたが、仏が舎利弗を邪から抜け出させ、説法なさったことに因って、仏道に入ったのである。

若しも仏となることができた時には、三十二相を具備し、天《てん》・人《にん》・夜叉衆《やしゃしゅ》と竜神《りゅうじん》などに恭敬されるでしょう。

この時には、永くすべてを滅して無余《むよ》となったと言うことができるでしょう。

空に偏《かたよ》って証することは真実の滅ではなく、相に即して円証することで始めて「無余となった」と言うことができる。「永くすべてを滅する」が〔24〕即ち無余涅槃である。

仏は大衆《だいしゅ》の中において、私が必ず仏になるだろうとお説きになりました。

このような法音を聞き、疑悔《ぎけ》は悉《ことごと》く已《すで》に除かれることになりました。

偈のここまでの言葉を牒《ちょう》し、【「牒」は前の言葉をまとめて述べることである。】通して結んでいる。ここまでで長行《じょうごう》を頌《じゅ》することが終わることになる。

I四、別自釈疑2　J初、徴疑自釈

初め仏が説くところをお聞きして、心の中で大いに驚き、『魔が仏となって、私の心を悩まし乱そうとしているのではないか』と疑いました。

仏は種々の縁と譬喩によって巧妙にお説きになり、その心は海のように安らかでありますから、私は聞いて疑いの網を断じました。〔25〕

三を集めて一に行くようにすること〔会三帰一〕と、声聞が仏になることができるということ〔声聞得仏〕を初めて聞いたが、それらが己の智分でない故に舎利弗は疑ったが、仏が説くことを詳しく観たことで、仏の心が海のようであり、窮めるほどに益々深くなり、測るほどに益々遠くなることに気づき、それが実道であることを信じるようになり、もはや疑いの心はなくなったと言っている。

J二、引証釈疑

仏はお説きになりました、

『過去世《かこせ》の無量の滅度した仏は方便の中に安住して、同じように皆この法をお説きになった。現在と未来のその数が無量である仏も、また諸々の方便によって、このような法をお説きになる。今日の世尊も、生まれてから出家に及び、道を得ると法輪を転じ、同じように方便によって説いている』[26]と。

世尊は実の道をお説きになりますが、波旬《はじゅん》にはこのようなことはありません。

ここは方便品の三世の道が同じであり、自行の道が同じであるという仏の言葉（方便品・一六、三世道同及び一七、自行道同）を引いて、舎利弗が自ら解釈している。「波旬」は魔の名である。

このことにより、私は確かに魔が仏になったのではないということを知りました。

私は疑いの網に堕ちてしまったことにより、魔が為《な》したところである思ってしまったのです。

仏の柔軟《にゅうなん》な声は深遠《じんのん》であり、甚《はなは》だ微妙《みみょう》であります。

仏が清浄《しょうじょう》の法をお述べになるのを聞き、私の心は大いに歓喜《かんぎ》し、疑悔《ぎけ》は永遠に既にないものとなり、実智の中に安楽に住《じゅう》することになりました。

私はきっと必ず仏になり、天《てん》と人《にん》に恭敬[27]され、無上の法輪を転じて諸々の菩薩を教化《きょうけ》するでしょう。」

舎利弗がここまでの疑いをまとめて説明し、領悟《りょうご》したと申し上げている。「実智」は即ち一乗の正智《しょうち》である。舎利弗は大智であるから、仏から法を聞けば、言葉で分かったと言わなくても正しく知ることができるが、ここで疑いの思いに縛られ、仏を魔と考えるまでに至ってしまったのは、道が大であるのに機が小であることにより、仏の言葉を少しだけ聞いて、道理に逆らい、混乱してしまったからであり、謗《そし》ったり責めたりしようとしたのではない。これを譬えてみるならば、肩吾《けんご》が藐姑射《はこや》のことを聞いても、狂っていると言って信じなかったようなものであり、【肩吾《けんご》が連叔《れんしゅく》に「私が接輿《せつよ》の言葉を聞いたところでは、大言壮語《たいげんそうご》して実がなく、進むだけで戻ることがありません。私はその言葉を聞いて驚きました。天の川のように手の届かない所にあり、大袈裟で人の情では考えられないことです」と話し掛けると、連叔が「接輿は何と言いましたか」と尋ねた。肩吾が「接輿は『藐姑射《はこや》の山に神人《しんじん》が〔28〕住んでいますが、その人の肌は氷か雪のように白く、しなやかであることは処女《おとめ》のようであり、五穀を食べずに風と露を飲み、雲気《うんき》に乗り、空を飛ぶ竜にまたがり、四海の外に遊んでいます。その神人が精神を統一すると、人々は病に罹《かか》らなくなるし、穀物は実を結ぶようになります』と言いました。私には狂っているしか思えませんので、信じることはできません」と言うと、連叔は「このような神人は天に届くほどの大洪水でも溺《おぼ》れることがなく、大旱魃《かんばつ》に鉄や石が溶けて、山の土が一つになるような時でも熱いとは感じない。塵や垢や糠《ぬか》によって堯《ぎょう》や舜《しゅん》でさえも作るのだから、誰が推し量ることができるだろうか」と言った。(『荘子』逍遥遊)】また哀駘他《あいたいた》の醜い風貌が天下を驚かしたようなものである。【魯《ろ》の哀公《あいこう》が仲尼《ちゅうじ》(孔子)に尋ねた、「衛の国に哀駘他という名の悪人がいますが、〔「悪人」は容貌が醜《みにく》い人という意味である。〕男たちはこの男と同じ所に住みたいと考えてそこから離れようとしないし、婦人の中にはこの男を見て、親に『他の人の妻になるよりは、むしろあの方の妾《しょう》になりとうございます』と言って、他の男に会おうとしない者が十人以上もいました。ところがその男がこれまでに何かを提唱するのを聞いた者はなく、常に人に同調するだけであります。人の王となって人々の命を救ったこともなく、富を積んで人々の腹を満たしたこともなく、ただ醜い容貌で天下の人々を驚かせ、同調するだけで提唱するということがなく、知は世間の外に出ることがないのに、男も女もこの男の前に集まって来ます。それで私は、この男は必ず他の男たちと異なるところがあるのだろうと思い、呼んで会って見ますと、噂の通り醜い容貌によって天下を驚かす人でありました。私はこの男と一箇月も一緒に過ごさないうちに、その人となりに心が惹《ひ》かれ、一年も経たないうちにその男を信じるようになり、今は国政を任せています。一体どのような人物なのでしょうか」と。仲尼が言った「哀駘他は言葉を言わないのに信じられ、功績がないのに親しまれ、他人に国を与えられてもそれを受けないのではないかと心配されているようですが、これらのことを考えると、哀駘他は必ず才能が十分にあるのに、その徳を現わさない人物なのでしょう」と。(『荘子』徳充符)】後世の末[29]俗で仏道について聞く者にはこのような類の者が多いから、大智の舎利弗でさえもこのような疑いの思いがあったことを、このような者の為に設けているのである。

G二、如来述成《じゅつじょう》

その時、仏は舎利弗にお告げになりました、

「余は今、天・人・沙門《しゃもん》・婆羅門《ばらもん》などの大衆の中で説くことにしよう。余は昔、二万[30]億の仏の所で、無上道の為に常にそなたを教化《きょうけ》したのであり、そなたもまた長夜《じょうや》に余に随って学びを受けたのである。余が方便で引導したことにより、そなたは余の法中に生まれることになった。

本因《ほんいん》を述べて、舎利弗が領悟《りょうご》して授記を得ることになる理由を明らかになさっている。「天・人などの大衆の中で説くことにしよう」と仏が告げるのは、この後明らかにする遠因と遠記が虚妄《こもう》でないことを示そうとするからである。戒経《かいきょう》には「舎利弗は昔六十劫の間、菩薩道を修した」とあるから、ここで「二万億の仏の所で」と言うのは、その時のことを指しているのである。「長夜に余に随って学びを受けた」のは、正智がまだ明らかになっていなかった時のことである。[31]

舎利弗よ、余は昔そなたを仏道に志願するように教えたのに、そなたは今すべてを忘れて、既に滅度を得たと思っている。それ故余は今、再びそなたに本願で行じた道を憶念《おくねん》させようとして、【「憶」は考えることである。】**諸々の声聞の為にこの大乗経を説いているが、名は妙法蓮華であって、菩薩を教える法であり、仏が護念《ごねん》する所である。**

仏は昔既に珠を繋《つな》ぎ、今またその珠を示している（五百弟子授記品・一二、設喩）。

G三、上根得記2　H一、与記[32]

舎利弗よ、そなたは未来の世において、無量・無辺・不可思議の劫《こう》が過ぎる間、若干《にゃっかん》の千万億の仏を供養し、正法《しょうぼう》を奉持《ぶじ》し、菩薩が行じる道を具足して、必ず仏となり、号を華光如来《けこうにょらい》・応供《おうぐ》・正遍知《しょうへんち》・明行足《みょうぎょうそく》・善逝世間解《ぜんぜいせけんげ》・無上士《むじょうし》・調御丈夫《じょうごじょうぶ》・天人師《てんにんし》・仏《ぶつ》・世尊《せそん》というだろう。[33]

既に妙法を悟ったことにより、必ず仏道を成就することになるから、記を得て、仏となるのである。諸々の授記の文はみな二つに分けることができ、初めは仏を供養し道を行じるものであるから因記であり、次は十号と劫《こう》と国についてであるから果記である。ここで仏は大因と大果を記して、小乗から進み出るように計らっている。号が華光であるのは、「華」は因行を表し、「光」は能く明るさを発する[発明]からであり、舎利弗は最初に領悟《りょうご》し、この道を明らかにした[発明是道]ことによるものである。既に仏記を受けることが告げられても、なお多くの劫を経た後に果を得ることになるのは、成仏するのは智に依り、果を得るのは行に依るからである。小乗がたとえ実智を悟ることになっても、まだ大行《たいぎょう》を修していないから、これはいわゆる素法身仏である。【「素《す》」は白いという意味である。】まだ荘厳《しょうごん》が備わっていないから、必ず劫を経て仏を供養し、菩薩道を行じることによって、大きな心を広げ、万徳《まんどく》を成就しなければならないのである。万徳《まんどく》が円満に備わった後に初めて十号が具足した仏になるのだから、自性《じしょう》天真仏《てんしんぶつ》とは比較にならないものである。頓教《とんぎょう》[34]が言うところの「無量不思議劫を過ぎる」とは、即ち正智を捉《とら》えて無明《むみょう》をことごとく断じることであり、種智《しゅち》がすべて円満となって、無辺劫の迷いを一時にすべて滅する［頓滅］ことであるから、これが「無量・無辺の劫を過ぎてから成仏する」が意味するところである。

国の名は離垢《りく》であるだろう。【「離垢」はあかがないことである。】**その土地は平坦で清浄であり、厳《おごそ》かに飾られ、安穏《あんのん》で豊楽《ぶらく》であり、天・人は盛んであって、琉璃《るり》が地をなし、八つの道が交差する辻には黄金でなった縄を垂らして境界を示し、道の端には各々七宝《しちほう》の並木が列《つら》なり、常に花が咲き、実が実っている。華光如来もまた三乗に**[35]**よって衆生を教化《きょうけ》するだろう。舎利弗よ、その華光仏が出現する時は悪世《あくせ》ではないけれど、本願にもとづき、三乗法を説くのである。その劫の名は大宝荘厳《だいほうしょうごん》であるだろう。何故名が大宝荘厳であるかというと、その国の中では菩薩を大宝とするからである。**[36]

劫と国の荘厳はみな因行の依報《えほう》である。舎利弗は、因行において大智を根本となす故に、国の名が「離垢」となり、また因行において菩薩を教える法を明らかにする故に、劫の名が「大宝荘厳」となる。菩薩を大宝とするからである。「清浄であり、厳かに飾られ」ているから諸々の穢土《えど》がないことが分かり、「安穏で豊楽《ぶらく》である」から三災の苦がないことが分かり、【「大三災」は火災・水災・風災であり、「小三災」は戦争と飢餓と病気である。】「天・人が盛んで」あるから三悪道がないことが分かる。「八つの道が交差する辻」は八正道《はっしょうどう》が集まる所であり、「七宝の並木」は七覚支《しちかくし》が生じる所である。おしなべて諸仏の依報が皆このようであるのは、因行が同じだからである。若しも衆生の依報について述べると、国の名は堪忍《かんにん》であり、【「堪忍」はよく我慢するという言葉であるから、娑婆《しゃば》世界の衆生は三毒とその他の煩悩をひたすら堪《た》え忍ばなければならないという意味である。】劫の名は五濁《ごじょく》であり、その土地は穴と砂と石が地をなすものであるが、これも因行が同じだからである。その反対を求めるならば、離垢清浄《りくしょうじょう》の相が即ちみな心地《しんじ》となり、安穏で豊楽なことがみな性徳《しょうとく》となる。汚れと清浄が転変することは常に人にはあることであるから、衆生が堪忍苦《かんにんく》をなさず、五濁《ごじょく》の業《ごう》を起さず、邪悪な行を行じなければ、真実に離垢・平[37]正・安穏・豊楽の国となるのである。

彼の国の諸々の菩薩の数は無量・無辺・不可思議であり、算数《さんじゅ》と譬喩で言い表すことができないほど多く、仏の智力によらなければ、知ることができる者はいないだろう。菩薩たちが歩く時には、宝華《ほうけ》が足を受け止めるだろう。この諸々の菩薩は新たに発意《ほつい》した者ではなく、みな徳の根源を長い間植えて、無量百千万億の仏のもとで梵行《ぼんぎょう》を清浄に修し、常に諸仏により称歎《しょうたん》され、常に仏慧《ぶつえ》を修し、大神通《だいじんずう》を具え、一切の諸々の法門を善《よ》く知り、質直《しつじき》で、偽りがなく、志念が堅固《けんご》な者たちであり、このような菩薩がその国に充満するだろう。舎利弗よ、華光仏の寿命は十二小《しょう》[38]劫《こう》であるだろう。王子となって、まだ仏になっていない時は除く。その国の人々の寿命は八小劫であるだろう。

「王子となって、まだ仏になっていない時を除く」は、ただ仏となった後の寿命だけで十二劫であるという記である。

華光如来は十二小劫が過ぎると、堅満《けんまん》菩薩に阿耨多羅《あのくたら》三藐三菩提《さんみゃくさんぼだい》の記を授けて、諸々の比丘に『この堅満菩薩は次に必ず仏となり、号を華足安行《けそくあんぎょう》多陀阿伽度《ただあかど》・阿羅訶《あらか》・三藐三仏陀《さんみゃくさんぶつだ》というだろう。その仏の国土もまたこのようであるだろう』と告げるだろう。[39]

ここは舎利弗が堅満菩薩に転記し、妙道を伝持して継承させることを言っている。「十二小劫が過ぎる」は華光仏が滅度に臨む時である。法華妙道は日月灯明仏に根源を置き、妙光菩薩が伝持して然灯仏《ねんとうぶつ》に継承し、仏と仏が手を授け、光明と光明が相続くものである。それを舎利弗が得るから、記号を華光というのであり、この道を明らかにして、目がある者なら誰でも見ることができるようにするのである。堅満菩薩がそれを得て、また号を「華足安行」とすることは、足がある者なら誰でもこの道に従って行くことができることを表している。その国の菩薩が出掛ける時は宝華が足を受け止めるから、その教化に従う人でこの道に由らない人はいない。また記号の華足安行は果を得た後も因[40]を行じることをやめないことを表している。菩薩が宝華を足に受けるのは、因によって果に向かうことをやめないことである。このように因果が互いに始まりと終りをなし、次々に転じても、この道から離れることがなく、継承してなくなることがないようにする為に、転記は行われるのである。

舎利弗よ、この華光仏が滅度した後に正法《しょうぼう》が世間に留まるのは三十二小劫であり、像法《ぞうほう》が世間に留まるのもまた三十二小劫であるだろう」と。

法は初め盛んに行じられる時には、人は現量《げんりょう》で体悟できるから、これが「正法」で[41]ある。【「体悟」

は完全に悟ることである。】聖人《しょうにん》が次第に遠く離れるようになると、人はただ比量《ひりょう》により解《さと》るから、これが「像法」である。正法では教と理と行と果が具備し、像法では教と理と行はあるが、果がない。それ故に昔は聖賢が得道することが多かったが、今は聞くことがない。これが正法と像法の効験《こうげん》の違いである。末法《まっぽう》になると、どうしようもないほどに似量《じりょう》（似比量）がはびこり、【量（認識方法）に三種がある。一は現量であり、ただ仏果を感知することにより、後に仏果を得ることになる智を引き起して、実相の理を見ることになることであるが、そのことに二つがある。一つは定位《じょうい》現量であり、定心《じょうしん》（禅定の心）が澄み、境をすべて明らかに証するから、現量と名付ける。この場合の現は明らかという意味である。二つは散心《さんしん》現量であり、〖「散心」は散乱した心である。〗五識が色《しき》などを縁とする時、親しく明るく取《しゅ》したかのように思われるが、それは境体が狭いことにより分明《ぶんみょう》に顕現《けんげん》したものである。この場合の現は親しいという意味である。二は比量であり、凡夫から等覚に至るまでは、皆ものになぞらえて知る。それは遠くから煙を見て、火があることをなぞらえ知るようなものであり、たとえ火は見えなくても、その言葉は虚言ではないことによる。三は証言量（聖教量）であり、諸仏の経と教えで証することである。】あきれるほどに実がないことになり、教と理はあっても、行と果はなくなってしまう。

H二、重頌〔42〕

その時、世尊はこの意味を重ねて宣《の》べようとして、偈をお説きになりました。


「舎利弗は来世に仏・普智尊《ふちそん》となり、名を華光といい、必ず無量の衆《しゅ》を済度《さいど》するだろう。

無数《むしゅ》の仏を供養し、菩薩行と十力などの功徳を具足し、無上道を証するだろう。

無量劫を過ごし、劫の名は大宝厳《だいほうごん》である。

世界の名は離垢《りく》であり、清浄で欠点や汚れが無いだろう。

瑠璃で地をなし、金の縄をその道に垂らし、七宝《しちほう》の雑色《ぞうしき》の樹には常に花と果実があるだろう。
彼の国の諸々の菩薩は志念が常［43］に堅固であり、神通《じんずう》と波羅蜜《はらみつ》をみな已《すで》に悉《ことごと》く具足している
だろう。
無数の仏から菩薩道を善く学んだこのような大士が華光仏に教化されるだろう。
仏は王子である時、国を棄て世間の栄華を捨て、最終の後身《ごしん》［最末後身］において出家し仏道を成
就するだろう。

この偈は記を与えることのすべてについて頌《じゅ》するものであり、すべては前の長行《じょうごう》の意味に即するもので
ある。「普智」は即ち遍知である。「仏は王子である時」の文は、諸仏はみな王子となり、国を棄てて栄
華を捨てることを示すことで、すべての貪著《とんじゃく》を戒めるが、それは日月燈明仏における八意の王子（序品・
F一、引灯明本始）と大通智勝仏における十六人の王子（化城喩品・H二、王子随仏）に倣《なら》うものである。生分《しょうぶん》が
已に尽き、梵行が已に成立し、為すべきことを為し終われば、後の有を受けることがなくなるから、そ
の名が「最終の後身［最後身］」である。［44］

華光仏が世間に住する寿命は十二小劫であり、その国の人民衆《にんみんしゅ》の寿命は八小劫だろう。

仏が滅度した後に正法が世間に住するのは三十二小劫であり、すべての衆生を広く済度し、
正法が滅し尽きると、その後の像法も三十二小劫だろう。

舎利は広く流布し、天と人が普《あまね》く供養するだろう。

華光仏がすることは、その事はみなこのようであるだろう。

その両足聖尊《りょうそくしょうそん》は最勝であり、並ぶ者がいないだろう。

その仏が即ちそなたの身体であるから、自ら喜び慶賀しなければならない。」

G四、天人讃喜4　H初、踊喜《ようき》[45]

その時、四部衆の比丘・比丘尼・優婆塞・優婆夷と天・竜・夜叉・乾闥婆・阿修羅・迦楼羅・緊那羅・摩睺羅伽などの大衆《だいしゅ》は、舎利弗が仏の前で阿耨多羅三藐三菩提の記を受けるのを見て、心に大いに歓喜《かんぎ》し、限りなく踊躍《ゆやく》し、

「大いに歓喜し、限りなく踊躍し」たのは、自分たちもまた舎利弗と同じように必ず仏になることができると考えたからである。

H二、供仏

各々は身体に着けていた上着を脱いで仏に供養しました。釈提桓因《しゃくだいかんいん》と梵天王《ぼんてんおう》などは、無数《むしゅ》の天子《てんし》と共に、また天の妙《みょう》[46]**衣《え》と天の曼陀羅華《まんだらけ》や摩訶《まか》曼陀羅華などで仏に供養しました。散ぜられた天衣《てんえ》は虚空《こくう》の中に留まり、自然に回転しました。諸天は百千万種の伎楽《ぎがく》を虚空の中で一斉に奏《かな》で、あまたの天の花を降らし、**

衣服《えぶく》は人の弢袠《とうちつ》であり、【「弢」は弓を収める袋であり、「袠」は刀を収める袋であるから、「弢袠」は包んで表に現さないものである。】性障（性を妨げるもの）は天の弢袠である。【「障」は妨《さまた》げである。】「回転する」は即ち廻向《えこう》するという意味である。諸天は妙法を聞くことを因として性障から離れることができるようになり、小を廻らして大に向かう。それ故に、衣を脱いで仏に供養して精誠を尽すのは、天弢《てんとう》を解《ほど》き、天袠《てんちつ》を外すことを表している。衣が「虚空の中に留まり、自然に回転した」のは、廻向の精誠を感じたことによる。

H三、称讃〔47〕

「仏は昔、波羅奈《はらな》において初めて法輪を転じ、今日《こんにち》また無上最大の法輪を転じていらっしゃる」と言いました。

昔四諦《したい》を転じたことを最小とし、今日一乗を転じることを「最大」としている。

H四、重頌

その時、諸々の天子はこの意味を重ねて宣《の》べようとして、偈を説きました。

文3　Ｉ一、頌称讃

「昔波羅奈《はらな》において四諦《したい》の法輪を転じて諸法である五衆《ごしゅ》（五蘊）の生滅《しょうめつ》を分別《ふんべつ》してお説きになり、今日、また最も微妙である無上の大法輪を転じていらっしゃる。この法は甚だ深奥《じんおう》であり、能く信じることができる人は少ない。〔48〕

鹿野苑《ろくやおん》において五蘊《ごうん》の衆生の生滅の麁相《そそう》を分別した時には能く信じることができる者がいたけれども、今日ここでの一乗は趣旨が微妙《みみょう》で深奥《じんおう》であるから、「能く信じることができる人は少ない」と言っている。

Ｉ二、頌喜意

私たちは昔からこれまでの間、世尊のおっしゃることを何度もお聞きしていますが、このような深妙《じんみょう》な上法をこれまでに聞いたことがありません。世尊がこの法をお説きくださるので、私たちはみな随喜《ずいき》いたします。大智の舎利弗が今尊記《そんき》をお受けすることができましたからには、私たちもまたこれと同じように必ず仏となり、一切世間において最も尊く上がない者となることができるでしょう。

Ⅰ三、結讃廻向〔49〕

仏道は思議することができない〔叵〕ものです。
仏は方便により宜《よろ》しいところに随《したが》ってお説きになります。
私たちにある今世《こんせ》と過去世の福業《ふくごう》、及び仏に会うことができました功徳をすべて仏道に廻向《えこう》いたします。」

讃歎の言葉を結び、小を廻らして大に向うと自ら誓っている。「今世と過去世の福業、及び仏に会うことができました功徳をすべて仏道に廻向いたします」は、みな小果を捨てて仏道に廻向することを誓う言葉である。「叵《は》」はひっくりかえした可の字から生じているので、できない〔不可〕という意味である。

Ｆ二、喩説正文4　（Ｇ初、正説喩文4）　Ｈ初、発起喩説4　Ⅰ初、身子自慶〔50〕

その時舎利弗は仏に申し上げました、
「世尊よ、私は今はもう疑悔《ぎけ》がなくなり、親しく仏の前で阿耨多羅三藐三菩提の記を受けることができました。

Ⅰ二、為機起疑

このすべての千二百人の心が自在な者たちが、昔学地にいました時に、仏は常に教化《きょうけ》して、『余の法は能《よ》く生老病死《しょうろうびょうし》から離れさせるものであり、究竟《くきょう》の涅槃である』とお説きになりました。この無学から学ぶ人々（学無学の二千人）もまた各々自ら我見《がけん》（常見）と有無見《うむけん》（断見）などから既に離れて、涅槃を得たものと考えています。ところが今日、世尊の前におきまして、これまでに聞いたこと

がないことをお聞きして、皆疑惑に陥《おちい》って［51］**しまいました。**

「心が自在な者たち」は即ち無学の阿羅漢であり、「無学から学ぶ人々」は即ち小声聞である。昔仏の教化を蒙《こうむ》り、自ら究竟《くきょう》したと考え、見から離れて寂《じゃく》に趣《おもむ》いたと思ったが、今日仏が「余は涅槃を説いたけれども、これはまた真の滅ではない」（方便品・L五、叙権通妨）と説くのを聞いたことで、疑惑を抱くことになったと言っているのである。

Ｉ三、請仏決疑

善《よ》ろしいでしょうか、世尊よ。お願いですから、四衆《ししゅ》の為にその因縁《いんねん》を説いて、疑悔《ぎけ》から離れさせてください」と。

Ｉ四、仏与開喩［52］

その時、仏は舎利弗にお告げになりました、

「余は先に『諸仏・世尊が種々の因縁と譬喩と言辞《ごんじ》によって、方便により説法をするのは、みな阿耨多羅三藐三菩提の為である』と言わなかっただろうか。この様々の所説はみな菩薩を教化する為である。しかし、舎利弗よ、今必ずまた譬喩によって、この意味をもう一度明らかにすることにしよう。智慧ある人たちは、譬喩によって解《さと》ることができるからである。

Ｈ二、正演喩説　ここまでの文（同品・Ｉ一、身子自慶からＩ四、仏与開喩まで）はみな喩説を発起《ほっき》するものであり、ここから下の文は喩説を正しく演《の》べるもの［正演喩説］である。この正演喩説の文は火宅を引いて喩え、昔の権教《ごんきょう》はみな仏が迷った人々を教化する為に説いたものであることを明らかにしている。

文10　Ｉ一、宅［53］主財力［54］

舎利弗よ、国か邑《むら》か聚落《じゅらく》に大長者がいたとする。その齢《よわい》は衰邁《すいまい》し、【「邁」は老いることである。】**財富は限りないほどに多く、田と宅及び下僕たちを多く所有していた。**

仏が三界《さんがい》で王となって教化することを譬えている。国に邑《むら》があり、邑に聚落があることは、大千世界に三界があり、三界に六道《ろくどう》と四生《ししょう》があることを譬えている。「大長者」は如来が一切世間の父であることを譬え、「その齢は衰邁し」は仏が縁に応じることが既に久しく続き、般涅槃《はつねはん》しようとしていることを譬え、「財富は限りないほどに多い」は無量の知見という法財があることを譬え、「田と宅」は方便・智慧の福田を譬え、[55]「下僕」は慈悲によりたゆまず正道《しょうどう》を補助し、様々の機に応じて事をなす者を譬えている。

I二、家広人衆

その家は広く大きいのに、ただ一つの門があるだけであった。人は多く、百人二百人から五百人に至るまでが、その中に住んでいた。

五趣（五道）の苦聚を譬えている。【「苦聚」は苦の集まりである。】「家」は三界《さんがい》を譬え、「一つの門」は一《いち》[56]乗出離《じょうしゅつり》の道を譬え、「五百人」は五趣の衆生を譬え、「百人二百人」は天と人を順序に従って数えている。

I三、宅弊火逼《かひつ》

堂閣は朽《く》ちて古くなり、塀《へい》と壁《かべ》は崩れ落ち、柱の根は腐って壊《こわ》れ、梁《はり》と棟《むね》は傾いていたが、辺り一面に突然同時に火が起り、舎宅が燃えだした。[57]

衆生の身体が老い、苦が逼迫《ひっぱく》していることを譬えている。家に堂閣と舎宅があり、舎宅に塀と壁と柱の根と梁と棟があるが、それらがみな腐り、徐々に傾き、住むことができないというのは、三界に五陰《ごおん》

（五蘊《ごうん》）の衆生が留まり、その衆生には四大《しだい》・命根《みょうこん》・肢体《したい》があるが、これらのものはみな変異するものであり、たちまちのうちに壊れ、長く保つことができないものであることを譬えている。それにもかかわらず、更にその中で悪業《あくごう》を競って作ることによって、五欲・財利、及び生死・悲悩によって焼かれるところとなり、天上・人間において、そのことから逃れられる者はいない。それ故に、「辺り一面に突然同時に火が起り」と言っている。

長者の子たちは、若しくは十人二十人、或いは三十人に至るまでが、この家［宅］**の中にいた。**［58］

五百人のことを言い、また子たちのことを言うのは、「人」は広く群生《ぐんじょう》（衆生）を挙げて表し、「子」は特別に教化に従う人を挙げて表すからである。「十人」は菩薩の子を指し、「二十人」と「三十人」は二乗の子を指している。先に五趣には百の単位を用い、ここで三乗に十の単位を用いているのは、五趣の衆生の中で三乗の教化に従う人は十人に一人に過ぎないからである。

Ⅰ四、長者悲救

長者はこの大火が四面から起るのを見て、すぐに大いに驚き恐れ、

仏が六道《ろくどう》（六趣）の苦をご覧になり、大悲心を起すことを譬えている。「四面」は生老病死の四相《しそう》であり、多くの苦の根源である。［59］

このように考えた、『私は、たとえ火がついた門から安穏《あんのん》に出ることができるとしても、子たちは火のついた家［火宅］**の中で遊びに**［60］**夢中になり、覚することも知ることもできず**［不覚不知］**、驚くことも怖《おそ》れることもない**［不驚不怖］。【一言も「火が出た」と言わないことの名が「不覚」であり、火が熱い法であることを知ることができないことの名が「不知」であり、火が身体を壊してしまうことを恐れることができないことの名が「不驚」であり、火が命《みょう》を断《た》つことを分別《ふんべつ》することができないことの名が「不怖」である。】**火が身体に逼迫《ひっぱく》し、苦痛が自分自身に迫っているのに、心に厭《いと》い患《うれ》えることがなく、出ようと求める意思がない』と。**

火がついた門から安穏に出ることは、仏が生死の苦を永遠になくさせて憂いが襲えなくすることを譬え、子たちが「遊びに夢中になり、覚することも知ることもできず、驚くことも怖れることもない」とは、世間の楽に深く執著し、慧心《えしん》がなく、やみくもに得と利ばかりを見て、身体と真理を忘れていることを譬えている。火宅《かたく》の人はみなこのようである。〔61〕

舎利弗よ、この長者は『私の身体と手には力があるから、必ず衣裓《はなざら》かもしくは几案《つくえ》によって【「几《き》」はもたれかかって坐る机であり、「案」はその広いものである。】**家から出そう』とこのように考え、また更に『この家にはただ一つの門があるだけであり、しかもその門は狭くて小さい。**〔62〕

火が付いた家から救う方策を冷静に考えたのである。身体と手に力があるのを恃《たの》み、幼い子が小さいのを顧みて、衣裓《はなざら》に入れてそっと運び出すか、或いは几案《つくえ》に乗せて抱え出そうと一度は考えたが、その後でその門は狭く小さくてこれらを用いることは無理だろうから、ただ慎重に方便によって連れ出そうと考えた。このことは仏が三七日(二十一日)の間、教化《きょうけ》を展《ひろ》げる方法について考えたことを譬えている。「身体と手」は身体の全部であるから、如来の知見《ちけん》と力《りき》と無所畏《むしょい》を譬え、衣裓《はなざら》を密かに用いることは如来が大神力を用いることを譬え、几案《つくえ》にもたれ掛からせることは如来が智慧力を用いることを譬える。「その門は狭くて小さい」は、二乗の心が劣っていて、この法に堪えることができないことを譬えている。それ故に後の文に「若しも余がただ神力《じんりき》と智慧力だけを用い、方便を捨てて、衆生たちの為に如来の知見と力と無所畏を讃歎《さんだん》すれば、衆生はこのようにすることでは得度することができないだろう」（同品・一四、合長者悲救）と説かれている。それで仏はただ方便を用いることによって、衆生を救抜し済度［63］なさるのである。三蔵法師（玄奘《げんじょう》）は「衣裓《えこく》は西国においての花を盛る器のことであり、貴人に貢《みつ》ぎ奉《たてまつ》る時に用いるものである」と言っている。

子たちは幼く、何も分からないで、遊びの場所を好んで執著しているから、［64］或いは必ず墮《お》ちて火に焼かれてしまうことになるだろう。私は必ず彼らの為に恐ろしい言葉を使ってでも、「この家は既に燃えているから、今すぐに出て、火に焼かれ害されないようにしなさい」と言わなければならない』とこのように考え、考えたように子たちに『お前たちは速やかに出なさい』と告げた。

子たちが何も知らないことを憂えて、「害がある」とはっきりと告げ、利益のある所に行くように知らせたのである。

I五、諸子痴迷

父は憐れに思って、善い言葉で誘《さそ》い言い聞かせたのであるが、子たちは遊びに夢中になって、信受しようとしないで、驚くことも畏《おそ》れることもなく、少しも出ようとする気持ちにならなかった。また、何が火であるのかも、何が家であるのかも、何［65］がいけないのかも分からず、ただ東西に走り戯《たわむ》れて、父のことを見ているだけだった。

衆生が貪欲《どんよく》によって迷う所となり、大きな苦に遭っているのに憂えることがなく、むしろそれを甚だしく楽しむだけであり、何が苦であり、何が身体であり、何が貪欲であるかが分からず、ただ己《おのれ》に迷い、物《もっ》を追い求め、火が燃え盛っても、戻ろうとしない様子は、仏法に遭《あ》っているのにその教化に従おうとしないで、ただ黙って見ているだけであることを言うものである。

Ⅰ六、長者方便［66］

その時長者はすぐにこのように考えた、『この家は既に大火に焼かれるところとなったのであるから、若しも私と子たちがすぐに出なければ、必ず焼かれてしまうだろう。私は今必ず方便を設け、子たちをこの害から抜け出させよう』と。父は子たちのそれぞれの心に好むものがあることを初めから知っていたから、種々の珍玩《ちんがん》の【「珍」は宝物であり、「玩」はおもちゃである。】**得難いものなら、必ず心に喜んで執著するだろうと考えて、『お前たちが**［67］**好んで遊べそうなものは希有《けう》なものであり、手に入れることは容易ではないが、若しもお前たちがそれを手に入れなければ、後になって必ず憂《うれ》え悔《く》いることになるだろう。このような種々の羊車《ようしゃ》・鹿車《ろくしゃ》・牛車《ごしゃ》が、今門の外にあるから、それで遊び戯れることができるだろう。お前たちは、この火宅から速やかに出て行くと良い。お前たちが欲しいと思う通りに、どれでも必ず与えよう』と言った。**

ただ速やかに出させるだけであれば、子たちの欲するところに添わないことになり、それでは能《よ》く教化《きょうけ》することができないだろうから、それぞれが欲するところに［68］添うようにして教化しようとしたのである。長者がまた自らも焼かれてしまうのではないかと恐れたのは、仏が三界に身体を現して民と同じように憂えたことを譬えている。「父は子たちのそれぞれの心に好むものがあることを初めから知っていた」から下は、仏が衆生たちの種々に欲するところを知り、それぞれの本性《ほんしょう》に添うように方便によって三乗を説くことを譬えている。「車」は果法を表し、三界に属さないものであるから、「今門の外にある」と言っている。「遊び戯れることができるだろう」は、法楽《ほうらく》がそれぞれを楽しませることを譬えている。「牛」は車を引く大きな力を持つから、大根の大乗にふさわしいものであることを正しく譬え、「羊」と「鹿」は車を引くことができないものであり、ただ牛に似たものであり、幼稚な子供の珍玩の具になるものであるから、小根の小乗にふさわしいものであることを、権により譬えている。羊と鹿は車を運べるものではなく、ただ玩好の道具に過ぎないものであることを知れば、すぐに二乗では満足に道に到達することができないのであり、それは単なる戯論《けろん》の法に過ぎないものであることを知るだろう。

I七、諸子出宅［69］

その時、子たちには父が説いた珍玩《ちんがん》のものが、自分たちの願いに適《かな》うものであるように聞こえたので、各々心が勇み、互いに先を争い［推］、押し退《の》ける［排］ように競《きそ》って共に走り、火宅から争って出た。

長者の言葉が子たちの欲望に適うものであったから、教化に従わない者はいなかったのである。進むことが「推」であり、退けることが「排」であるから、「推排」は先を争って出ようとする様子である。ここは子たちが各々の根の利鈍に合わせて、三乗の中から決断して選び、出離《しゅつり》することを求めたことを譬えている。

この時長者は、子たちが安穏に出ることができて、皆が四辻《よつつじ》［70］の真ん中の露地《ろじ》に坐り、もはや危害を加えられることがなくなった様子を見て、心が安泰《あんたい》となり、歓喜《かんぎ》し踊躍《ゆやく》した。

暫くの間、子たちが苦から抜け出したことを喜んだのである。「四辻の真ん中の露地に坐り」は、四諦によって偏空《へんくう》に進んだが、そこから先に進むことを知らないことを譬えている。

その時、子たちは各々父に『お父様が先程下さるとおっしゃった玩好《がんこう》の具である羊車《ようしゃ》・鹿車《ろくしゃ》・牛車《ごしゃ》を、お願ですから今与えてください』と言った。

子たちが家から出て、父のところに行き車を求めたことは、三乗の利を得たことを因として、三乗の果を手に入れようとしたことを譬えている。

Ｉ八、長者賜車〔71〕

舎利弗よ、その時長者は子たちに各々等一《とういつ》の大車《だいしゃ》を与えた。

三乗を説いた後に、等しく一乗を示し、二もなく三もないことを分からせようとなさったことを譬えるものであり、それは即ち権を廃して実を立てること〔廃権立実《はいごんりゅうじつ》〕である。〔72〕

その車は高く広く、多くの宝物で飾られ、欄楯《らんじゅん》が廻《めぐ》り、四面には鈴が懸《か》かり、またその上に幰蓋《けんがい》も展《ひろ》げられていた。【「幰」は車の上に展《ひろ》げた錦《にしき》である。】**また貴く珍しい雑宝《ざっぽう》で厳かに飾られ、宝物の縄が結ばれ、様々な華やかな瓔珞《ようらく》を垂ら**〔73〕**し、立派な敷物を重ねて敷き、赤い枕を置き、白い牛が引いていた。その牛は肌の色が充実して清潔であり、姿が好ましく、力が非常に強く、歩みを真っ直ぐに進め、風のように速く、また多数の下僕《げぼく》が侍衛《じえい》していた。**〔74〕

「車」は一乗を譬え、「牛」は大根を譬え、その他のものは一乗大根の徳用《とくゆう》を表している。「その車は高く広く」は、高さが三乗を上回り、広さが九部《くぶ》をすべて含むことである。「多くの宝物」は万行《まんぎょう》を譬え、「欄楯」は総持《そうじ》を譬え、「四面には鈴が懸かり」は四無礙弁で教化を下すことを譬え、「幰蓋」は慈悲が普《あまね》く覆うことを譬え、「雑宝」は多くの善で慈悲を飾ることを譬え、「宝物の縄」は四誓《しせい》により【「四誓（四弘誓願《しぐぜいがん》）」は無辺煩悩断（煩悩無尽誓願断）と無上法門学（法門無量誓願学）と無辺衆生度（衆生無辺誓願度）と無上菩提証（仏道無上誓願成）である。】慈悲を堅固にすることを譬え、「華やかな瓔珞を垂らし」は妙因《みょういん》が瓔珞のように外に展《ひろ》がり繋《つな》がっていることを譬え、「立派な敷物を重ねて敷き」は忍力が敷物のように柔軟に内に広がっていることを譬え、「赤い枕を置き」は心を覚と観に合わせてこの道に黙々と対処することであり、「白い牛が引いていた」は純一な大根の者でなければこの乗に堪えることができないことである。「肌の色が充実して清潔であり」は大切に飼育されて汚れがないことであり、「姿が好ましく」は所賦《しょふ》を全うして【「所賦」は天から与えられた各々の性である。】悪いところがないことである。「力が非常に強く」は大事に堪えて任じられることを譬え、「歩みを真っ直ぐに進め」は大道を真っ直ぐに踏むことを譬[75]え、「風のように速く」は一念で頓悟することを譬え、「多数の下僕」は方便で衆生に利益を与え、道に進むことに助力する人を譬えている。これを一言で言うなら、後の文で「諸仏の禅定と解脱などの娯楽の具を与える。これらはみな一相一種であり、能く浄妙《じょうみょう》な第一の楽《らく》を生じさせるものである」（同品・J二、合）と説かれていることになる。

何故なら、この大長者には財富が限りなく多くあり、種々多数の蔵は悉《ことごと》く一杯で溢《あふ》れんばかりであったことにより、このように考えたからである、『私の財物《ざいもつ》はなくなることがないから、劣悪で小さな車を子たちに与えるようなことはしたくない。

「等一の大車を与えた」の意図を解釈している。如来には無量の知見と力と無所畏と諸仏の法蔵《ほうぞう》があり、衆生に能く大乗の法を与えることができることを譬えている。[76]

今この幼い子たちはみな私の子であるから、愛することに偏《かたよ》りはない。私にはこのような七宝《しちほう》の大車《だいしゃ》が数限りなくあるから、必ず等しい心で各々に与え、差別《しゃべつ》するようなことをしようとは思わ

ない。

衆生は誰でもみな我が子であると考えて、仏が平等に大乗を与え、一人でも滅度できない者がいないようになさることを譬えている。〔77〕

何故なら、私がこの物を国中のすべての者に与えたとしても、なお不足するということはないからであり、況《ま》して我が子に与えることに難しいということがあるはずがない』と。

「万物《まんもつ》はみな行き補い合い、なくなることはない」という言葉は、このことを言うものである。

その時、子たちは各々大車に乗り、未曾《みぞう》有のものを得ることになったが、これは本来欲しいと思ったものではなかった。

二乗の者が仏になるということは、本来望んだものよりも大きいものであることを譬えている。

Ｉ九、覆審誕信

舎利弗よ、そなたはどのように考えるか。この長者が珍宝の大車を子たちに等しく与えたことに、虚妄《こもう》があるだろうか、それともないだろうか」と。〔78〕

三を与えると言っておきながら一を与えたことになるが、初めに与えると言ったものが権であり、後に与えたものが実であって、初めのものと後のものが相違することになるから、そのことは虚妄であるか、それとも虚妄でないかと仏は問うている。

舎利弗は申し上げました、「虚妄はありません。世尊よ、この長者がただ子たちを火難から逃れさせて、身命《しんみょう》を全うさせることができただけであったとしても、虚妄となることはありません。何故なら、身命を全うしたのであれば、そのことだけでも既に玩好《がんこう》の具を得たことになるからで

す。況《ま》してまた方便を用いて、彼《か》の火宅から抜け出させたのですから、尚更《なおさら》のことです。[79]

「身命を全うしたのであれば、そのことだけでも既に玩好の具を得たことになるからです」と言うのは、身体を愛することが物を愛することよりも固《もと》より甚だしいからである。身体は道の根本であり、根本が全きを得れば道も全きを得ることになる。それ故に至人《しにん》は常に物を捨て、道を抱《いだ》き、身体を全うして、生を養う。火宅の人はただ物を愛玩するだけで、自分を貴いものと考えて愛するということがないから、ここでそのことを警告している。

I十、結不妄[80]

世尊よ、仮にこの長者が最も小さな一車すら与えなかったとしても、なお虚妄とはならないと思います。何故なら、この長者は初めに『私は方便によって、子たちが出られるようにしよう』と考えたからです。この因縁により、虚妄ではないことになります。況して長者は自ら財富が無量であるということを知り、子たちを饒益《にょうやく》しようとして、等しく大車を与えたではありませんか」と。

仏は舎利弗にお告げになりました、

「よろしい、よろしい。そなたの言う通りだ。

H三、以法合顕10　I一、合宅主財力

舎利弗よ、如来もまた、このようである。一切世間の父となって、

仏は四生《ししょう》を一人子のように見、三界《さんがい》を等し[81]く同じように憐れんでいらっしゃる。

様々の怖畏《ふい》と衰悩《すいのう》と憂患《うげん》、及び無明《むみょう》の暗い覆いを永久になくして、無余であり、

「怖畏と衰悩と憂患《うげん》」は三界の苦の相であり、「無明の暗い覆い」は四生の苦の根本であり、ここにおいてこれらを永久になくすことが、即ち如如仏《にょにょぶつ》である。

無量の知見《ちけん》と力《りき》と無所畏《むしょい》をすべて成就し、大神力《だいじんりき》と智慧力があり、方便と智慧の波羅蜜を具足し、大慈と大悲に常に倦《う》むことがな[82]**く、いつも善事を求め、一切に利益を与える。**

「知見と力と無所畏」は正智であり、「方便と智慧の波羅蜜」は権智である。「大神力と智慧力」は正智を補助するものであり、「大慈と大悲に常に倦むことがなく」は権智を運ぶことである。

Ⅰ二、合家広人衆

余は三界という朽《く》ちて古くなった火宅に生まれ、衆生[83]**を生老病死《しょうろうびょうし》と憂悲苦悩《うひくのう》と愚かな迷いが暗く蔽《おお》った三毒の火から済度する為に、教化して阿耨多羅三藐三菩提を得させるのである。**

仏は慈悲であるが故に、三界の家に生まれることを示して、五趣の衆生を済度する。自ら無明《むみょう》の暗い蔽《おお》いを永久になくしている故に、衆生を愚かな迷いの暗い蔽いから済度しようとなさり、また自ら無量の知見を成就している故に、衆生に大菩提（阿耨多羅三藐三菩提）を得させようとなさる。ここは仏が一切の衆生をご自分と等しく、異なることがないようになさろうとすることを言っている。

Ⅰ三、合宅弊火逼[84]

衆生たちを見ると、生老病死と憂悲苦悩によって焼かれたり煮られたりするところとなり、また五欲と財利の故に種々の苦を受けている。それだけでなく、貪著《とんじゃく》し追い求める故に、現生《げんしょう》では多くの苦を受け、後生《ごしょう》では地獄・畜生・餓鬼の苦を受けることになる。たとえ天上《てんじょう》に生まれるか、または人間《にんげん》に留まることになったとしても、貧窮困苦《びんぐうこんく》と愛別離苦《あいべつりく》と怨憎会苦《おんぞうえく》など、このような様々の多くの苦の中に衆生は沈んでいる。それにもかかわらず、歓喜《かんぎ》して遊び戯れ、覚することも知

ることもできず、驚かず恐れず、また厭《いと》おうとする気持ちを起すこともなく、抜け出すことも求めないで、この三界《さんがい》の火宅《かたく》において東西に馳け回って、たとえ大きな苦に遭っても恚《うれ》えることがない。［85］

ここは三界火宅の苦の様子を列挙して説き、三世《さんぜ》と六道《ろくどう》の因果をあまねく示している。「生老病死と憂悲苦悩」は果であるから、業が前の因に及び、「五欲と財利に貪著し追い求める」ことは苦の因であるから、業が後の果に及ぶ。「畜生・餓鬼・天上・人間」は、即ちこのような因と果を縁として作られる六道の業である。変化して異類となり淪落《りんらく》することに止むことがないのは、実に驚き怖れるべきことであるのに、束《つか》の間《ま》を喜び、厭《いと》うことなく、そのような目に遭っても憂えることがないのは、実に愚かで、闇《やみ》に蔽《おお》われたことと言えるだろう。

Ⅰ四、合長者悲救［86］

舎利弗よ、仏はこのような様子を見て、すぐに『余は衆生の父であるから、その苦難から抜け出させ、無量無辺の仏の智慧の楽を与え、遊び戯れさせよう』と考えるのである。舎利弗よ、如来はまたこのようにも考える、『若しも余がただ神力《じんりき》と智慧力だけを用い、方便を捨てて、衆生たちの為に如来の知見と力と無所畏を讃歎すれば、衆生はこのようにすることでは得度することができないだろう。

「無量無辺の仏の智慧の楽」は即ち一乗の法楽《ほうらく》［87］であり、「如来の知見と力と無所畏」は即ち一乗の法体《ほったい》である。それらは苦から抜け出させるのに十分なものであるけれど、凡夫《ぼんぶ》が関われることではないから、仏は「衆生はこのようにすることでは得度することができないだろう」と考えるのである。

I五、合諸子痴迷

何故なら、この衆生たちは生老病死と憂悲苦悩から逃れられないで、三界の火宅で焼かれるところとなっているからであり、そのような状態でどのようにして仏の智慧を解《さと》ることができるだろうか』と。

「衆生はこのようにすることでは得度することができないだろう」ということの理由であり、それは衆生が多くの苦のために迷っているからである。

I六、合長者方便［88］

舎利弗よ、彼の長者がまた身体と手に力があるのに、それを用いずに、ただひたすら方便によって、子たちを火宅の難から救い出した後に、各々に珍宝の大車を与えたように、如来もまたこのように、力と無所畏があるのに、それを用いずに、ただ智慧と方便によるだけで、三界の火宅から衆生を抜済《ばっさい》しようとして、彼らの為に三乗の声聞・辟支仏・仏の乗《ぶつじょう》を説き、

法説《ほうせつ》と喩説《ゆせつ》の二つを合わせて明らかにしている。

この言葉を述べる、『そなたたちは三界の火宅に喜んで留まってはならず、麁《そ》であり役に立たない色《しき》・声《しょう》・香《こう》・味《み》・触《そく》を貪《むさぼ》ってはならない。若しもそれらに貪著《とんじゃく》［89］して愛を生じれば、焼かれてしまうだろう。

ここは仏が善言で誘《さそ》い諭《さと》し、そのような苦から衆生が力を尽くして抜け出るようになさることを言っている。色などの五欲を世俗では軟《やわ》らかく美しいものであるとするが、仏はそれらを麁《そ》であり役に立たないものであるとし、すべては幻惑や濁悪《じょくあく》であり、能く業苦《ごうく》を引き起すものであり、実に火を引き起す基となるものであるとなさっている。それ故に、「それらに貪著して愛を生じれば、焼かれてしまうだろう」とお告げになるのである。〔90〕

そなたたちが三界から速やかに出れば、必ず三乗の声聞・辟支仏・仏の乗を得るだろう。余は今そなたたちの為にこのことを保証し、このことは最後まで虚しくなることはない。そなたたちはただ必ず精進《しょうじん》して、ひたすらに修《しゅ》することをしなければならない』と。如来はこの方便によって衆生を誘い出した後に、またこの言葉を述べる、『そなたたちは必ず知りなさい。この三乗法はすべての聖人《しょうにん》が称歎なさるものであり、自在で、束縛がなく、依って求めるところがない。この三乗に乗れば、無漏《むろ》の根《こん》と力《りき》と覚と道と禅と定《じょう》と解脱《げだつ》と三昧《さんまい》などによって自らを楽しませ、すぐに無量の安穏《あんのん》と快楽《けらく》を得るだろう』と。〔91〕

三乗を示し、その法を讃歎することで、人々がそこに向かい、慕《した》うようになさっている。この三乗法をここで聖人が称え讃歎するのは諸仏がみなそれを尊重するからである。能く生死から離れさせるから「自在で、束縛がない」のであり、有為法と異なるから「依って求めるところがない」のである。この乗を得た者は、無漏の五根《ごこん》と五力《ごりき》と【「五根」は信根《しんこん》と進根《しんこん》と念根と定根《じょうこん》と慧根であり、善法が能くそこから生じるから名が根であり、能く悪業《あくごう》を滅ぼす信力・進力・念力・定力・慧力が「五力」である。】七覚支《しちかくし》と【「七覚支」は、念覚支は定と慧を知り、それを平等に保ち、一念も思いが浮かんだり消えたりすることを見ないことである。択《ちゃく》覚支は真実の法と粗い法を能く択《えら》ぶことである。進覚支は精進して修行し、邪行《じゃぎょう》を遠ざけることである。喜覚支は心に良い法を得て喜びを現すことである。軽安《きょうあん》覚支は覚心の動揺をすぐに捨て去り、法味《ほうみ》を得て、身体と口の粗いものをなくすことにより、軽くすばやく安らかになることである。定《じょう》覚支は禅定を前に現わし、見愛（見惑と思惑）を生じさせないことである。捨覚支はあらゆることにおいて間違いを捨て、真実を求めることである。「支」は分かれて出るものである。】八《はっ》［92］正道《しょうどう》と【「八正道」は、正見《しょうけん》は四諦を明らかに見ることである。正思惟《しょうしゆい》は無漏智について考え、そこに思いをいたすことである。正語《しょうご》は口で邪《よこしま》な言葉を言わないことである。正業《しょうごう》は様々の善い業を修することである。正精進《しょうしょうじん》は邪悪な苦行を遠ざけることである。正定《しょうじょう》は無漏の定を求めることである。正念《しょうねん》は正助道を念じることである。「正助道」とは、三十七品の全体を通して、理を縁として慧行《えぎょう》を成就しようとすることが正道であり、三十七品の各々について勤め、様々の禅定を成就しようとすることが助道である。または、忍・智・無礙《むげ》・解脱の名が正道であり、方便として三十七品の各々について勤めることの名が助道である。正命《しょうみょう》は五つの邪悪な命《みょう》を遠ざけることである。「五つの邪悪な命」とは、一は利養《りよう》の為に偽りを用いて奇特《きどく》を顕すことであり、二は利養の為に自らの功徳を口にすることであり、三は利養の為に占相《せんそう》や吉凶《きっきょう》を判じて他人の為に法を述べることであり、四は利養の為に大きな声で威厳を現して他人を恐れさせることであり、五は利養の為に自らが得た利養を語って他人の心を動揺させることである。】四禅《しぜん》と九次第定《くしだいじょう》と【「九次第定」は初禅と二禅と三禅と四禅と空処と識処と無所有処《むしょうしょ》と非非想処《ひひそうじょ》と滅尽定《めつじんじょう》である。】八解脱《はちげだつ》と諸々の三昧の法をここに得て、十分に楽しみ、三界の苦から抜け出ることになる。

Ｉ七、合諸子出宅３　Ｊ初、声聞乗［93］

舎利弗よ、若しも衆生が内に智《ち》と性《しょう》があり、仏・世尊から法を聞いて信受し、ひたすら精進し、三界から速かに出ようとして自ら涅槃を求める者であるならば、この名は声聞乗《しょうもんじょう》であり、彼の子たちの中で羊車《ようしゃ》を求める為に火宅から出た者に譬えられる。［94］

ここは、三乗の根性《こんじょう》が等しいものでなく、得る果に異なりがあることは、彼の子たちの玩好のものが同じでなかったことで譬えられると言っている。「内に智と性がある」者は正因《しょういん》の信種《しんしゅ》であり、闡提《せんだい》ではないと選別している。内にこの因がある故に、仏に従うことが縁となって、四諦《したい》の理を観、声を聞いて道を悟る。それ故、名が声聞乗である。急ごうとする者たちであり、機が小さいので、羊車で譬えられている。

J二、縁覚乗

若しも衆生が、仏・世尊より法を聞いて信受し、ひたすら精進し、自然慧《じねんえ》を求め、独《ひと》りでいることを喜び、善く寂《じゃく》であり、諸法の因縁を深く知る者であるならば、この名は辟支仏乗《びゃくしぶつじょう》であり、彼の子たちの中で鹿車《ろくしゃ》を求める為に火宅から出た者に譬えられる。[95]

「辟支仏」はこの地の言葉では独覚《どくかく》であり、また縁覚《えんがく》とも言う。仏がいない世に出て、物《もつ》が変易《へんにゃく》するのを見、独力で無生《むしょう》を覚《さと》る故に独覚といい、十二因縁を観て真諦《しんたい》の理を覚る故に縁覚という。「自然慧を求め、独りでいることを喜び、善く寂である」ことが即ち独覚であり、「諸法の因縁を深く知る」ことが即ち縁覚である。この乗は三界の見惑《けんわく》と思惑《しわく》を断じることは声聞と同じであるが、更に深く習気《じっけ》まで断じ、根《こん》と性《しょう》が非常に鋭利である故に声聞の上となる。その機がやや大きいので、鹿車で譬えられている。

J三、菩薩乗[96]

若しも衆生が、仏・世尊より法を聞いて信受し、ひたすら精進を修《しゅ》して、一切智と仏智と自然智《じねんち》と無師智及び如来の知見と力と無所畏を求め、無量の衆生を憐れみ念じ、安楽にし、天・人に利益《りやく》を与え、一切の者を度脱させようとする者であるならば、この名は大乗菩薩であり、この乗

を求める故に名が摩訶薩であり、彼の子たちの中で牛車《ごしゃ》を求める為に火宅から出た者に譬えられる。[97]

これは三乗を兼ね、多くの智を集める大根《だいこん》の者である。「一切智」は即ち菩薩智であり、「仏智」は即ち一切種智であり、「自然智」は即ち諸々の証取を離れた智であり、「無師智」は即ち他に依らずに悟った智である。このような様々な智、及び如来の知見と広大な徳用を能く求め、衆生を憐れみ、安らかにし、利益を与え、度脱させる者が大菩薩である。その機は最も大きいので、牛車で譬えられている。

I八、合長者賜車２　J初、牒《ちょう》

舎利弗よ、彼の長者が子たちが火宅から安穏に出て、畏れのない所にたどり着いたのを見ると、自ら財富《ざいふ》が無量にあることを考え、子たちに等しく大車を与えたように、

ここは子たちが火宅から出ることができ、露地に坐ったのを見て、自らが所有する財物に限りがないことを思い、小さな車を与えなかったという文（同品・I八、長者賜車）をまとめて[牒]いる。

J次、合[98]

如来もまたこのように、一切衆生の父となって、若《も》しも無量億千の衆生が仏の教門によって、三界の苦と恐ろしく険《けわ》しい道から出て、涅槃の楽を得たのを見ると、如来はその時即ちこのように考える、『余には無量無辺の智慧と力と無[99]**畏などの諸仏の法蔵がある。このすべての衆生こそはみな余の子であるから、等しく大乗を与え、人が独りで滅度を得ないようにし、皆が如来の滅度によって滅度するようにしよう』と。**

上記の文（同品・I八、長者賜車）に合わせて、その意味を明らかにしている「三界の苦と恐ろしく険しい

道から出て、涅槃楽を得る」は権乗《ごんじょう》の小果であり、「如来の滅度によって滅度する」は大乗の極果《ごくか》である。

この三界を抜け出した衆生たちには、すべての者に諸仏の禅定と解脱などの娯楽の具を与える。これらはみな一相一種であり、聖人《しょうにん》が称歎するものであり、能く浄妙な第一の楽を生じさせるものである。〔100〕

ここは前節の「等しく大乗を与え」の意味を説明している。「この三界を抜け出した衆生たち」は、たとえ小乗の禅定と解脱を得てはいても、まだ有《う》を厭《いと》い、空に執著するから「一相」でなく、分けて二乗とするから「一種」でなく、執著から離れることができないから「浄」ではなく、空と有がまだ融合していないから「妙」ではない。それ故に仏は「諸仏の禅定と解脱などの娯楽の具を与える」のであり、それは一相一種の浄妙な楽であり、彼の大車が多くの美を具備していること（同品・Ｉ八、長者賜車）で譬えられている。

Ｉ九、合誕信

舎利弗よ、彼の長者は初め三車によって子たちを誘い出し、引き出した後に、ただ大車だけを与えたが、その大車は宝物で荘厳《しょうごん》〔101〕され、安穏であることが第一であった。しかるに、彼の長者に虚妄《こもう》の咎《とが》めがないように、

先にまとめて、次に結ぶことになる。

Ｉ十、結不妄

如来にもまたこのように虚妄がないのである。初めに三乗を説いて衆生を引導《いんどう》し、その後にただ大乗だけで度脱〔102〕させるのは何故か。如来には無量の智慧と力と無所畏と諸々の法蔵があり、

能く一切衆生に大乗の法を与えることができるからである。ただし、誰もがそれを能く受け入れられるわけでない。舎利弗よ、この因縁により、諸仏は方便力《ほうべんりき》によって、一つの仏乗において、分けて三を説くということを必ず知らなければならない」と。

ここまでの文を総合して結んでいる。「誰もがそれを能く受け入れられるわけでない」は機が等しくないからである。

H四、重頌

仏はこの意味を重ねて宣べようとして、偈をお説きになりました。

文５　Ｉ初、頌引喩10　Ｊ初、頌譬本

「譬えるならば、長者に一つの大きな家［大宅］があったとしよう。

仏が三界において王であることを譬えている。

Ｊ二、頌宅弊人衆［103］

その家［宅］は長い時が経って古くなり、また壊れていた。
堂舎は高く危《あや》うく、柱の根は砕《くだ》け朽《く》ちていた。
梁《はり》と棟《むね》は傾き、基陛《きざはし》［104］は【「基」は家の土台であり、「陛《へい》」は石段である。】崩《くず》れ、塀《へい》と壁は破れ裂け、塗った泥は剥《は》げ落ち、覆《おお》っている苫《とま》は乱れ落ち、垂木《たるき》［椽梠《てんりょ》］は傾き抜け、周りを塞《ふさ》ぎ曲がり、きたならしい雑多なものが充満していた。
五百人がその中に住んでいた。［105］

「大きな家［大宅］」は三界を譬え、「堂舎」は人の身体を譬えている。三界の相は無始《むし》の昔から続くもの

であるから「長い時が経って」と言っている。五濁《ごじょく》が一箇所に集まっているから「古くなり、また壊れていた」と言う。五陰《ごおん》で構成された堂舎（人の身体）は虚妄の幻で作られ、危ういものであり、簡単に傾いてしまう。命は堅固なものではなく、その様は「柱の根は砕け朽ちていた」と言われているようなものである。このように形質が真っ直ぐでもなく堅固でもない様子を「梁《はり》と棟《むね》は傾き」と言っている。「基《き》」は堂舎を建てる土台であるから無明《むみょう》であり、「陛《へい》」はその他の縁である。このような堂舎に入っていることで十二縁が念々に変異するから、それを「基陛《きざはし》は崩れ」と言っている。「塀と壁は破れ裂け」は四大が衰えてしぼむことを譬え、「塗った泥は剥げ落ち」は皮膚に皺《しわ》ができることを譬え、「覆っている苫《とま》」は毛髪を譬え、「垂木《たるき》」は骸骨《がいこつ》を譬えている。「苫」は茅《かや》を被せたものであり、「剥げ落ち」は壊れることを意味する。「乱れ落ち」と「傾き抜け」は、どちらも壊れた様子を述べるものである。これらは身体の外側の相であり、その内側の関膈府蔵《かんかくふぞう》は【「関膈府蔵」は内臓のことである。】ねじれ、詰まり、曲がった所に膿《うみ》や血や糞や尿などの「きたならしい雑多なものが充満していた」と言っている。このように壊れ不浄であるにもかかわらず、世俗の人たちは甚《はなは》だ迷ってその身体を愛し貪著《とんじゃく》するから、仏はここでこのことについて詳しく諭《さと》しているのである。「五百人」は五道の衆生をみな含めた数である。「椽《てん》」と「梠《りょ》」は同じように〔106〕垂木を意味し、ひさしにあるものが椽であり、棟木《むなぎ》に付いているものが梠である。「椽」は縁（縁の旧字は「緣」である）から来ており、互いに縁があり属するものである。梠は呂から来ており、「呂」は背骨のことである。

J三、怖畏相4　以下は、この文の結び（同品・K四、結）に「その家〔舎〕が恐ろしく変化する様子はこのようであった」と言っていることを具体的に示すものである。

K一、三毒相〔107〕

鵄《とび》・梟《ふくろう》・雕《くまたか》・鷲《わし》・烏《からす》・鵲《かささぎ》・鳩《やまばと》・鴿《いえばと》と蚖《とかげ》・蛇《へび》・蝮《まむし》・蠍《さそり》・蜈蚣《むかで》・蚰蜒《げじげじ》と守宮《やもり》・百足《おさむし》・鼬《いたち》・貍《たぬき》・鼷《はつかねずみ》・鼠《ねずみ》と諸々の悪虫の輩《やから》は交々《こもごも》に縦横に走り回り、〔108〕

身体は苦の器《うつわ》である。殺《せつ》・盗・淫が主なものとなるから、これを三業《さんごう》と言う。意は苦の本である。貪《とん》・瞋《しん》・痴《ち》が主なものとなるから、これを三毒《さんどく》と言う。身体の三業と意の三毒は相互に助長《じょちょう》し合って具《そな》わるものである。今鵄《とび》などの八種の鳥は貪の毒であり、三業が具わっていることを譬えている。鵄《とび》は生類《しょうるい》を食らい、土梟《ふくろう》は共食いをするから殺貪が具わっている。鵰《くまたか》は巧みに兎を捕まえ、鷲は死体を食するから、盗貪が具わっている。烏・鵲《かささぎ》・鳩《やまばと》・鴿《いえばと》は涎《よだれ》を垂らしながら動く〔傅沫《ふまつ》自運〕から、淫貪が具わっている。【「運」は動くことである。】その他の鳥については推して知ることができるだろう。蚖《とかげ》など六種の虫は瞋毒《しんどく》を譬えている。蚖はその最も甚だしいものであり、毒の代表であり、蛇と同類であって、その性は瞋が多い。蝮《まむし》は復という意味であり、昼には見かけることがないが、これに触《さわ》ると人が反対に〔復〕殺されてしまう。蠍《さそり》は多くは薄〔109〕暗い所に住み、どこに潜《ひそ》んでいるか分からない。蜈蚣《むかで》と蚰蜒《げじげじ》は巧みに隠れ、毒を含む。凡《およ》そ瞋心《しんじん》というものはこのようなものであり、或る人は天性の瞋毒が蚖《とかげ》や蛇のようであり、或る人は蝮《まむし》のように触《さわ》られると反対に人に瞋《いか》りを示し、或る人は瞋《いか》りを顔色に現さないで、蠍《さそり》や蜈蚣《むかで》のように潜んで秘かに人に瞋《いか》りを抱《いだ》き、毒を与える。守宮《やもり》など六種は痴の毒を譬えている。守宮は蜥蜴《とかげ》の仲間であり、多くの場合薄暗い部屋に隠れている。百足《おさむし》の名は蚿《げん》で、蠍《さそり》の仲間であり、足が多くて速く進むことができない。鼬《いたち》は鼠の仲間であり、巧妙に穴に潜んで鼠を食らう。狸は狐の仲間であり、老いると精魅となる。【「魅《み》」は妖怪である。】鼷《はっかねずみ》は甘口鼠のことであり、これにかじられても痛みを感じない。鼠は悪事を多く働き、それを巧みに隠すものであり、愚かな人〔痴者〕が蒙昧《もうまい》で停滞し、潜伏して他人に害を与える様子は、鼠にそっくりである。このように様々の悪虫の仲間が交々《こもごも》に縦横に走りまわる様は、三毒が交々《こもごも》に入り乱れ、戦い競うことが止まないことを譬えるものである。

K二、四倒相〔110〕

糞と尿の悪臭が漂う処には不浄のものが流れて溢《あふ》れ、蜣蜋《くそむし》など多くの虫がその上に集まり、狐や狼《おおかみ》や野干《こぎつね》は噛《か》み、踏み歩き、死体を噛みちぎり〔嚌齧《せいげつ》〕、その骨と肉が散乱している。〔111〕

身・受・心・法の四念処《しねんじょ》が正を失い顛倒《てんどう》している様子である。「糞と尿の悪臭が漂う処には不浄のものが流れて溢れ」は身体（身）の顛倒を譬えている。このように身体が不浄であるのを観ても、世俗の者はそれを香り高く清浄なものと考える。「蜣蜋《くそむし》など多くの虫がその上に集まり」は受の顛倒を譬えている。このように受が苦であるのを観ても、世俗の者はそれを欲楽《よくらく》（五欲の楽）と考え、すぐに革袋の中の多くの汚物に美麗の想を生じ、惑い執著して、それを捨てようとしないが、真実にはそれは蜣蜋《くそむし》の群れのように汚《きたな》らしいものである。「狐や狼や野干《こぎつね》は噛み、踏み歩き」は心の顛倒を譬えている。狐は疑心が多く、狼は他に危害を加え、野干は化《ば》ける妖怪であるから、顛倒した心に似ている。心が無常であることを観れば、一切法はみな恋慕《れんぼ》に値するものでないことが分かるのに、世俗の者はそれを繰り返し噛み、踏み歩き、執著している。どうしてこれが顛倒でないと言えるだろうか。「死体を噛みちぎり、その骨と肉が散乱している」は法の顛倒を譬えている。法は死体のように無我であることを観ても、疑い深く顛倒した心によって妄《みだ》りに究明しようとして問い詰める。これが「噛みちぎる」ということであり、そのことから更に顛倒して見ることが「散乱している」ということである。野干は狐の仲間であり、そり立った岩や高い樹木に巣をつくり、群れを作って行き来し、夜になると〔112〕鳴く怪獣である。歯でかみ切ることを「嚌《せい》」と言い、骨をかみ切ることを「齧《げつ》」と言う。

K三、六識相

そこへ群をなす犬が競って襲いかかり、捕《つか》まえようとし、飢え疲れ、脅《おび》えるように所々で食を求め、闘《たたか》い争《あらそ》ってつかみ合い、歯をむき出して吠《ほ》えかかる。〔113〕

犬の性は変わりやすく、捕獲を巧みになすから、ここは識と情が執著することを譬えている。「群をなす犬」は六識を譬え、「捕まえようとし」は即ち執取《しゅうしゅ》することである。一切の幻法《げんぼう》は愛したり楽しんだりできるものではないのに、六識が妄量することによって執著するようになるのであり、それは群をなす犬が競って襲いかかり、死体に食らい付くことと異なることがない。このことを、四倒《しとう》（四顛倒）によって六識が発し、六識によって三毒が発し、展転《てんでん》して相資《あいたす》けると言う。「脅えるように所々で食を求め」は識が顛倒して貪《どん》が発することを譬え、「闘い争ってつかみ合い」は識が顛倒して瞋《しん》が発することを譬え、「歯をむき出して吠えかかる」は識が顛倒して痴《ち》が発することを譬えるものである。六識と三毒の倒妄が互いに因となることで、諸々の幻境を競って執《と》らえ、貪欲《とんよく》に求める様子〔114〕はこのようなものである。「つかみ合い」は互いにつかみ奪い合うことであり、「歯をむき出して吠えかかる」は他を拒《こば》む時に出す悪声である。

K四、結

その家〔舎〕**が恐ろしく変化する様子はこのようであった。**

J四、怖畏難5　この文の結び（同品・K五、結）に、「このように多くの危難があり」と書かれている、その危難がここで列挙される。

Ｋ一、罔昧《もうまい》難

処々においてどこにも魑魅《ちみ》と魍魎《もうりょう》が住み、

家に祟《たた》りをもたらすものが多く住んでいることを言っている。性と覚は本来明らかなものであるが、その明らかな状態から離れ、蒙昧《もうまい》な状態となることを魑魅《ちみ》で譬え、心は本来〔115〕一真《いっしん》であるが、物《もつ》に覆い隠されることによって二となることを魍魎《もうりょう》で譬えている。「処々」と言うのは、人は誰でも性がみなこのようであるからであり、このことが難を起す発端となるのである。それ故に、そのことを初めに言っている。

Ｋ二、無明三毒難　蒙昧であるから無明が起り、無明であるから三毒が起ることになる。〔116〕

夜叉《やしゃ》と悪鬼《あっき》は人肉《にんにく》を食らい、毒虫の仲間と諸々の悪い禽獣《きんじゅう》は【「禽」は空を飛ぶ生き物であり、「獣」は地を這《は》う生き物である。】**卵を孵《かえ》し、乳を呑《の》ませ、子を産《う》み、各々自らその子を隠して護《まも》るけれども、夜叉が競うようにやって来て、争い取って食べてしまう。**

食べて既に腹が一杯になると、悪心は一層盛んとなり、争《あらそ》う声が甚だ恐るべきものになる。

「夜叉」はこの地の言葉では苦で生きる〔苦活〕という意味であるから、無明識の種子《しゅじ》が多くの苦を捕え、自ら生きる〔自活〕ことを譬〔117〕えており、それは法身を壊《こわ》し損《そこ》なうことを意味するから、「人肉を食らい」と言って譬えている。「毒虫」と「禽獣」は三毒のすべてを譬え、「卵を孵《かえ》し、乳を呑ませ、子を産み」は三毒の類が日ごとに増えることを言い、「各々自らその子を隠して護る」は怒りの毒が積り、取り除くことができない状態になっていることを譬えている。「夜叉が競うようにやって来て、争い取って食べてしまう」は無明を互いに起し悩まし害し合うことを譬え、「食べて既に腹が一杯になると、悪心は一層盛んとなり」は三毒が無明を助長することは火に油を注ぐようであるから、「一層盛んとなり」と譬えている。「争う声が甚だ恐るべきものになる」は、無明と三毒があちらこちらから攻めて来ることを譬え、それは夜叉が大声を挙げて闘うようなものであり、真実に恐るべきものである。「卵を孵《かえ》す〔孚〕」ものは卵生の類であって爪で保育するものであり、「乳を呑ます〔乳〕」ものは胎生の類であって乳で哺育するものである。また「孚乳《ふにゅう》」はすべてに通じて養育するという意味である。

K三、無常難〔118〕

鳩槃茶鬼《くばんだき》は土墳《どふん》にうずくまり、或る時は地から一尺二尺と離れた所を往《い》ったり来たり遊行《ゆぎょう》し、勝手気ままに嬉戯《きげ》し、犬の両足を捕まえ、叩《たた》きつけて声が出ないようにし、脚《あし》を頸《くび》に載せ、このように犬を脅《おびや》かして自ら楽しむ。〔119〕

「鳩槃茶」はこの地の言葉では畏るべきものであるから、無常殺鬼《さっき》を譬えている。「土墳」は地上の欲界を譬え、「一尺」は色界を譬え、「二尺」は無色界を譬える。三界はどこも無常であり、それから免《まぬが》れることはできないから、殺鬼がその間を往《い》ったり来たり遊行し、勝手気ままに殺害して、殺害することを遊戯《ゆげ》のように考えるのである。「土墳にうずくまり」と言い、また「或る時は地から一尺二尺と離れた所を往ったり来たり遊行し」と言うのは、地に住むものは命が短いので、殺鬼は通常地にうずくまって過ごし、天に住むものは命が長いので、殺鬼は時々そこに往くだけであることを言っている。「犬の両足を捕まえ」などは、犬は識を譬え、両足は行と想を譬える。本来、五蘊は識によって行と想を生じることで、行じることがあることになる。その識が行と想により無常の苦を取することは両足を捕まえられ、叩きつけられるようである。識が無常により苦となれば、行と想は顚倒することになるから、「脚を頸に載せ」と譬えられている。「犬を脅かして自ら楽しむ」は、識が無常で恐るべきものであっても、殺鬼はそれを楽しんで恐れることがないことであり、いわゆる「彼は衰殺されても、衰殺したことにはならない」と言うことである。【「殺」は除去することである。】

K四、三悪難〔120〕

また多くの鬼で、その身体は長く大きく裸であり、黒く痩《や》せたものが、常にその中に住み、大きな悪声《あくしょう》を発し、叫びながら食を求めている。

また多くの鬼が住み、その咽《のど》は針のように細い。

また多くの鬼が住み、首から上が牛の頭のようである。

或るものは人の肉を食らい、或るものはまた犬を食らう。〔121〕

「身体は長く大きく裸であり」は地獄の難を譬えている。経に「阿鼻地獄は縦横が三十二万里であり、罪人の業力《ごうりき》により、その身体が鉄の花のようになって獄中に遍《あまね》く広がる」とあるから、「その身体は長く大きく」と言っている。ここに堕ちることになると八万四千大劫《だいこう》をそこで過ごさなければならないから、「常にその中に住み」と言っている。裸で叫ぶのは即ち地獄の苦の様相である。「その咽は針のように細い」は餓鬼の難を譬えている。「首から上が牛の頭のようである」は畜生の難を譬えている。「或るものは人の肉を食らい、或るものはまた犬を食らう」は三悪道の者がただ法身を害するだけでなく、識《しき》神《しん》まで苦しめ痛めることを言っている。〔122〕

頭髪はかき乱れ、兇険《くけん》に危害を加え、飢渇《けかつ》が迫り、泣き叫びながら逃げ回る。

多くの鬼の恐るべき様相を挙げて述べ、三悪道の様相と行《ぎょう》と業《ごう》を譬えている。「頭髪はかき乱れ」は容貌が悪いことであり、「兇険《くけん》」は行が悪いことであり、「飢渇《けかつ》が迫り」は業が悪いことであり、この三つの因果が互いに呼び合い、次々に起きるから、「泣き叫びながら逃げ回る」と譬えている。

K五、結〔123〕

夜叉《やしゃ》と餓鬼《がき》と様々の悪い鳥獣は飢《う》えが急迫《きゅうはく》し、四面に向かい窓牖《まど》から窺《うかが》い看《み》る。【「家」にあるのが「窓《そう》」であり、塀にあるのが「牖《ゆう》」である。】

このように多くの危難があり、恐れは無量であった。

無明と三毒の悪習が盛んであることから、倦《う》むことなく境《きょう》を追い求め、隙《すき》を覗《うかが》い出て行こうとすることをまとめて明らかにしている。それで「飢えが急迫し、四面に向かい窓牖《まど》から窺い看る」と譬えている。

昔話に六窓獼猴《ろくそうみこう》のたとえ話があるが、【洪恩禅師《ぜんじ》が言った、「一軒の家に六つの窓があり、中に一匹の猿〔獼猴《みこう》〕がいた。外にいる猿が東側に来て、中の猿を呼んだので、中の猿はすぐにそれに応じた。このように六つの窓を廻って、すべての窓から呼び、中の猿がそのすべてに応えたようなものである」と。】その意味はこのようなことである。

J五、頌火逼《かひつ》輪転5　K一、火災壊滅〔124〕

この朽ちて古くなった家〔宅〕**は一人に属していた。**

その人が近くに外出して、まだそれ程の時が経っていない時であった。

その時、家から突然火が起り、四面は一時にその炎がどこも燃《も》え盛《さか》った。

棟《むね》・梁《はり》・垂木《たるき》・柱からは凄《すさ》まじい音が生じ、震動し、裂け、砕《くだ》け折れ、落ち、塀と壁も崩《くず》れ倒れた。

すべての鬼《き》と神《じん》などは大声を揚げて叫び、雕《くまたか》や鷲《わし》などの様々〔125〕**の鳥と鳩槃荼《くばんだ》などは周章《しゅうしょう》し恐**

れたが、【「周章」は恐れて逃げ回る様子である。】**自力《じりき》で出ることができなかった。**

三界が安らかでないことは「朽ちて古くなった家」のようであり、そこではただ仏だけが能く教化することができるから、「一人に属していた」と言っている。衆生との縁が尽きることになれば、仏は寂滅を示すことになる。もしも仏の善化がなくなれば煩悩が増々盛んになるから、「その人が近くに外出した後、火が起り」と言っている。「四面は一時にその炎がどこも燃え盛った」は生老病死の四相が同時に迫って来ることを譬えている。「棟・梁《はり》・垂木・柱からは凄《すさ》まじい音が生じ、震動し、裂け、砕け折れ、落ち」は四肢《しし》の病苦を譬[126]え、「塀と壁も崩れ倒れた」は四大が壊れ散じることを譬え、「すべての鬼と神などは大声を揚げて叫び」は命がなくなる時に神識《じんしき》が狼狽《ろうばい》し、苦の事が切迫し、うめき狂い絶叫することを譬え、「鵰《くまたか》や鷲などの様々の鳥と鳩槃荼などは周章し恐れたが、自力で出ることができなかった」は三毒の業果《ごうか》と無常の苦報が交々《こもごも》に集まって苦しめ、そこから逃れ脱することができないことを譬えている。

Ｋ二、業識不亡[127]

悪獣と毒虫が穴に隠れ潜《ひそ》み、毘舎闍鬼《びしゃじゃき》もまたその中に住んでいた。
福徳が薄い故に、火が迫って来ると、互いに傷つけ合い、血を飲み肉を食した。
野干《こぎつね》の仲間がみな先に死んでしまうと、諸々の大きな悪獣が競うようにやって来てそれを食らい、悪臭を放つ煙が漂《ただよ》い、四面に満ちわたった。[128]

火は既にすぐ近くまでものすごい勢いで逼迫《ひっぱく》している。悪獣と毒虫が潜み、毘舎闍鬼がこっそりと隠れているというのは、身体が壊れた後も三毒は滅《めつ》することがなく、どこまでも阿頼耶識《あらやしき》の生死《しょうじ》の窟《くつ》に蔵されることを譬えている。「毘舎闍鬼」は即ち悩まし害する鬼であるから、いわゆる人を諸々に悩ますものであって、煩悩の根本を譬えている。また「その中に住んでいた」は蔵識（阿頼耶識）に潜伏して、なくならないこと［不亡］である。「福徳が薄い故に、火が迫って来る」は、「生きて福を修することなく、死して苦処に行く」と言われていることである。また、穴の中で「互いに傷つけ合い」は、薄暗い所で業と識が相起り、相互に恨み敵対することを譬えている。「野干《こぎつね》の仲間」は四倒（四顛倒）を譬え、それが「先に死んでしまう」と言うのは、三毒は根本であり、実の業がなくなることはないが、四倒は支末であり、【「支」は枝である。】幻のように起滅《きめつ》するものだからである。幻のように滅すれば、また四相《しそう》（生・住・異・滅）も呑《の》まれるところとなるから、そのことを「諸々の大きな悪獣が競うようにやって来てそれを食らい」と言っている。「悪臭を放つ煙が漂い、四面に満ちわたった」は死の業が交々《こもごも》に苦しめる、差し迫った相である。

K三、生死相続［129］

蜈蚣《むかで》・蚰蜒《げじげじ》と毒蛇の類が火に焙《あぶ》られ、争い逃げて穴から出ようとすると、鳩槃荼鬼は後を追って捕まえては食べた。

即ち前節で毒虫が隠れている穴の中に火が迫ったから、ここで争って穴から出ようとすると、却って鳩槃荼鬼に食べられてしまうことを言っているのであり、三毒が識に従って次々に起り、死の報を受け、また様々の趣《しゅ》に生まれ、その命《みょう》はわずかの間も続かないで、また無常によって殺されることを譬えている。それ故に「後を追って捕まえては食べた」と言っている。苦が逼迫《ひっぱく》することで死に、同じように苦が逼迫することで生まれ、わずかの間も経たないうちにまた殺されるという苦に遭うことになる。六趣の生死《しょうじ》は皆このようであり、なんとも悲しいことである。ところで、生死というものは識を種とするものであるけれど、〔130〕ここでそれを三毒によるものであると言っているのは、生死という苦の逼迫はみな三毒によってもたらされるものだからである。

K四、輪廻根本

また多くの餓鬼は、頭の上で火が燃え、飢え渇き熱悩《ねつのう》し、あわて悶《もだ》えて逃げ回った。〔131〕

『円覚経』に「衆生は無始の昔からみな淫欲に因って性《しょう》と命《みょう》を受けるから、輪廻は愛を根本とし、愛欲が因となり愛命が果となることを、必ず知らなければならない。また、欲境に惑を起すことにより、業をつくることになるから、このことによってまた地獄と餓鬼に生まれることになるのである」とある。ここで「餓鬼」を挙げているのは愛欲の果を示すものであり、「頭の上で火が然え」は愛欲の因を示すものであり、欲心（愛欲）は盛んなものであり、五欲の首となるから、「頭の上で火が然え」と譬えている。「飢え渇き熱悩し、あわて悶えて逃げ回った」は欲業が逼迫して悩ますことと同時に、愛命を追い、諸々の趣に輪転《りんてん》することが限りなく続くことを譬えている。

K五、総結前譬

その家〔宅〕はこのように甚だ恐ろしく、毒害や火災など危難が多く、一つではなかった。〔132〕

生死が循環し多くの苦が切迫することは、真実に火宅の恐るべき様子と同じである。世俗の者は、顚倒した心で自ら迷い、徒《いたず》らに欲と愛に惑い、業因と苦果が皆このようにして起きることを知ることができないで、その中に溺れ、大夢の中にいるかのようにぼんやりしている。それ故に我らの大覚《だいかく》は一身の苦の器となって、初めに三毒と六識という苦の相を明らかにし、次に無常と三悪という苦の難を明らかにし、最後に業と識と輪廻《りんね》という苦の本《ほん》を明らかにして、このことを教え示し、楽により苦を知り、果を恐れることでその因を絶《た》つようになさったのである。即ちそれは生死《しょうじ》の迅速《じんそく》な輪廻《りんね》を止まらせ、火宅の難から出させて、畏れのない処に到達させることであり、このことは実に導師《どうし》・慈父《じふ》の究極の徳である。

J六、頌長者悲救〔134〕

この時、家〔宅〕の主人は門の外に立っていたが、或る人が『そなたの子たちは、初めに遊び戯れていたことにより、この家〔宅〕に来て入ったが、幼くて知ることがないから、歓んで楽著《ぎょうじゃく》している』と言うのを聞いた。

長者はその言葉を聞くと、驚いて火宅に入り、『方宜《ほうぎ》によって救済《くさい》し、焼けて死なせないようにしなければならない』と考え、子たちに告げ、様々の患難《げんなん》について説いた、

『悪鬼《あっき》と毒虫と災いの火は蔓延《まんえん》し、多くの苦は次々に続いて、なくなることがない。

毒蛇・蚖《とかげ》・蝮《まむし》、及び多くの夜叉《やしゃ》と鳩槃荼鬼《くばんだき》と野干《こぎつね》・狐《きつね》・狗《いぬ》と雕《くまたか》・鷲《わし》・鵄《とび》・梟《ふくろう》と百足《おさむし》の仲間が飢《う》え渇《かわ》きいらだちあわて、甚だ恐ろしいことである。

このような苦に対処することだけでも困難であるのに、況《ま》してまた大火まで起きている』と。

「門の外に立っていた」は如来がその時は三界という火宅から離れていたことを譬え、「驚いて火宅に入り」は大悲願力で生《しょう》を受けて出現したことを譬えている。「方宜《ほうぎ》」は方便と同じ意味である。

J七、頌諸子痴迷〔135〕

子たちは無知であるので、父の教えを聞いても、それまでと同じように楽著《ぎょうじゃく》し、戯《たわむ》れることを止めなかった。

J八、頌長者方便

この時長者はこの念〔136〕を懐いた、

『子たちはこのようであり、私の心配を増《ふ》やす。

今、この家には一つとして楽しめるものはないのに、子たちは遊びに心を奪われ〔耽湎《たんめん》〕、私の教えを受け入れようとしないから、このままでは火に焼かれてしまうだろう』と。

このように考えると、すぐに様々の方便を設《もう》け、子たちに告げた、

『私には種々の珍玩《ちんがん》の具である妙宝の好《よ》い車がある。

羊車《ようしゃ》と鹿車《ろくしゃ》と大きな牛の車であり、今門の外にあるから、お前たちは出なさい。

私がお前たちの為にこの車を作った〔造作〕のであるから、心が喜ぶところに従って、遊び戯れていいのだ』と。

幼い子を救う為に三車を巧妙に造ることは、小智の者を済度する為に、権《ごん》により三乗を説くことを譬えている。権であり実でないから「造作《ぞうさ》」と言っている。「湎《めん》」は溺《おぼ》れ迷うことである。

J九、頌諸子出宅

子たちは父がこのような諸々の車について説くのを聞くと、即時に競って走り、急いで出て、空地《くうち》まで行き、多くの苦難から離れることになった。

二乗が小法を喜び、「空」において速く証することを譬えている。〔137〕

長者は子が火宅から出て、四つ辻に留まるのを見ると、師子座に坐り、自ら慶賀して言った、

『私は今非常に嬉しい。

この子たちを生み育てることは甚だ困難である。

この子たちは愚かで小さく無知であったから、危険な家［宅］**に入ってしまった。**

様々な毒虫は多く、魑魅《ちみ》は恐るべきであり、大火の猛炎は四面のすべてに起っているのに、この子たちは貪《むさぼ》り喜び戯れていた。［138］

私は既に子たちを救い、難から逃れさせることができた。

こういう訳で、人々よ、私は今非常に嬉しい』と。


「四つ辻に留まる」は子が既に離を逃れたことを言っている。「師子座に坐り」は父に心配事がなくなったことを表し、それは世間の人々が「若しも子の病が良くなれば、父母もまた良くなる」と言っていることである。「生み育てることは甚だ困難である」は人身《にんじん》を得ることが難しいことを譬えている。子たちが愚かで迷う者であったから、また失うことになるのではないかと心配し、それで父は切に救おうとしたのである。


その時、子たちは父が安らかに坐っているのを知り、皆で父の所に行き、父に向かって言った、

『お願いですから、私たちに三種の宝車をください。

先にお許しになった通りになさってください。

私たちが出たら、必ず三車によって、私たちが欲するようにしてあげようとおっしゃいました。

今、正にその時でありますから、ただ与えてください』と。［139］

J十、頌長者賜車［140］

子たちが車を求めたことを頌している。

長者は大いに富み、庫蔵《こぞう》が多くあったから、金《こん》・銀《ごん》・瑠璃《るり》・硨磲《しゃこ》・瑪瑙《めのう》など多くの宝物で多くの大車を造り、厳粛に飾った。

欄楯《らんじゅん》を回らし、四面には金の縄に結び付けた鈴を懸け、真珠の網をその上に広げ、金の華《はな》の瓔珞《ようらく》を処々に垂らし、多くの彩《いろどり》の雑多な飾りで周りを囲み、柔らかな錦《にしき》と綿《わた》で褥《しとね》を造り、千億もの価値がある、最上で微妙《みみょう》で細かく白く清潔な氈《じょう》【氈花で織った布である。】でその上を覆った。よく肥《こ》え、たくましく力の強い大きな白牛《びゃくご》が、美しい姿でその宝車を引き、大勢の儐従《ひんじゅう》たちが侍衛《じえい》していた。【前に立つ者が「儐」であり、後ろに従う者が「従」である。】

このような素晴らしい車を、等しく子たちに与えたのであった。

富んだ蔵に収めた多くの宝で多くの大車を造ったというのは、無量〔141〕の知見で一乗を述べ広げることを譬えている。しかしながら、たとえ一乗であっても、まだ造るということを離れたものではない。既に一であると言っているけれど、妙法はまた一でもないものであることを必ず知らなければならない。「厳粛に飾った」以下は一乗の果法が万徳《まんどく》を円備するものであることを譬えている。ただ大根だけがこれに乗ることができ、正道を補助し、方便によって衆生に利益をもたらすことは、すべて前に解説した通りである。

子たちはこの時歓喜し踊躍《ゆやく》して、この宝車に乗って四方に遊び、戯れて快く楽しんだが、自在で妨げるものがなかった。

一乗の妙用《みょうゆう》を得ると、一隅に滞《とどこお》ることがなくなるから、「四方に遊び」と言い、諸法に縛られないから、「戯れて快く楽しんだ」と言っている。戯れる者には、物《もつ》に関して意図がなく、また必ずこうでなければならないということもなく、調和〔142〕すれば応じ、出遭えば会して、束縛された執著の心がいささかもない。道人《どうにん》は一切の法において戯れるようであり、「自在で妨げるものがない」境地に到達している。

Ｉ二、頌法合10　Ｊ一、合譬本

舎利弗に告げよう。

余もこの長者と同じようであり、多くの聖人《しょうにん》の中の尊《そん》であり、世間の父である。

Ｊ二、合宅弊人衆

一切の衆生はみな余の子であるが、彼らは世間の楽に深く執著して慧心《えしん》がない。

三界は安らかでなく、火宅と同じようであり、

Ｊ三、合怖畏相

衆苦《しゅく》が充満し、甚だ〔143〕恐るべきである。

Ｊ四、合怖畏難

常に生老病死の憂患《うげん》があり、

Ｊ五、合火逼輪転

このような火は盛んに燃えて、消えることがない。

Ｊ六、合長者悲救

如来は既に三界の火宅を離れて、寂然《じゃくねん》として閑居《げんご》し、林野に安らかに留まっている。

今、この三界はすべて余が有するものであり、その中の衆生は悉く余の子である。

今、この処には様々の患難《げんなん》が多いのに、唯《ただ》余一人だけが能く救護《くご》することができるのである。〔144〕

Ｊ七、合諸子痴迷

しかしまた、余が教え告げても、信受する者はいない。諸々の欲染《よくぜん》に貪著《とんじゃく》することが深いからである。

Ｊ八、合長者方便

このことにより、方便で諸々の衆生の為に三乗を説いて、三界の苦を分からせ、出世間《しゅっせけん》の道を開示《かいじ》し、演《の》べ説《と》くのである。

「出世間の道」は暫くの間三界の苦から抜け出させるものであり、まだ仏の知見を開いて与えるものではない。

Ｊ九、合諸子出宅〔145〕

この子たちが、若しも心に決定《けつじょう》を得るならば、三明《さんみょう》と六神通《ろくじんずう》を具足し、縁覚《えんがく》と不退《ふたい》の菩薩となることができるだろう。

ここは三乗に因り世間を出ることができた人のことを言っている。ここでの「不退」は地前《じぜん》の菩薩を指すから、縁覚と不退の菩薩はどちらも権果である。「三明」は過去の宿命と現在の天眼《てんげん》と未来の漏尽であり、この三つは三際《さんざい》（三世）の愚かさを除くものであるから「明《みょう》」という。即ち六通《ろくつう》の中の三である。「六通（六神通）」はこの三に天耳《てんに》と他心《たしん》と神境《じんきょう》を加えたものである。【「神境」は種々の神変《じんぺん》を起すことを言うものである。】

Ｊ十、合長者賜車〔146〕

そなた舎利弗よ、余は衆生の為にこの譬喩《ひゆ》によって一仏乗を説いているのである。

そなたたちが若しも能くこの言葉を信受すれば、一切の者はみな必ず仏道を成就するだろう。

権果の者を決定《けつじょう》させる為に、仏は一乗を説いて進ませるのである。

この乗は微妙《みみょう》であり、清浄第一であるから、すべての世間《せけん》においてその上がないものであり、

仏が悦ぶところであり、

仏は一乗の徳を称えているのであり、それは仏の心にぴったりと合うものであるから「仏が悦ぶところであり」と言っている。[147]

一切の衆生が称讃し供養し礼拝《らいはい》しなければならないものである。

無量億千の諸々の力《りき》と解脱《げだつ》と禅定《ぜんじょう》と智慧《ちえ》、及び仏のその他の法がそこにはある。

このような乗を得れば、子たちは日夜に、劫数《こうしゅ》の間、常に遊戯《ゆげ》することができるだろう。

諸々の菩薩と声聞衆がこの宝乗に乗れば、直《ただ》ちに道場に至るだろう。

「一切の衆生が称讃し供養[148]し礼拝しなければならないものである」は衆生に一乗を尊敬するよう勧め、「無量億千」から「仏のその他の法がそこにはある」までは一乗にはすべてが具わることを指摘している。「諸々の力と解脱」は即ち十力と諸々の解脱である。「このような乗を得れば」から「直ちに道場に至るだろう」までは一乗の利益を示し、この乗を得た者は智慧の太陽〔慧日〕を得て、生死の夜を照らし、短い時間と劫のような長い時間が同じものとなり、情で数える数量を超越し、一切法において優遊自在《ゆうゆうじざい》となるから、【「優遊」は自在である様子である。】「日夜に、劫数《こうしゅ》の間、常に遊戯することができるだろう」と言っている。「直ちに道場に至るだろう」は直ちに道樹の下に坐り、正覚《しょうがく》を成就することを言っている。

このような因縁であるから、十方にいくら探し求めても、更に他の乗はない。

仏の方便は除く。

一乗を結び顕している。

I三、牒明3　J一、牒喩警衆〔149〕

舎利弗に告げる。

そなたたちすべての人は誰も余の子であり、余こそが父である。

そなたたちが多くの劫にわたってあまたの苦に焼かれているから、余は皆を救い出し、三界《さんがい》から抜け出るようにするのである。

J二、牒明権実

余はそなたたちが滅度したと先に説いたけれども、それはただ生死をなくすだけのものであり、真実の滅ではない。

今、求めなければならないものは、ただ仏の智慧だけである。

若しも菩薩で、この衆の中で一心に諸仏の実法を聴くことができる者がいるなら、諸々の仏・世尊は方便を用いるけれども、教化される衆生はみな菩薩であることを知るだろう。〔150〕

「余はそなたたちが」から「真実の滅ではない」までは、昔の権をまとめ、「今、求めなければならないものは、ただ仏の智慧だけである」は今の実を明らかにしている。「真実の滅ではない」は真の証でないことを言っている。「若しも菩薩で」から下は、大きな心でこの実法を聴くことができるなら、諸仏は三乗を説くけれども、すべては菩薩を教化《きょうけ》する為であることが分かるだろうと言っている。

J三、牒明四諦〔151〕

若しも人が智慧が少なく愛欲に深く執著するなら、これらの人の為に苦諦《くたい》を説くのである。

衆生は心で喜び、未曾有なことを得るだろう。

仏の説く苦諦は真実であり、間違いがない。

若しも衆生が苦の本を知ることができず、苦の因に深く執著して、暫くの間も捨てることができなければ、これらの人の為に方便により説いて引導する〔説道〕**のである。**

諸々の苦の因となるものは貪欲《とんよく》が本となるから、『若しも貪欲を滅《めっ》すれば、依《よ》って止《とど》まる所がなくなるだろう』と説き、諸々の苦を滅尽させることの名が第三の諦である。

滅諦《めったい》の為に、道《どう》を修《しゅ》し行じるように説くのである。

諸々の苦の束縛から離れることの名が解脱を得るである。[152]

四諦《したい》を説く意味をまとめて明らかにしている。四諦の初まりは、小智の者が愛欲を治めることができるように、苦諦を説いて厭離《えんり》することを分からせるものである。「苦」は即ち生老病死であり、それは愛欲に由《よ》って起きるのである。二は、衆生は苦の因に深く執著するから、集諦《じったい》を説いてその執著を克服し、断じることを分からせるものである。「集《じゅう》」は即ち煩悩の惑業《わくごう》であり、苦の因となり、そこに衆生は深く執著するから、方便により集諦を説いて、引導し捨て離れることを分からせるのである。道の音《おん》は導[153]である（偈文中の「説道」の「道」は引導の意であるという指摘である。）。三は、苦の本を滅し、それが拠って立つところをなくさせる為に滅諦《めったい》を説き、貪欲《とんよく》や生死などの諸々の苦を滅尽させるものである。「滅」は即ち小乗の涅槃である。四は、滅を証することを求めさせる為に道諦《どうたい》を説き、進んで修することを分からせるものである。「道」は略せば即ち戒・定・慧であり、広げれば即ち三十七品《さんじゅうしちほん》の覚観法《かくかんほう》であり、

【「三十七品の覚観法（三十七道品）」は四念処《しねんじょ》と四正勤《しょうごん》と四如意足《にょいそく》（四神足）と五根《ごこん》と五力《ごりき》と七覚支《しちかくし》と八正道《はっしょうどう》である。「四正勤」は四種のひたすら正しく修することであり、まだ生じていない悪を生じないようにすること・既に生じている悪をなくすこと・まだ生じていない善を生じるようにすること・既に生じている善をより長く留まるようにすることである。「四如意足」は、一は欲如意足であり、意欲を主として定を得、行を断じ、成就することである。二は精進如意足であり、精進を主として定を得、行を断じ、成就することである。三は心如意足であり、心を主として定を得、行を断じ、成就することである。四は思惟《しゆい》如意足であり、思惟を主として定を得、行を断じ、成就することである。これらを通じて如意足と言うのは、四念処の中の実である智慧と四正勤の中の正精進で智慧と精進が増したことで、定力《じょうりき》がわずかに弱まるが、四如意の中で四種の定を得て心を整えると、智と定の力が同じになり、願いがすべて適《かな》うことになるから、名が如意足である。智と定が同じになれば、結事（煩悩）をなくすことができるから、行を断じ、すべてを成就するのである。】苦を離れ束縛を脱[154]する道である。四法をすべて諦と言うのは、その意味が諦実《たいじつ》であり、理にかない間違いがないからである。それ故に、『遺教経《ゆいぎょうきょう》』には「太陽を冷たくすることができ、月を熱くすることができたとしても、仏が説いた四諦を変えることはできない」とある。

この人はどのような解脱を得ることになるのか。

ただ虚妄《こもう》を離れることを名付けて解脱としただけであり、その実はまだ一切の解脱を得られたのではないから、仏は『この人は真実にはまだ滅度していない者である』と説くのである。

この人は無上の道をまだ得ることができないから、余の心ではそのような滅度に至らせようとは思わない。[155]

前節で述べられている解脱が真のものでないことをまとめている。「虚妄を離れることを名付けて解脱とする」のは即ち有を厭《いと》い空に執著する人であり、「一切の解脱を得る」のは即ち有を厭うことも空に執著することもない人である。前者にはなお厭うことも執著することもあるから、「この人は真実にはまだ滅度していない者である」と説かれている。厭うことも執著することもあるのは無上道ではないから、仏はそのような解脱を証させようとはお思いにならないのである。

Ｉ四、結告

余は法王であり、法に自在であるから、衆生を安らかにしようとして世間に現われたのである。そなた舎利弗よ、余のこの法印《ほういん》は、世間に利益《りやく》を与えようとする為に説くものである。[156]

大衆《だいしゅ》に対して結んで告げ、仏が出現《しゅつげん》して説法をする意味を分からせ、安らかな利益を求めるようになさっている。「法印」は即ちいわゆる実相印である。

Ｉ五、択機宣伝３　Ｊ一、大機

留まる所や遊行《ゆぎょう》する方面において、妄《みだ》りに宣《の》べ伝えてはいけない。

若しも聞く者が随喜《ずいき》し頂受《ちょうじゅ》するならば、この人は阿鞞跋致《あびばっち》であることを必ず知らなければならない。

「妄《みだ》りに宣べ伝え[宣伝]てはいけない」と言うのは小智の者には堪えることができないからであり、「随喜し頂受する」ことができれば、この者は必ず大菩薩であると言っている。「阿鞞跋致」はこの地の言葉で不退であり、地上の菩薩を指す。

Ｊ二、信機[157]

若しもこの経法を信受する者がいるならば、この人は既に過去の仏を見た人であり、恭敬《くぎょう》し供養し、またこの法を聞くだろう。

仏を供養するのは過去の福が厚いことを述べ、「この法を聞くだろう」は過去の因が深いことを述べている。そうであるから、この法を信じることができるのである。

若しも能くそなたの説くところを信じる者がいるならば、余を見ることになり、またそなた及び比丘僧《びくそう》と諸々の菩薩を併せて見ることになる。

この法華経は深い智のある者の為に説くものである。浅い識の者が聞いても、迷って解《さと》ることができないだろう。一切の声聞と辟支仏は、この経の中では力が及ばないだろう。[158]

「余」と「そなた及び比丘僧と諸々の菩薩」は霊鷲山《りょうじゅせん》の法衆《ほうしゅ》を指すから、留まる所で宣べ伝える時に、舎利弗が説くところを信じることができる者は、即ち霊鷲山の法会《ほうえ》が常にあることを明らかに見ることになると言っている。若しも「深い智のある者」が現量《げんりょう》によってこれを証すれば、触れる事の一つ一つが真となるけれども、「浅い識の者」は情見《じょうけん》によって分別するから、「迷って解ることができない」のである。

そなた舎利弗でもなおこの経においては、信によることで入ることができるのであるから、況《ま》してその他の声聞は尚更《なおさら》である。その他の声聞も仏の言葉を信じることによってこの経に随順《ずいじゅん》することができるのであり、自己の智分《ちぶん》によるのではない。[159]

声聞には力が及ばないものであっても、信によることで入ることをお許〔160〕しなさっているのであるから、たとえ随順することができたとしても、それは自己の智分が可能にしたのではなく、すべて信力《しんりき》によってそのようになったのであると言っている。それ故に必ず信機を選んで、宣べ伝えなければならないのである。前の記述に「この法は示すことができない。言辞《ごんじ》の相が寂滅しているからである」（方便品・J二、頌歎法実相）とあり、そこで仏はひとり信力が堅固な者だけが解《さと》ることができると認許しているが、ここでもまた舎利弗などに信により入ることができ、信によって随順することができると認許なさっている。一体、何を信と云うのだろうか。伝に【「伝」は賢人の文章である。】「黙って信じる者は天である」とあり、また「己の身体となったことが信である」とある。今、言辞の相が寂滅している法を解《さと》りたいと思うならば、必ず言葉によらない信によって己の身体で信じるという方法があるだけである。即ち『華厳経』の五位の初めの十信がこのことであり、彼の自性《じしょう》の不動の智によって信の体を立て、自分の心が仏と異なるものでないことを信じることである。このように信じることによって、智と仏は不動であり、万法は遷《うつ》らず、因果は移らず、聖《しょう》と凡《ぼん》は不二《ふに》であることを覚《さと》ると、心と境が一体となり、実相と一致し、一切のものが互いに応じることになるから、これがいわゆる不言《ふごん》の信である。この信を発することができるようになれば、無明と業と識をすべて翻《ひるがえ》し、見聞覚知《けんもんかくち》が一切種智となり、則ちこの経で言う「信によって入り、信によって随順する」とはこのようなことを言っている。

J三、非機３　K一、非機人〔161〕

また舎利弗よ、他人を軽蔑したり、怠けたり、我見《がけん》を懐いたりする者に、この経を説いてはならない。

凡夫《ぼんぷ》の浅い識は五欲に深く執著するものであり、聞いても能く理解することができないから、またそのような者の為に説いてはならない。

「他人を軽蔑したり、怠けたり、我見を懐いたりする者」は即ち外道《げどう》の信がない者であり、「五欲に深く執著する浅い識の凡夫」は即ち信がない凡夫であるから、みな除外される。

K二、非機業

若しも人が信じないで、この経を誹謗《ひぼう》するならば、一切世間の仏種《ぶっしゅ》を断じることになるだろう。この人はまた、顔をしかめ、疑惑を懐くだろう。〔162〕

この経が表すものは即ち人一人ひとりが持つ妙性であり、それを「仏種（仏性）」と言う。この経を信じないで誹謗すれば、仏種が断じられてなくなり、業種《ごうしゅ》が増々盛んになるから、そのような者に説いてはならないと言っている。信じるようになった後に説かなければならないのであり、信じていなければ自らの身体を痛めることになるから「顔をしかめる」のであり、また信じていなければ自らの心を責めることになるから「疑惑を懐く」のである。

K三、非機報2

心は万形《まんぎょう》の模範《もはん》であり、業は一心の影響《ようこう》であり、三世《さんぜ》の善悪《ぜんあく》はひとえにただ心が造るものである。器《うつわ》が模（型）から出て、同じような形でないものがないように、また影が形に従い、その形から離れることがないように、経を誹謗する罪報《ざいほう》は各々類型に従うことになるから、以下にそれらが列挙される。

L初、総標〔163〕

そなたは必ず、余がこの人の罪報について説くのを聴かなければいけない。

或いは仏が世間にいる時であっても、或いは滅度した後であっても、このように経典を誹謗《ひぼう》する者がいたとして、経を読み誦し書き持する者を見て、軽んじ賤《いや》しめ憎み嫉《ねた》んで、怒りの思いを懐くならば、この人が受ける罪報について、そなたは今から、同じように聴きなさい。

その人は命終《みょうじゅう》して阿鼻地獄《あびじごく》に入り、一劫《こう》を満たし、劫が過ぎれば再び生まれ、このように展転《てんでん》して無数劫《むしゅこう》に至るだろう。

L二、別釈4　M一、地獄報

ここは仏種を断じることにより受ける報である。自らの仏種を断じる故に暗い趣《しゅ》に永く沈むことになる。「劫が過ぎれば再び生まれ」は一劫の命《みょう》が終った後、また地獄に生まれることを言っている。地獄の報の劫数《こうしゅ》がこのように長いことは、性《しょう》を失い業に従うことが石を水に投げるようなものであり、沈むことは容易であるが浮かぶことは困難であることが歴然としていることを言っている。[164]

M二、畜生報

地獄から出ると必ず畜生に堕《お》ちて、若しも犬か野干《こぎつね》となれば、その姿は禿《は》げて［頽］**痩《や》せ、色が黒く**［黧黮］**、疥癬《かいせん》や癩《かったい》に罹《かか》り、人々に弄《もてあそ》ばれる**［嬈］**ところとなるだろう。**

または人々に憎まれ蔑《さげす》まれるところとなって、常に飢《う》えと渇《かわ》きに苦しみ、骨と肉は痩《や》せ乾き、生きている時には苦痛を受け、死んだ後には瓦《かわら》や石を投げられるだろう。

仏種を断じたことにより、この罪報を受けるのである。

「犬」はその場逃れで正しい者を害するものであり、「野干」は疑［165］い深く信じることがないものであるからである。これは誹謗し疑惑を懐いたことで受ける報である。また疥癬《かいせん》や癩病に罹《かか》り、人々に弄《もてあそ》ばれるような目に会うことから、ひどく鞭《べん》や扑《べん》や【「鞭」は革のむちであり、「扑」は木のむちである。】瓦や石で打たれるに至るまでのことは、軽《かろ》んじ賤しめ憎み嫉んだことで受ける報である。「頌」の音は屈であり、禿《は》げることである。「黧黮《れいたん》」は黒っぽい雑色である。「嬈《じょう》」は弄《もてあそ》ばれることである。

若しも駱駝《らくだ》になるか、或いは驢馬《ろば》の中に生まれることになれば、その身体は常に重いものを負い、鞭を加えられ、ただ水と草だけを念じ、その他のことについては知ることもない。

この経を誹謗したことによって、このような罪を受けるのである。

野干《こぎつね》となれば、聚落《じゅらく》に来て、その中に入ると、身体は疥癬や癩を患《わずら》うことになり、その上一つの目が見えなくなってしまい、大勢の童子に打たれ、数々の苦痛を受けて、場合によっては死ぬことになってしまう。

ここで死に、その後蟒《おろち》の身体を受けることになり、その形は長く大きく五百由旬であり、耳が聞こえず[聾]**、愚かで**[騃]**、足がなく、くねくねと腹で進み、多数の**[166]**小さな虫に吸い付かれ、昼も夜も苦を受け、休むこともできないだろう。**

この経を誹謗したことによって、このような罪を受けることになるのである。

正しい乗を間違えていると言って謗《そし》ったことにより駱駝や驢馬となり、荷を負う報を招き、疑いの心で偏《かたよ》って見たことにより目が一つしかない野干《こぎつね》の報を招くことになるのである。「聚落に来て、その中に入る」は即ち業力《ごうりき》がそのようにさせるのであるから、自ら打たれることを求めたことになる。「蟒《ぼう》」は大蛇であり、性として怒りが多いものであるから、憎み嫉み怒ったことによる報である。「聾《ろう》」は聞くことができないことであり、「騃《がい》」は識ることができないことであり、また信じなかったことによる報である。

M三、人間報〔167〕

若しも人となることができても、諸根は暗く鈍く、背は低く、汚れ、手は震え、足は引きずり、目は見えず、耳は聞こえず、背中は丸まっている。

言葉で訴えても、人々は信受してくれないし、口からは常に悪臭を発し、鬼魅《おにがみ》に取りつかれ、貧しく、賤《いや》しく、人に使われるところとなり、病は多く、痩せて、頼るところがない。

たとえ他人に親しみを懐いても、その人は意に介さないだろう。

若しも親しくなったとしても、すぐにまた忘れられてしまうだろう。

若しも医道を修め、処方に従い病を治しても、また別の病に罹るか、さもなければ死んでしまうだろう。

若しも自身に病があっても、救療《くりょう》してくれる人もなく、たとえ良い薬を服用しても、却《かえ》って悪化するだろう。

或いは他人が反逆し、【「逆」はさからうことである。】**抄劫《しょうこう》や竊盗《せっとう》**【「抄劫」はかすめとることであり、「竊盗」は盗むことである。】**などの罪により、身に覚えのない殃《わざわい》を受けるだろう。**【「殃《おう》」は災いである。】

智慧が明らかである人を蔑《さげす》んだ〔168〕ことにより六根が「暗く鈍く」なり、正法身を壊すことになって、「背は低く、汚れ、手は震え、足は引きずる」ことになるのである。「言葉で訴えても」以下は、即ち誹謗の口業《くごう》の報である。「たとえ他人に親しみを懐いても」から「身に覚えのない殃《わざわい》を受けるだろう」までは、正理《しょうり》に従わなかった為に報がみな意にそぐわないことになることである。ここまでは業報《ごうほう》を明らかにし、ここから先は難報を明らかにしている。

このような罪人は永く仏を見ることができないだろう。

衆聖《しゅしょう》の王が説法し教化しても、このような罪人は常に難処《なんしょ》に生まれ、狂い、耳が聞こえず、心は乱れ、永く法を聞くことができないだろう。

恒河沙《ごうがしゃ》のように無数《むしゅ》の劫《こう》の間、生まれても即ち耳が聞こえず、口もきけないというように、諸根が具わらないだろう。

「仏を見ることができない」と「法を聞くことができない」は、どちらも難報である。[169]

常に地獄に留まっても、園観《おんかん》に遊ぶように感じ、【「園」は庭園であり、「観」は楼観《ろうかん》である。楼に登って遠くを眺めるから「楼観」という。】**その他の悪道《あくどう》に留まっても、自分の家**［舎宅］**にいるように感じるだろう。**

駱駝《らくだ》・驢馬《ろば》・猪《いのしし》・犬などは、このような者が行くところである。

この経を謗《そし》ることで受ける罪はこのようなものである。

「園観」と「舎宅」は留まって遊ぶ処であり、少しの間もそこから離れたくないと思うことを譬えている。

ここは常に難処に生まれることについて言っている。

若しも人となることができても、耳は聞こえず、目は見えず、言葉は話せず、貧しさから来る諸々の衰弱を自らの荘厳《しょうごん》とし、水腫《みずぶくれ》・乾痟《しょうかち》【「水腫《すいしゅ》」ははれものであり、「乾痟」は痩せて喉が渇く病（糖尿病）である。】**・疥《ひぜん》・癩《かったい》・癰疽《はれもの》**【「癰疽《ようそ》」は大きな出来物である。】**などのような病を衣服《えぶく》とし、その身体は常に悪臭の漂う処に留まり、垢で汚れ、清潔でない。**

深く我見に執著し、瞋恚《しんに》をつのらせ、淫欲が盛んで禽獣《きんじゅう》でもよしとする。この経を謗《そし》ったことで受ける〔170〕**罪はこのようなものである。**

「病を衣服とし」は諸々の衰弱から抜け出すことが困難であることを言っている。「その身体は常に清潔でなく、淫欲が盛んで禽獣でもよしとする」は、清浄な業を捨てて悪い習癖《しゅうへき》を増長させたことによるものである。

M四、通結2

舎利弗に告げよう。この経を謗《そし》る者について、若しもその罪を説くとなると、劫を窮《きわ》めてもすべてを説き尽すことはできないだろう。この因縁により、余はそなたに『知恵のない人の中で、この経を説いてはならない』と語ったのである。

N初、正機〔172〕

若しも利根で智慧が明了《みょうりょう》であり、多聞《たもん》で強く識《し》り、仏道を求める者がいるならば、このような人の為ならば説いてもよろしい。若しも人が過去に億百千の仏を見、諸々の善本《ぜんぽん》を植え、深心《じんしん》が堅固《けんご》であるならば、このような人の為ならば説いてもよろしい。若しも人が精進し、常に慈心を修し、身命《しんみょう》を惜《お》しむことがなければ、このような人の為ならば説いてもよろしい。

若しも人が恭敬《くぎょう》し、異心《ことごころ》がなく、諸々の凡愚《ぼんぐ》から離れて、独りで山や沢に留まっているならば、【「沢」は池である。】このような人の為ならば説いてもよろしい。

また舎利弗よ、若しも人が悪い友を捨て、善い友に親近《しんごん》するのを見たならば、このような人の為ならば説いてもよろしい。

若しも仏子《ぶっし》が戒を清潔に持し、清浄な明珠《みょうしゅ》のようであり、大乗経を求めるのを見たならば、このような人の為ならば説いてもよろしい。

若しも人が瞋心《しんじん》がなく、質直《しつじき》で柔軟《にゅうなん》であり、常に一切の衆生を憐れみ、諸仏を恭敬《くぎょう》するならば、このような人の為ならば説いてもよろしい。

また仏子が大衆の中において、清浄《しょうじょう》な心で、種々の因縁と譬喩と言辞《ごんじ》を用い、妨げられることなく説法するならば、このような人の為ならば説いてもよろしい。

若しも比丘が一切智の為に四方に法を求め、合掌し頂受《ちょうじゅ》し、ただ大乗経典だけを受持《じゅじ》することを喜び、その他の経の一偈でも受けようとしな[173]いならば、このような人の為ならば説いてもよろしい。

人々が至心に仏の舎利を求めるように、このような心でこの経を求め、それを得ると頂受し、更に他の経を心で求めようとしないだけでなく、これまでに外道《げどう》の典籍《てんしゃく》を念じたことがないならば、このような人の為ならば説いてもよろしい。

仏舎利を求めるように一筋にこの経を鑚仰《さんごう》しなければならないと告げている。【「鑚」は穴を開けることである。顔淵《がんえん》は孔子を讃《たた》えて「之《これ》を仰げばいよいよ高く、之を鑚《うが》てばいよいよ堅し」（『論語』子罕《しかん》）と言っている。】

N下、結正機

舎利弗に告げよう。

余はこれらの相により仏道を求める者について説いたけれども、劫が窮《きわ》まるまで説いても、すべてを説き尽すことはできないだろう。

このような人ならば能く信解《しんげ》することができるから、そなたは必ず妙法華経を、このような人の為に説かなければならない。」

上記のような正機《しょうき》と正行《しょうぎょう》の者のすべてを挙げて述べることができないから、仏はわずかに概略を示して、類を選び、正法を伝授するようにおっしゃっている。

［174］Ｇ二、中根領悟

妙法蓮華経 信解品《しんげほん》 第四

「信解《しんげ》」とは喩説を聞いたことを因として、信によって入り、法の要《かなめ》を解《さと》ることである。前の法説一周では舎利弗［175］は譬喩品の初めで領悟《りょうご》し、仏は同じ譬喩品で述成《じゅつじょう》し、記を与えている。喩説一周では四大弟子がこの信解品で領悟することになり、仏はその後の薬草喩品で述成し、授記品で記を与える。ところで大迦葉《だいかしょう》は上首の弟子であるのに、領悟が舎利弗の後になっているのは、この経が権智と実智の二智を融合するものだからである。舎利弗は当機《とうき》であるから最初に領悟するが、諸々の大弟子はみな内に菩薩行を秘《かく》し、外に声聞の姿を現す［内秘外現］から、根が中や下である者はいないし、悟りに先後があることはない。法化《ほうけ》を助揚する為に、順序を設けて述べているだけである。

文５　Ｈ一、聞法喜踊

その時、慧命須菩提《えみょうしゅぼだい》と摩訶迦旃延《まかかせんねん》と摩訶迦葉《まかかしょう》と摩訶目犍連《まかもっけんれん》は、仏か［176］ら未曾有な法を聞き、また世尊が舎利弗に阿耨多羅三藐三菩提《あのくたらさんみゃくさんぼだい》の記を授けたことを聞き、希有《けう》の心を発《おこ》し、歓喜《かんぎ》し踊躍《ゆやく》して、

須菩提は年齢と徳が多くの衆の中で高かった故に長老と称し、或いは具寿《ぐじゅ》ともいい、或いは「慧命《えみょう》」ともいった。【世俗の人々は身体の寿命が長いことを慕い、聖人たちは智恵の寿命（慧命）を宝と考える。歎と願の二が成就しているから、具備している寿命（具寿）という。】戒経に「この人は仏法の中で、能く智慧の命を得ていた」とあるのは、このことを言っている。大迦葉の名を最初に挙げるべきところを、須菩提を最初に挙げているのは、これもまた当機であるからである。須菩提は解空［177］第一であり、声聞はただ偏空《へんくう》を念じるだけで、菩薩法に心を喜ばせないが、ここで声聞たちが空法《くうほう》を捨て実道《じつどう》を証することになるから、空を解する須菩提を表に出しているのである。この後偈を説くところに至ると、そこでは大迦葉が当たることになり、授記される時にもまた大迦葉が先に与えられていて、それが正しい順序である。

H二、叙信解情2　I一、叙昔失

すぐに座から起《た》ち上がり、衣服《えぶく》を整え、右の肩を斜めに肌脱ぎ、右の膝《ひざ》を地に付け、一心に合掌《がっしょう》し、身体を屈して恭敬《くぎょう》し、尊顔《そんげん》を仰ぎ見て、仏に申し上げました、「私たちは僧の首席であり、[178]**みな年を取り、自ら既に涅槃《ねはん》を得たものと考え、それ以上しなければならないことは何もないと考えて、更に阿耨多羅三藐三菩提を進んで求めようとはしませんでした。**

袈裟《けさ》を偏《かたよ》らせて右の肌を現すことは、謙譲して法を尊ぶことを示し、右の膝を謹んで屈することは、節を屈して恭敬する意を示す。肌脱ぎひざまずくことは西域とインドだけの礼節でなく、この国においても『春秋』に【「春秋」は書物の名称である。】鄭伯《ていはく》が肌を現して楚に降《くだ》り臣僕となったことが伝えられ、祈る時には香炉にひざまずき、祭る時には捧げものにひざまずいたことが示されているのは、みな恭敬の意を表すものである。「仏に申し上げました」から下は、小乗を早くに楽しんだが、大道については遅れて聞いたことを述べている。ここはまとめて述べるものであり、以下でそのことについて自ら説明している。[179]

世尊が昔説法を始めてから既に長い年月が過ぎましたのに、私はその間座に坐り続けて身体が疲れ、ただ空《くう》と無相《むそう》と無作《むさ》を念じるだけで、菩薩法と神通《じんずう》に遊び戯《たわむ》れることと仏の国土を浄《きよ》めるこ

とと衆生を成就させることに心を喜ばせることがありませんでした。［180］

「説法を始めてから既に長い年月が過ぎました」は、仏が小教を説いた四十年間を指す。疲れていたから、ただ小乗の空法だけを念じ、そこから進むことを求めなかったのである。「空と無相と無作」は、即ち小乗の三解脱門である。智者（智顗《ちぎ》）は「四諦によって諸法に我と我所がないことを観ることの名が空である。空である故に、万法の一であり異である相は実体として得ることができないことの名が無相である。一切法は無相であり、得ることができないことを知り、三界において願い求めることをせずに、再び三有《さんう》（三界）に生死《しょうじ》の業《ごう》を作らないようにすることの名が無作であり、また の名が無願《むがん》である。このようにして諸々の苦と束縛を離れると、解脱を得ることができる」と言っている。しかしながら、これはまだ小法であり、ひたむきに念じるほどのものではない。「菩薩法」は即ち大乗の法であり、「神通に遊び戯れること」などは即ち大乗の行である。前者はただ小さいことを喜び、空に沈んで寂に向かうだけであるから、大法《だいほう》（大乗の法）と大行《だいぎょう》（大乗の行）に心を喜ばせるものではない。［181］

何故なら、世尊は私たちを三界《さんがい》から出して、涅槃の証《さとり》を得させてくださったからであり、また今日私たちは既に年老いたことによって、仏が菩薩を教化《きょうけ》なさる阿耨多羅三藐三菩提において一念も喜びの心を現そうとしなかったからです。

前節の誤りは、小法に滞《とどこお》る故に起きたものであると解釈している。

Ｉ二、慶今得

私たちは今日仏の前で、声聞に阿耨多羅三藐三菩提の記をお授けになるのを聞き、心が甚だ歓喜し、未曾有なことを得ました。今日になって忽然《こつねん》と希有《けう》の法をお聞きできるようになるとは思っ

てもいませんでしたのに、深く自ら慶幸《きょうこう》し大善利を得ることになりましたのは、求めないのに無量の珍宝を自ら得たようであります。

H三、説喩自慶2　I一、喩昔失4　J一、喩迷[182]淪

世尊よ、私たちは今日譬喩《ひゆ》を楽しんで説き、この意味を明らかにしたいと思います。譬《たと》えるならば、或る人が昔、年が幼稚《ようち》であった時に、父を捨てて逃亡して行き、他国に長い間住み、或いは十年・二十年から五十年に至ったとします。[183]

「幼稚」は愚かで何も知らないことを譬え、「父を捨てて」は本覚《ほんがく》を捨てて背《そむ》くことを譬え、「他国に長い間住み」は五道に落ちて[淪《りん》]留まることを譬える。それ故に「五十年に至ったとします」と言っている。

「或いは十年・二十年」は次々に落ちることを譬えている。

年齢が既に大きくなったというのに、一層窮困《ぐこん》し、四方に走り回って服と飯を求め、次々に遊行《ゆぎょう》して、偶然本国に向かうことになりました。[184]

「年齢が既に大きくなったというのに、一層窮困《ぐこん》し、四方に走り回って服と飯を求め」は、五道で難儀し、四生《ししょう》を変えて自ら命をつなぐことを譬え、「次々に遊行して、本国に向かう」は仏の教えに遇うことに因り、振り返《かえり》省みることができるようになったことを譬えているが、しかしそれはやっと向かうことができるようになったというだけで、まだ到達できてはいない。[186]

その父は以前からずっと子を探し求めていましたが、探すことができないで、一城に中止《ちゅうし》していました。【「中止」は中に留まることである。】**その家は非常に豊かで、財産と宝物は無量であり、金《こん》・銀《ごん》・琉璃《るり》・珊瑚《さんご》・琥珀《こはく》・玻瓈珠《はりしゅ》などが数多くの倉庫にみな一杯に満ち溢れ、下僕《げぼく》も臣佐《しんさ》も吏民《りみん》も**

大勢で、【「佐」は補佐することである。】象・馬・車乗《しゃじょう》と牛・羊を数え切れないほど多く所有していました。交易《こうえき》することで利益《りやく》を生むことが他国にも遍《あまね》く及び、商估《しょうこ》や賈客《こかく》もまた甚《はなは》だ多かったのです。〔187〕

「その父」は覚皇《かくおう》を譬えている。「以前からずっと子を探し求めていましたが、探すことができないで」というのは、昔教化されたのにその後で元のように退堕《たいだ》したことを譬え、「一城に中止していました」は華厳法の菩提道場《ぼだいどうじょう》を譬えている。「その家は非常に豊かで、財産と宝物は無量であり」は仏が道場で得た法が無量の功徳を具えていることを譬え、「倉」には法喜食《ほうきじき》が満ち、「庫」には諸法の財が溢《あふ》れていることを示している。「下僕」は自ら働く者であり、「臣佐《しんさ》」は民を治める者であるから、各々自らを利すること〔自利〕と他を利すること〔利他〕を譬えている。「象・馬・車乗と牛・羊」は五乗を譬えている。仏が衆生を教え授け養うことは、広く大千世界に普《あまね》く及ぶ故に、「交易することで利益を生むことが他国にも遍《あまね》く及び」と言い、このことによって衆生はみな法利を求めるようになるから「商估や賈客もまた甚だ多かったのです」と言い、仏が出興《しゅっこう》して衆生に利沢《りたく》を与えることを譬えている。【「沢」は潤うことであり、恩恵が雨や露のように行きわたることである。】「商」は有る物を移動することによって、そこに無い物を供給することであり、「賈《こ》」は蔵しておいて価格が上がるのを待つことである。「商估」は商人と同じ意味である。〔188〕

その時貧窮《びんぐう》の子は数多くの聚落《じゅらく》に遊び、国や邑《むら》を遍歴して、その父が留まる城にやってきました。

「貧窮の子〔窮子《ぐうじ》〕」は五道で苦しみ、功徳の財がない人を譬えている。「聚落」は荒れてさびれているから小乗の権教を譬え、「国や邑」は栄えて華麗であるから中乗の漸教《ぜんきょう》を譬え、「その父が留まる城」は大乗の正教《しょうぎょう》を譬えている。ここは、昔は迷って沈滞していたが、教えに因って徐々に引かれたことに因り、

いよいよ正道に入ることを意味するものである。〔189〕

父は常に子のことを念じていましたが、子と離別してから五十余年が過ぎているのに、他人に向かってこのようなことを話したことは、まだ少しもありませんでした。ただ自ら思惟《しゆい》し、心で悔《く》やみ、情けなく思うだけで、自ら『年老いて多くの財産を蓄え、金・銀・珍宝が倉庫に満ち溢れても、子がいないのでは、ある日の朝死ぬことにでもなったら、財産を委《ゆだ》ねる所はなく、散失してしまうだろう』と考え、常に我が子のことばかりを一途《いちず》に思い続け、更には『若しも子が戻って、財産を委ねることができるようになれば、私は晴れ晴れと快楽《けらく》となり、再び思い悩むことがなくなるだろう』と考えました。〔190〕

「父は常に子のことを念じていましたが」の文は、仏が二乗の子が五道に沈滞して、長い時間が過ぎているけれど、性《しょう》と習《しゅう》が暗く浅いので、大法を説いても、まだ理解することができないだろうと思うことを譬えている。「ただ自ら思惟し、心で悔やみ、情けなく思うだけで」は、昔の教えが深いものでないことを悔やみ、今も子の機が大きいものになっていないことを情けなく思うことである。「年老いて」以下の父が考えたことは、仏が寿命が続かないことを憂えることを譬えている。

J二、喩楽小〔191〕

世尊よ、その時窮子《ぐうじ》は傭賃《ようちん》をしながら転々としていましたが、折しも父の家に到り、門の傍《かたわ》らに立ちました。

「傭」は人に使われるところとなることであり、「賃」は労力に相当する利を得ることである。「城」はかりそめに入ることを譬えるものであり、「家」は深く入ることを譬えるものであるから、城の中の家に入っていくことは、権乗によって徐々に深く入っていくことを言っている。しかしながら、傭賃をして働いても、わずかに小利を得るだけで、功を己のものとすることができないように、権教によることでは最後まで実を証することができないことが譬えられているのである。「家に到り、門の傍らに立ちました」は、仏道に遇っているのに、正しく入ることができず、なお偏空によって留まっていることが譬えられ、それは小法を喜んでいるからである。

J三、喩怯頓《きょうとん》［194］

遠くからその父を見ると、師子《しし》の床《しょう》に腰掛け、宝几《ほうき》に足を置き、多くの婆羅門と刹利《せつり》と居士《こじ》がみな恭敬《くぎょう》し、周りを取り囲んでいました。また値《あたい》が千万もするような高価な真珠の瓔珞《ようらく》でその身体を荘厳《しょうごん》し、吏民《りみん》と僮僕《どうぼく》は手に白い払子《ほっす》を持って左右を侍衛《じえい》して立ち、周囲を宝帳で覆い、各種の華やかな幡《はた》を垂らし、香水を地に撒《ま》き、沢山の名花を散じ、宝物をずらりと並べて、出したり納めたり［出内］、手に取って与えたりしていました。このように種々に厳かに飾り立て、威徳が特別に尊いものでありましたから、窮子《ぐうじ》は父に大きな力勢があるのを見て、すぐに恐れの心を懐き、ここにやって来たことを悔い、密かにこのように考えました、『この人は王か、そうでなければ王等《おうとう》であるようだから、手前のような者が傭《やと》われて働き、物を得るような所ではない。貧しい村に行けば、力を使う所もあるだろうし、そこで服や飯を手軽に求めた方が良さそうだ。若しもここに長い間留まりでもすると、ことによると急《せ》き立てられて、無理矢理働かされてしまうことになるかもしれない』と。このように考えた後、一目散に逃げ去りました。［196］

二乗の者が仏果である万徳《まんどく》の種智について初めて聞き、小さなことに迷い、大きなことを恐れることを譬えている。「遠くからその父を見ると」はまだ親しく証することができないことを譬え、「師子の床に腰掛け」は無畏の徳を表し、「宝几に足を置き」は万行《まんぎょう》の本を尊重することである。万行は本来真実であり、能く俗と関わり合うものであるから、刹利と居士がみな周りを取り囲んでいるが、二乗は俗と関わり合うことができない。万行に因り万徳を成就しているから真珠の瓔珞でその身体を荘厳するが、二乗にはこの荘厳がない。「吏」は治める者であり、「民」は使われる者であり、「僮(童僕)」の任務は軽く、「僕」の任務は重いことから、ここは一乗法の中には治めたり使われたり軽かったり重かったりする[197]纖悉《せんしつ》の法が【「纖」は細かいことである。】すべて備わっていることを譬え、治世《ちせい》の言葉と資生《しせい》の業などもみな正法《しょうぼう》に順《したが》うものであることを言っている。ただし汚れたり偏《かたよ》ったりしないことが重要であるから、「白い払子《ほっす》」を手に持って左右で侍衛している。「払子」は能く塵を払い、「白」は汚れていないことを言い、「左右」は空と仮《け》の塵を払い去って中道に向かうことを表す。「宝帳」は慈悲を広く与えることを譬えるから「覆う」と言い、「華やかな幡」は多くの善によって教化を下すことを譬えるから「垂らす」と言う。水は智を譬え、花は因を譬えるから、「香水を地に撒き」は仏が妙智で衆生の心地《しんじ》を清浄《しょうじょう》になさることであり、「沢山の名花を散じ」は妙因で衆生の心地を荘厳なさることである。「宝物をずらりと並べて」は衆生が玩好するものを示すことであり、「出したり納めたり、手に取って与えたりしていました」は衆生の欲楽に合わせることであるから、大根を成就させて小乗の者を大乗に誘い進めることを譬えている。ここまではみな万徳の種智のことであり、「窮子は父に大きな勢力があるのを見て」から後は、即ち小さなことに迷い、大きなことを怖れることについて述べている。「王」は国王であり、「王等」は王の親族を指し、それぞれは法身《ほっしん》と報身《ほうじん》の二身を譬えている。「貧しい村」は二乗の小道を譬え、「力を使う所もあるだろう」は進み修する法があることを譬え、「物を得るような所ではない」は大法を証することが難しいことを譬え、「服や飯を手軽に求める」は小果を安易に求めることを譬えている。「ことによると急き立てられて、無理矢理働かされてしまうことになるかもしれない」は、仏道は長く遠いものであり、長い間勤苦《ごんく》しなければならないのではないかと憂慮することを譬えている。「内」の音は納であるから、「出内」は或る場合は出し、或る場合は納めることを意味する。[198]

その時、裕福な長者は師子座に坐りながら子を見て、俄《にわ》かにそれと識《し》り、心で大いに喜び、即座に『私の財産と庫蔵《こぞう》を委《ゆだ》ねる所が、今あることになった。私は常にこの子のことを考え続けていたのに、これまで遭《あ》うことができなかったのであるが、忽然《こつねん》と自分の方からやって来た。甚《はなは》だ私の願いに[199]**適《かな》うことになった。私は年老いてしまったが、なお昔のように物を惜《お》しむ気持ちもある』と考えて、すぐに傍《かたわ》らの人を遣《つか》わし、急いで後を追わせ、連れて来るように言い付けました。**

「子を見て、俄かにそれと識り」は昔の縁が既に熟したことを譬え、「財産と庫蔵を委ねる所が、今あることになった」は法を授けるところができたことを譬え、「私は年老いてしまったが、なお昔のように物を惜しむ気持ちもある」は久しい劫にわたって修したことをむやみに与えるようなことはしないことを譬え、「傍らの人を遣わし、急いで後を追わせ」は菩薩に頓法《とんぽう》を説かせようとしたことを譬えるものであるから、この頓法は即ち『華厳経』の五位法門であり、それはすべて菩薩が説くものである。[200]

その時、使者が急いで追い掛けて捕まえると、窮子《ぐうじ》は驚いて怨敵《おんてき》と呼び、『私は罪を犯すようなことはしていないのに、どうして捕まえられなければならないのですか』と大声で叫びました。使者は余計に急いで、手荒く捉《とら》え、強引に引き連れて戻ろうとしました。その時窮子は自ら『罪

がないのに捕まえられたからには、これでは必ず死ぬことになるだろう』と考え、一層恐れをなし、気を〔201〕**失って地面に倒れてしまいました。**

父が子を連れて来るように命じたのは、真実に親しくなろうとしてのことであったが、子は驚いて気絶し、意識を失ってしまった。これは二乗の者が初めに『華厳経』を聞き、その頓説に怯《おび》えたことを譬えている。頓教《とんぎょう》では煩悩は即ち菩提であるとするが、二乗では煩悩を怨敵《おんてき》の盗賊であるとする故に、怨敵だと呼んだのである。また、頓教では生死は即ち涅槃であるとするが、二乗では生死を〔202〕苦縛《くばく》であるとする故に、大声で叫んだのである。「罪を犯すようなことはしていないのに捕まえられる」と言うのは、求めてもいないのに強引に教化されることを譬え、「手荒く捉え、強引に引き連れて」は、従おうとしないので、無理矢理に導こうとすることを譬えている。菩薩は三界に生を示すが、二乗は三界を牢獄と考えるから、【「牢」は重い罪人を縛り、入れておく所である。】「罪がないのに捕まえられた」と考えたのである。菩薩は塵労《じんろう》に出入りするが、二乗は塵労に出入りすれば定果を失うことになるのではないかと恐れる故に、「これでは必ず死ぬことになるだろう」と考えたのである。それで、耳が聞こえない者や言葉を話せない者のように、理解できないことがもどかしくなって、「一層恐れをなし、気を失って地面に倒れてしまいました」と言われている。

父は遥《はる》か遠くからこの様子を見て、使者に〔203〕**『無理にこの人を使うのはやめよう。強引に連れてきてはいけない。冷たい水を顔にかけて目を覚まさせ、共に話をしないようにしなさい』と言いました。**

驚いて気絶したのを見て、暫くの間休ませたのは、仏が頓教《とんぎょう》を捨て、権教《ごんきょう》を開いたことを譬えている。

冷たい水が気絶した者の意識を覚ますことができることは、権教《ごんきょう》が能く煩悩を治めることを譬えている。[204]

何故なら、父は我が子の志操が低く劣っていることを知り、豪貴である父を【「豪」は強いことである。】**受け入れることは困難であろうと感じ取ったからであり、この者が自分の子であることは甚だ良く分かっていましたが、方便によって他人に『これは私の子である』と語らず、使者に『私は今お前を放免するから、行きたい所に行きなさい』と言わせたのです。窮子は歓喜《かんぎ》し、未曾有なことを得たと思い、地面から起き上がると貧しい村に行き、そこで服と飯を求めました。**

ここは、子の志操が劣っていて大乗に堪えることができないことが分かったので、仏が権によって休ませたことを譬えている。「私の子である」と告げないことは即座に実を顕さないことであり、使者に放免するように命じたことは仏が頓教を捨てることを譬え、「行きたい所に行きなさい」と言わせたことは仏が権教を開くことを譬え、「地面から起き上がる」は即ち迷いから覚めることであり、「貧しい村に行き、そこで服と飯を求めました」は即ち二乗の貧しい[205]者が喜ぶ法を道に入るための資糧《しりょう》とすることである。【「資」は助けることである。「資糧」は人が遠い旅をする時には必ず命を支える糧食がなければならないことから来た語である。】

J四、喩滞権[206]

その時、長者は徐々に我が子を誘い込もうと考え、方便を設け、姿がみすぼらしく、威徳がない二人の者に『そなた達は窮子の所に行き、おもむろに「ここに働く所があるから、お前に労賃を倍にして与えよう」と言いなさい。窮子が若しも承諾すれば、連れてきて、ここで仕事をさせな

さい。若しも「どのような仕事をさせるのか」と尋ねたならば、すぐに「お前を雇って糞の掃除をさせるのであり、わたしら二人もまたお前と一緒に働くだろう」と告げなさい』と言って、秘《ひそ》かに遣わしました。その時二人の使用人はすぐに窮子を探し当て、捕まえると長者に言われた通りに陳《の》べました。〔207〕

権を設けることを先に述べている。二人を秘かに遣わすことは、菩薩行を内に秘《かく》した人を遣わして二乗法を示すことである。「姿がみすぼらしく」は即ち自在の力が隠されていることを言うものである。「お前に労賃を倍にして与えよう」は小さいことを楽しますことに因って近果を示すことを譬え、「お前を雇って糞の掃除をさせる」は即ち貧しい者が喜ぶ法で済度することである。糞を掃除することは煩悩をなくすことの譬えである。煩悩の惑業が心地《しんじ》を汚すことに関して言うと、二乗は各種の観によってこれを除こうとするが、菩薩は煩悩と涅槃は互いに妨害し合わないと考える故に、「わたしら二人もまたお前と一緒に働くだろう」と言って、同じことをすることによって取り込む〔同事摂〕のである。ここに具《つぶさ》に陳《の》べられていることは、みな仏に順《したが》って菩薩が教化《きょうけ》を展《ひろ》げることを譬えている。〔209〕

その時窮子は先に労賃を手にして、その後で一緒に糞をさらいました。その父は子を見て憐れみ、いぶかりました。また他の日に窓の中から遥かに見ると、子の身体は疲れ、痩《や》せ、糞《くそ》や泥や埃《ほこり》がついて汚れ、不浄でありました。父はすぐに瓔珞と軟らかい上着と厳飾《ごんじき》の具を脱ぎ捨て、織り目が粗く、垢のついた古い服に着替え、塵を身体になすりつけ、右手に糞をさらう桶《おけ》を持ち、何かにおびえるような容貌を作り、働く人々の所に行って、『お前たちは真面目に働き、怠けてはいけない』と語り、方便によることで子に近づくことができました。〔210〕

「先に労賃を手にして」は小法を喜ぶことで果を慕い、その後で因を修することを譬えている。そうであるから、四諦の法の中では果が先となり、因が後になっている（苦と滅が果であり、集と道が因であることを言っている。）のである。「その父は子を見て憐れみ、いぶかりました」は小法を喜び、大法を捨てていることをおぼつかなく思ったということである。「また他の日に窓の中から遥かに見ると」以下は、また多くの方便を設けて小見に合わせながら、仏が秘密の教化をそれと知れないように施して、大法を慕わせたことを譬えている。「疲れ、痩せ、糞や泥や埃がついて汚れ」は二乗の者が煩悩を降伏させ、断じても、その要《かなめ》を捉えることができずに、却って煩《わずら》わされるところとなっていることを譬えている。左は逆らい、右は順《したが》うことであるから、「右手に糞をさらう桶を持ち」は方便で道に順《したが》うように導くことを譬えている。〔211〕

その後また、『ああ、男子《なんし》よ。お前はいつまでもここで働き、再び他の所へ行ってはいけない。お前には必ず労賃を余計に与えるから、盆や器《うつわ》でも、米や麺《めん》でも、塩や酢《す》などでも、お前が欲しいと思うものは何でも、手に入らないのではないかと疑い悩んではならない。また、年老いた古くからの使用人がいるから、求めるならば与えよう。よろしくお前の心を安らかに保つように。私はお前の父のようなものであるから、これからは心配しないようにしなさい。〔212〕

方便によって叱《しか》り、反省させようとするから、親身《しんみ》に厚遇し、安らかにして怯《おび》えないようにしている。「お前には必ず労賃を余計に与える」は預流果《よるか》から阿羅漢果に進ませることを譬えている。「盆や器」は助道などの法を譬え、「米や麺《めん》」は資糧となる法を譬え、「塩や酢」は味を調えるものであるから、諸法に均《ひと》しく適中させるものである。「年老いた古くからの使用人」は二乗の、既に捨てられた法〔已陳之法〕

を譬え、この語は「既に捨てられた藁の犬〔已陳芻狗〕」から派生した語である。【『荘子』に「藁《わら》の犬〔祭祀に使うものである〕は、捨てられる前は竹籠に入れられて、きらびやかな刺繍を施した布で大切に覆われているが、使い終って捨てられてしまえば、道を行く人が踏み、きこりが拾って飯を炊くのに使われるだけである」とある。】

〔213〕**何故なら、私は年老い、お前は若く壮健だからである。お前はいつも仕事をする時、嘘《うそ》を吐《つ》いたり、怠《なま》けたり、怒ったり、恨んだりするような言葉を言うことがなく、他の働き人がするような過《あやま》ちがお前にあるのをわずかでも見たことがない。今日から後は、私から生まれた子のように過ごしなさい』と言い、すぐにまた長者は子の名を改め、児と名付けました。**

自らを年老いたと貶《おとし》め、子の心と力を褒《ほ》めるのは、大法を斥《しりぞ》け小法を称《たた》えることであり、権により功を進ませることを譬えている。「今〔214〕日から後は、私から生まれた子のように過ごしなさい」などと言うことには、一層親しみを込めることで、前進させる意味がある。「児」は親愛の情を込めた呼び名であり、「名を改め」は預流《よる》を改め後果に進ませることを譬えている。以上はみな権を設けることを譬えている。

その時窮子《ぐうじ》はこのように処遇されたことを喜びはしましたが、なお自らはこれまで通り、客として来て仕事をする賤人《せんにん》であると考えていました。こういう訳で、二十年の間、ずっと糞をさらわせました。

権に滞ることを正しく譬えているのであり、たとえ仏の教化を喜んでも、志操がまだ低く劣っているので、二乗法の中で十使の煩悩の糞を断じ除くようにさせたことを言っている。〔215〕

この二十年が過ぎた後、父と子は心が互いに体信《たいしん》し、【「体信」は身体で完全に信じることである。】**出入**

りに困難がなくなりました。しかし留まる所はやはり本の所でした。

窮子は二十年という長い時が過ぎると、ようやく父を親しく感じるようになったが、なお門の脇部屋に住むことは、二乗教によって煩悩を断じた後に方等教《ほうどうきょう》を聞くことを譬えている。仏が大法を称揚しても誹謗《ひぼう》することをせず、また小法を斥けても疑心を懐かないことが、いわゆる「心が互いに体信する」の意味である。進み出ては[216]大法について語ることができ、退いても小法に滞らないことが、いわゆる「出入りに困難がなくなりました」の意味である。「留まる所はやはり本の所でした」はまだ頓入できないことを譬えている。

世尊よ、その時長者は病に罹《かか》り、遠からず死ぬことを自ら知り、窮子に『私には今、金・銀・珍宝が沢山あり、倉庫に満ち溢れているが、その中の多いものと少ないもの、及び取って与える所を、お前はすべて知っている。私の心は[217]お前が知っている通りであるから、必ずこの意思を体さなければならない。

仏が般若を説いて、徐々に実に引き入れることを譬えている。「長者は病に罹り」は仏が方等を説くようになった後でも名相《みょうそう》を捨てることができないことであり、人が法に執著する病が多いことによって、仏もまた病に罹ることを譬えている。死期《しご》が近づいた時に宝蔵について語るのは、教化の因縁が間もなく終ることになるから、仏が般若を説き、法華に先立って[218]引導することを譬えている。宝蔵について、仏は今やっと語るようになったけれども、まだ任せてはいないということである。般若の教えの中に六度の万行が具備している故に、「倉庫に満ち溢れている」と譬えているが、しかしまだ円教《えんぎょう》にはなっていないから、その中の宝物に「多いものと少ないもの」があることになる。それを手に取り、或る時は自らを利し、或る時は他に利を与えることになるのである。聖人の心の用い方はこのようであるから、必ず法を「体さなければならない」のであり、これは仏が声聞に「菩薩に転じ教えなさい〔令転教〕」と告げたことを譬えるものである。『大般若経』で、仏は須菩提《しゅぼだい》に「そなたは必ず菩薩の為に般若を説きなさい」と告げ、この経の後の文にも「私たちはまた、如来の智慧に因って、諸々の菩薩の為に開示し演《の》べ説くことをしました」（同品・J三、合怯頓滞権）とあるが、それが即ち転教《てんぎょう》するということである。

何故なら、今や私とお前とは少しも異なることがなくなったからである。一層心を用いて、漏失《ろしつ》させないようにしなければならない』と語りました。[219]

父と子の情が和同《わどう》し、疑心を挟む余地がなくなったことで、宝蔵を喜んで任せたことを言っている。「私とお前とは少しも異なることがなくなった」などは、般若の理は一切すべてが如《にょ》であり、二がなく、別がないことを譬えている。この般若の理は円頓《えんどん》に入る門であるから、「一層心を用いて、漏失させないようにしなければならない」と告げている。

その時窮子はすぐに教勅《きょうちょく》を受け、【「勅」は教令を出すことである。】**あまたの金・銀・珍宝と多数の庫蔵を領知することになりましたが、一食分の富も持ち出す考えはありませんでした。しかも留まる所はやはり本の所であって、下劣《げれつ》な心もまだ捨てることができなかったのです。**

既に宝蔵を自分のものとすることができるようになったけれど、わずかでも持ち出す考えがないというのは、勅を受け、[220] 大乗で転教することができるようになっても、自らは転教しようと志願しなかったことを譬えている。「下劣な心もまだ捨てることができなかったのです」はただ空・無相・無作《むさ》を念じるだけであったことを譬えている。ここまでは過去の誤りをすべて譬喩によって述べたものである。

Ⅰ二、喩今得〔222〕

また短い時が過ぎると、父は子の心が漸《ようや》く通泰《つうたい》するようになり、【「泰」は安らかなことである。**】大志《だいし》を成就し、それまでの心が卑しいものであったと自ら感じていることを知り、折しも臨終が迫った時に、子に命じて、親族と国王と大臣と刹利《せつり》と居士《こじ》を併せて集めさせ、皆が集まったところで、すぐに自ら『皆さん方はこの者が私の子であり、私から生まれた者であるということを必ずご承知ください。この者はある城の中で私を捨てて逃亡し、さまよい歩いて五十余年の間辛苦《しんく》しました。この者の本来の名は某であり、私の名は某甲であり、昔本の城にいる時から心配して探し求めていましたが、この間に忽然《こつねん》と会うことができました。この者は実に私の子であり、私は実にその父であります。今私が所有する一切の財産はすべてこの子が所有するものであり、これまでの出納《すいとう》については、この子が知っています』と宣言しました。**〔224〕

子の志《こころざし》が既に大きくなったところで、父は一同を集めて、初めて父と子であることを確定し、家業をすべて委《ゆだ》ねた。「また短い時が過ぎると」以下は般若の後に大機が既に熟すようになったことを言い、あと一度変われば道に至ることができるようになることを譬えている。「それまでの心が卑しいものであったと自ら感じている」は、子が小さな法を捨て大きな法に趣《おもむ》くようになったことを譬えている。「折しも臨終が迫った時に、子に命〔225〕じて、親族と国王と大臣と刹利と居士を併せて集めさせ」は化城喩品に「如来は涅槃の時が近づいたことを自ら知るようになると、すぐに諸々の菩薩と声聞衆を集めて、それらの者の為にこの経（『法華経』）を説くのである」（化城喩品・Ｈ五、結会終実）とあるのと同じことであり、声聞とはここでの「子」であり、菩薩とはここでの「親族」である。一同を集めて「この者が私の子であり」と宣言するのは、即ち仏が天・人の衆の中で舎利弗に「余は昔、無上道の為に常にそなたを教化したのであり、それ故にそなたは余の法中に生まれることになった」（譬喩品・G二、如来述成）と説いたことの譬えであり、「この者はある城の中で私を捨てて逃亡し」の文は、仏が「余は昔そなたを仏道に志願するように教えたのに、そなたは今すべてを忘れて」（譬喩品・G二、如来述成）と告げたことの譬えである。彼の時期は根性が定まっていなかったため、その後また退堕して五道で流浪したから、「さまよい歩いて五十余年の間辛苦しました」と言っている。「この者の本来の名は某であり」などは、本名を教え、父と子であることが間違っていないことを証明する言葉であり、父がそのように本名を名のったのは、即ち化城喩品で仏が「その時教化した衆生とは、そなたたち諸々の比丘と、余が滅度した後の未来世の中の声聞の弟子である」（化城喩品・H三、成就所化）と告げたことと同じである。また「私の名は某甲であり」と言うのは、即ち仏が「第十六は余、釈迦牟尼仏であり」（化城喩品・H二、歴陳名迹）と告げたことと同じである。「昔本の城にいる時から心配して探し求めていましたが、この間に忽然と会うことができました」は、昔本性によって教化を闡明《せんめい》にしたことにより、この頓門に至って折よく再開したことを譬えている。「この者は実に私の子であり」以下は、ここまでに述べられている的《まと》を射た証を結び、家業を全面的に任せることを述べるものであり、授記して仏となし、法王の位を継がせることを譬えるものである。「私が所有する一切の財産はすべてこの子が所有するものであり」は、この一大事は一人一人の人に本来備わるものであり、それは外に出て手に入れるものではないということである。「これまでの出納については、この子が知っています」と言うのは、即ち日頃運用して、見たり聞いたりする法は、今特別の所にあるのではなく、おのれの中に求めることによって、本覚《ほんがく》と始覚《しかく》が真実の父と子になり、徳性《とくしょう》の用《ゆう》が〔226〕真実の宝蔵となることを言っている。それは生まれた時から本来備わっているものであり、誰かに一人でも備わらないということはない。そうであるのに、どうしてそこから目を背けて自らを失い、外の物を追い求めて自ら迷うのか。それ故に仏は慈の心で憂慮なさり、急いで捕まえて、戻らせようとなさったのである。もしも能く心が互いに体信するようになれば、この宝蔵に会うことができるようになり、それは少しも困難なことではない。そうであるのに、子は驚き自失し、怨敵だと呼んで仏を疑うことまでした（同品・J三、喩怯頓）のであるから、もしも仏が真の慈による様々な方便によって善導しなかったならば、子は最後までおろおろと四生《ししょう》と五道にさまよい、困窮し、長く嘆いてばかりいたことだろう。

世尊よ、この時窮子は父のこの言葉を聞くと、すぐに大いに歓喜し、未曾有なことを得、『私は本来求めようとする心がなかったのに、今日この宝蔵が自然にやって来ました』と考えました。

今日得たことを結んで譬えている。

H四、通合前喩２　I一、合昔失３　J一、合譬本〔227〕

世尊よ、大富の長者は如来であり、私たちはみな仏の子のようなものです。如来は常に私たちを子であると説いていらっしゃいます。

須菩提《しゅぼだい》は真実の仏子《ぶっし》であるけれども、譬喩品であることに合わせて「ようなものです〔似〕」と言っている。

J二、合迷淪楽小

世尊よ、私たちには三苦がありますので、生死《しょうじ》の中で様々の熱悩《ねつのう》を受けて迷い、知ることがなく、小さな法を喜び執著していました。〔228〕

「三苦」は、一は苦苦《くく》であり、根が好ましくない境を感じる苦であり、生老病死の様々に現れた苦相である。二は壊苦《えく》であり、楽が変異することに因って諸々の憂悩《うのう》が生じることであり、いわゆる楽しみが終らないうちに悲しみが続いて起ることであり、即ち愛別離苦《あいべつりく》や求不得苦《ぐふとくく》の類である。三は行苦《ぎょうく》であり、即ち念々が遷流《せんる》する相であり、五趣蘊《ごしゅうん》（五道輪廻）の苦はみな行苦に属する。

J三、合怯頓滞権［229］

今日、世尊は私たちを考えさせて、諸法の戯論《けろん》の糞を取り除くようになさっていますから、私たちはこの中でひたすら精進を加え、涅槃に至る一日の労賃を既に得て、心に大いに歓喜し、自ら満足であると考え、即ち自ら『仏の法の中においてひたすら精進したので、多くのものを得ました』と言いました。しかし世尊は、私たちの心が古い欲に執著して、小法を喜んでいることを初めからご存知でありましたから、即ちそのままにして、私たちの為に『そなたたちには必ず如来の知見《ちけん》の宝蔵の分がある』と分別《ふんべつ》して説かなかったのです。

権《ごん》に滞《とどこお》ることについて述べている。「今日」と言うのは、多くの衆生に関して言うものであり、多くの衆生は小さな法を喜び、今［230］日でもやはり滞《とどこお》り、一切法において愚かにも惑染《わくぜん》を起していることを言っている。種々の戯論《けろん》を顛倒《てんどう》して分別《ふんべつ》することで心地《しんじ》を汚すことの名が「戯論の糞」であり、「一日の労賃」は小果の利が多くないことを譬えている。

世尊が方便力によって如来の智慧についてお説きになった時にも、私たちは仏から涅槃を得たことで、その一日の労賃で大いなるものを得たと考え、この大乗において志求《しぐ》することがありませんでした。

「如来の智慧についてお説きになった時」は、即ち仏が般若の教えを説いた時である。〔231〕

私たちはまた、如来の智慧に因って、諸々の菩薩の為に開示《かいじ》し演べ説くことをしましたが、自らはそこにおいて志願することがありませんでした。何故なら、仏は私たちが心で小法《しょうぼう》を喜ぶことをご存知でしたので、方便力《ほうべんりき》によって私たちに合わせてお説きになったからであります。それで私たちは真実に仏子《ぶっし》であることを知ることができなかったのです。

ここは般若によって菩薩に転教《てんぎょう》したのに、自らはそれを求めようとしなかったことについて述べている。

I二、合今得

今日になってやっと私たちは、世尊は仏の智慧に関して惜しむことがないということを知ることになりました。何故なら、私たちは昔からこれまでずっと真実の仏子でありましたのに、そのことが分からないで、ただ小法を喜ぶだけでしたが、若しも私たちに大法を喜ぶ心があったならば、仏は私たちの為に大乗法を説いてくださっていたからです。〔232〕

今日『法華経』を得たことにより、仏は般若を説いた時に、既にすべてを任せようとなさっていたのであり、これまではただ小法を喜び、自ら迷っていただけであったということを初めて知ることになったという意味である。若しも須菩提たちが大法を喜ぶようになったなら、すべてを任せることを、仏は久しい以前から考えていたのである。

この経の中では、ただ一乗だけを説いていらっしゃいます。昔菩薩の前で、声聞で小法を喜ぶ者をお叱りになったことがありましたことからも、仏は実では大乗で教化なさるということが分か

ります。

今日、仏が一を説くのを観て、昔の自分たちが偏《かたよ》り間違えていたことと、仏の心は本来から大法で教化することで満足なさるということを知ったと言っている。

この故に私たちは『本来心に求めるところがなかったにもかかわらず、今日法王の大宝が自然《じねん》にやって来て、仏子として得なければならないものは、すべて既に得ることになりました』と申し上げることができます」と。〔233〕

今日得たことを結んで慶賀している。「仏子として得なければならないもの」は一乗を修して証する法である。

H五、重頌

その時、摩訶迦葉はこの意味を重ねて宣《の》べようとして、偈を説きました。

文5　I一、頌聞法喜踊

「私たちは今日仏の教えを聞き、歓喜《かんぎ》し踊躍《ゆやく》して未曾有なことを得ました。

I二、頌叙信解情

仏が『声聞は必ず仏となることができる』とお説きになりましたことにより、私たちは無上の宝聚《ほうじゅ》を求めないのに自ら得ることになりました。

I三、頌説喩2　J一、喩昔失4　K一、頌迷淪〔234〕

譬えるならば、幼稚で無知な童子《どうじ》が父を捨て逃亡して行き、遠い他国に到り、諸々の国に遍く流浪することが五十余年になったようなものです。

その父は憂えて念じ、四方に尋ね求めました。

子が五道で苦しみ、四生を遍歴することを譬えている。[235]

この子を求めることに既に疲れ、一城に留まり、家を建て五欲に自らを楽しませました。その家は非常に豊かであり、様々の金・銀・琿璖・瑪瑙・真珠・琉璃・象・馬・牛・羊・輦《れん》輿《よ》・車乗《しゃじょう》を多く所有し、田仕事をする僮僕《どうぼく》と人民《にんみん》が多くいました。売ったり買ったりして利益を得ることが遍《あまね》く他国まで及び、商估《しょうこ》と賈人《こにん》が出向かない所がありませんでした。千万億の衆《しゅ》が囲繞《いにょう》し恭敬《くぎょう》し、常に王者に愛念されていました。群臣と豪族は誰もが首長として重く敬い、様々の縁がある故に往来する者が大勢いました。このように豪富であり、大力勢がありましたが、年が老いるにつれて益々《ますます》子のことを心配し、夙夜《しゅくや》に【「夙」は早朝であり、「夜」は晩である。】**ただ念じてばかりいました、『死の時が間もなくやって来るというのに、幼い子は私のことを捨ててから五十余年となる。庫蔵にある諸々の物は一体どのようにしたら良いのだろう』と。**[236]

迷いから救おうとなさることを頌している。「一城」は覚場を譬え、「家」は慈悲を譬え、「五欲」は法楽《ほうらく》を譬え、「その家は非常に豊かであり」の文は、道場で得た法が無量の功徳を備えていることを譬え、「益々子のことを心配し」以下は教化する縁が間もなく終わってしまえば、法蔵を伝えることができないままで、寿命が続かなくなるのではないかと仏が心配することを譬えている。

K二、頌楽小

その時、窮子《ぐうじ》は衣食《えじき》を求めて邑《むら》から邑に行き、国から国に行きました。或る場合は得るものがあり、或る場合は得るものがなく、〔237〕飢えて痩《や》せ、身体にできものが生じました。

ゆっくり次から次へと経《へ》て、父が住んでいる城に至り、傭《やと》われ仕事をあちこちでして、父の家にやって来ました。

「邑から邑に行き、国から国に行きました」は様々の教えにより、徐々に正道に入っていくことを譬えている。法力《ほうりき》が強くないから、「或る場合は得るものがあり、或る場合は得るものがない」のであり、法喜《ほうき》がまだ十分でないから「飢えて痩せ」ているのである。「身体にできものが生じました」は、まだ能く仏慧《ぶつえ》に入ることができないで、本来はできものなどない自らの身体を反対に痛めてしまうことである。「傭われ仕事をあちこちでして、父の家にやって来ました」は権教を積み重ね、徐々に深く入っていくことを譬えている。

K三、頌怯頓〔238〕

その時、長者はその門の中で大きな宝帳を廻《めぐ》らした師子座に坐り、その周りを眷属が囲遶《いにょう》し、大勢の人が侍衛《じえい》していました。

或る者は金・銀・宝物を計算《けさん》し、或る者は財産の出入りを記録し、また或る者は券疏《けんそ》に注を記入していました。

門の中で諸々の事を展《ひろ》げるのは、引いて入らせようとするからである。「券」は財物を出し入れすることであり、「疏」は事件を明らかにすることであるから、【事件の「件」は順序づけることである。】「券疏に注を記入していました」は大根の為に功徳を計り、行位《ぎょうい》を明らかにしたり授記を与えたりして、小乗から誘い大乗に進めることを譬えている。〔239〕

窮子は父が豪貴・尊厳であるのを見て、『これは国王か、若《も》しくは国王と等しい者であるだろう』と考え、驚き怖《おそ》れ、自ら『どうしてこんな所に来てしまったのだろう』と怪しみました。

法身と報身の事を怖れ、自らの智分《ちぶん》ではないと考えたのである。

翻《ひるがえ》って自ら考え、『私が若しも長い間ここに留まれば、或いは逼迫《ひっぱく》され、強引に駆《か》り立てられて働かされてしまうかもしれない』と言いました。

このように考えると、そこから走り去り、貧しい村を尋ねて行き、傭《やと》われ仕事に就《つ》こうとしました。

長く遠い道であることを怖れ、小果を取ろうと考えたのである。

長者はこの時師子〔240〕座に坐ったままで、その子を遠くから見、黙ってそれと知り、すぐに使者に命じ、追って捉《つか》まえ、連れて来るように言いました。

窮子は驚き、喚《さけ》び、悶《もだ》え、地に倒れ、考えました、

『この人に捕まえられたからには、必ず殺されるだろう。どうして衣食《えじき》を求めて、私はこんな所に来ることになってしまったのだろう』と。

『華厳経』の頓説に怯《おび》えたことを譬えている。煩悩の怨敵を怖《おそ》れたことで「驚き」、生死の束縛を畏《おそ》れたことで「喚《さけ》び、悶《もだ》え」たのである。また、理解できなかったことで「地に倒れ」、道果を失うのではないかと怖れたことで「殺されるだろう」と疑ったのである。

K四、頌滞権

長者は子が愚かで狭く劣っていることにより、『私はお前の父である』と告げたとしても、その言葉を信じないことを知りました。

すぐ〔241〕に方便により、今度は片目がつぶれ〔眇〕、背が低く、汚れ、威徳がない別の人を送り、命じました、

『お前はあの男に「必ず共に雇われて、糞をさらえば、お前の労賃は倍にして与えられるだろう」と言いなさい』と。

　頓を捨て、権を開いたことを譬えている。「眇《びょう》」は片目が見えないことであるから、二乗の偏《かたよ》った見を譬えている。「背が低く、汚れ」はどちらも勝を隠し劣を現すことである。

窮子はこの言葉を聞くと、歓喜しながらついて来て、糞をさらい、諸々の房舎《ぼうしゃ》をきれいにしました。

　小を喜び権《ごん》に滞《とどこお》ることを譬えている。「房」は六入《ろくにゅう》（六処）を譬え、「舎」は五陰《ごおん》（五蘊《ごうん》）を譬えている。

長者〔242〕は窓から常にその子を見て、子が愚かで劣っていて、汚《きたな》いことを喜んでいると思いました。

そこで長者は垢が付いた古い衣を着、糞をさらう桶《おけ》を手に執《と》って子のいる所に行き、方便によって近づき、一生懸命に働かせようとして、

　小見《しょうけん》に合わせて、勝を隠し、劣を現し、多くの方便によって誘い、進ませようとしたのである。

『既にお前の労賃を増したから、足に塗る油と飲食《おんじき》を充足し、敷く蓆《むしろ》を厚く暖かくしてあげよう』

と言いました。

また『お前は必ず一生懸命に働かなければいけない』と苦言を述べ、柔らかい言葉で『お前をわが子のように考えよう』と言いました。[243]

益々親しく厚遇《こうぐう》し誘っている。「既にお前の労賃を増した」は阿羅漢果に進んだことを譬えている。「足に塗る油」は使用人がこれを用いて足にひびがきれないようにするものであるから、戒足《かいそく》を護持する【足を戒に譬えて「戒足」という。】助道法を譬えている。「敷く蓆《むしろ》」は小乗の諸々の定、または呼吸法を譬えている。一乗の大きな定の法は錦で飾った綿の敷布団で譬えられ、蓆とは比べものにならないものである。

長者には智慧がありますから、徐々に出て、入るようにさせました。

二十年が経つと家の事を執《と》り行わせ、金・銀・真珠・玻璃《はり》を示して多くの物の出入りをすべて知らせました。

子はなお門の外にいて、草庵《そうあん》に留まって[244]**眠り、**【「庵」は藁葺《わらぶ》きの家である。】**『私にはこのような物はない』と自らを貧しい者であると考えました。**

心は徐々に大きくなっているが、なお権に滞《とどこお》っている。「徐々に出て、入るようにさせました」は大に入らせ、小から出させることを譬喩し、「二十年が経つと」はその間に二乗法を経歴《けいれき》したことを譬喩し、「金・銀・真珠・玻璃を示して」は『般若経』を説いたことを譬喩している。父は門の中の宝帳を廻らした中にいるのに、子は門の外の草庵に留まって中に入らないのは、大乗と小乗の人が互いに異なることはこのようであると譬喩するものである。このように性と相が【「性」は法性宗《ほっしょうしゅう》であり、「相」は法相宗《ほっそうしゅう》である。】互いに拒《こば》み、禅と律が互いに異なることは、昔も今も止むことがない。何時になったら父と子が完全に一つになって、家業を全面的に任せ、同じものであることも異なるものであることも、どちらも忘れることができるようになるのだろうか。以上は昔の失をまとめて頌するものである。

J二、頌喩今得〔245〕

父は子の心が徐々に進み、既に広大なものになったことを知り、財物《ざいもつ》を与えようとして、すぐに親族と国王・大臣と刹利《せつり》・居士《こじ》を集め、この大衆《だいしゅ》に説きました、『これは我が子であり、私を捨てて他所へ行き、五十年を過ごしました。子に再会してからこれまでに既に二十年が経ちました。昔、ある城においてこの子はいなくなり、あまねく通い、探し求めて、最後にここにやって来たのです。すべて私が所有する家と人は、既に悉くこの子に任せ、思いのままに用いることができるようにしました』と。子は昔自らを貧しい者と考え、気持ちが下劣でありましたが、今父の所で珍宝と家と一切の財物《ざいもつ》を山ほど得て、大いに歓喜し、未曾有なことを得ることに〔246〕なりました。

I四、頌通合2　J一、合昔失2　K一、合楽小

昔の失についてことごとく頌し、今得ることになったことを慶賀している。

仏もまたこれと同じです。私たちが小を喜ぶのをご存じでありますから、これまでに『そなたたちは仏になるだろう』と

お説きになることがありませんでした。

私たちが無漏《むろ》を得ると、『小乗を成就した声聞の弟子である』とお説きになりました。

「仏もまたこれと同じです」は、長者が子が愚かで劣っていることを知り、子であると認じなかったことと同じであると言っている。【「認」は分別して知ることである。】「私たちが無漏を得ると」以下は、暫《しばら》くの間小果に進ま〔247〕せ、それを成就させたことである。

K二、合滞権

仏は私たちに『最上の道を説くから、これを修し習う者は必ず仏と成ることができるだろう』と勅《みことのり》を下しました。

私は仏の教えを受けて、大菩薩の為に諸々の因縁と種々の譬喩と様々の言辞《ごんじ》で無上道について説きました。

諸々の仏子たちは私に従〔248〕って法を聞き、日夜に思惟《しゆい》し、精いっぱい勤め修し習いました。

この時諸仏はすぐに仏子たちに記をお授けになり、『そなたは来世において必ず仏となるだろう』とおっしゃいました。

仏は一切の諸仏の秘蔵の法を、ただ菩薩の為にだけその実事を演《の》べ、私たちの為にはこの真要をお説きになりませんでした。

彼の窮子《ぐうじ》が父に近づくことができるようになり、諸々の財物《ざいもつ》について知らされても、心で求めたり手にしたりすることがなかったように、私たちも仏法の宝蔵を説きながら、自らそこに志願することがなかったことは、またこのようでありました。

「仏は私たちに」から「無上道について説きました」までは、仏が声聞の弟子に仏子の為に般若を説かせ、転教《てんぎょう》させたことを頌している。「諸々の仏子たちは」から『そなたは来世において必ず仏と成るだろう』とおっしゃいました」までは、転教された衆が各々大利を得たことを言っている。「仏は一切の諸仏の」から「この真要をお説きになりませんでした」までは、般若を聞いても自らは求めようとしなかったことを慨嘆している。「彼の窮子が父に」以下は、みな権に滞《ごんとどこお》っていた故に実が分からなかったことを言っている。次の節はこの節を敷衍《ふえん》してまとめ、権に滞る[249]という意味を広く述べるものである。

私たちは内の滅を得たことで自ら満足し、ただこのことを知っただけで、更に他のことはないと考えました。

私たちは、或いは仏の国土を浄《きよ》めることと衆生を教化《きょうけ》することについて聞くことがあった時にも、喜ぶことが少しもありませんでした。

何故なら、一切の諸法はすべて空寂《くうじゃく》であり、生《しょう》も無く、滅も無く、大も無く、小も無く、漏も無く、為すことも無いと考えたからです。

このように考えたから、喜楽《きらく》を生じることがなかったのです。[250]

ここの記述はこの品の初まりの「自ら既に涅槃を得たものと考え、それ以上菩提を進んで求めようとせず、菩薩法に心を喜ばせることがありませんでした」以下の文（同品・一、叙昔失）をまとめるものである。権に滞る故に、ただ内の煩悩を滅し、小果を取ったことだけで満足し、外に向かって仏土を浄めることと衆生を教化することをしなかったのである。それは何故かということについては、「ただ空と無相と無作《むさ》を念じるだけで」（同品・一、叙昔失）という文にまとめられていて、心を喜ばせる意図が少しもなかった理由を説明している。

私たちは長い夜に、仏の智慧において、貪《むさぼ》ろうともせず、執著しようともせず、また志願しようともしないで、自ら法においてこれが究竟《くきょう》のものである思っていました。

ここは『般若経』を聞いても、心で求めようとしなかったことをまとめている。[251]

私たちは長い夜に空法《くうほう》を修し習い、三界の苦悩の患《わずら》いから抜け出すことができるようになると、最後身《さいごしん》の有余《うよ》の涅槃に住《じゅう》し、仏に教化《きょうけ》されて道を得たことは虚《むな》しいものではないと考えたことで、仏の恩に報いることが既にできたものと考えました。

ここは一生懸命に精進して涅槃に至ることができたということが「一日の労賃に自ら満足した」（同品・」三、合怯頓滞権）ということであることをまとめている。迷い滞《とどこお》り、ぼんやりとして知ることができなかったことを、ここだけでなく、所々で「長い夜」と称している。三界から出て小果を証することで既に得道したと考え、それをもって既に仏に報いたと考えることは、みな迷い滞ることである。[252]

私たちは諸々の仏子たちの為に菩薩法を説き、仏道を求めさせましたが、自らはこの法において永く願い喜ぶことがありませんでした。

導師《どうし》がお捨てになったのは、そのような私たちの心をお観じになったからです。

初めに勧進《かんじん》して実の利があるとお説きにならなかったのは、裕福な長者が子の志が劣っていることを知り、方便力《ほうべんりき》によりその心を柔伏《にゅうぶく》させ、その後に一切の財物を任せたようなものです。

仏もまたこれと同じであります。

希有《けう》な事を現して、小法を喜ぶ者であると知ると、方便力によってその心を調伏《じょうぶく》してから、大

智についてお教えになります。［253］

ここは、菩薩に転教したのに自らは志願することがなかったから、仏もまた捨てたという意味をまとめている。「導師がお捨てになった」とは、調伏されることで心を廻《めぐ》らすようになるのを待って、その後で大智を教えようとなさることであることが明らかにされている。「裕福な長者が子の志が劣っていることを知り」以下は、法喩も併せてまとめ、権に滞ることを総じて結んでいる。何度も重ねてまとめているのは、二乗の者が過去の長い劫の間、間違えて小法を喜ぶ心を懐くことが甚だしかったが、今は既に大に進み、深く悔いるようになっていることを示そうとするからであり、昔の失を何度も繰り返し述べることによって、今心に懐く思いを披瀝《ひれき》しているのである。人が激しく憤《いきどお》ることになれば、必ずすぐに声を荒げて叱責をし、その後でさっぱりすることになる。文が重複しているようであるが、実はそこに深い意味があるのである。

J二、合今得［254］

私たちは今日未曾有なことを得ました。

先に望まなかったことを今日自《おの》ずから得ることになったのは、彼の窮子が無量の宝を得たことと同じようです。

世尊よ、私は今、道を得、果を得、無漏の法において清浄の眼を得ました。

私たちは長い夜に仏の浄戒を守ったことで、初めて今日になってその果報を得ることになりました。

法王の法の中で久しく梵行を修したことで、今日になって無漏の無上の大果を得ることになり

ました。

私たちは今日こそ真実の声聞となりましたから、仏道の声によって一切の者に聞かせるようにします。

私たちは今日こそ真実の阿羅漢となりましたから、諸々の世間の天・人・魔・梵において、普くその中で供養を受けることが相応《ふさわ》しいことになりました。[255]

今日真実の道果を初めて得たことを慶賀し、昔得たものはみな真実でなかったことを知ったのである。「道を得、果を得る」ことは、即ち「無漏の法において清浄の眼を得る」ことであると言っている。「無漏の法」は諸法実相の最上の妙法であり、「清浄の眼」は諸仏の知見の正法眼《しょうぼうげん》である。昔、浄戒を守ることで果報を得たとしても、それは真実の道果ではなく、単なる幽冥な行に過ぎないものであった。それ故に「長い夜に仏の浄戒を守ったことで、初めて今日になってその果報を得ることになりました」と[256]言っている。昔梵行を修して小果を得たけれども、それは真実の無漏ではなく、ただ権《ごん》により休むものであるに過ぎなかった。それ故に「久しく梵行を修したことで、今日になって無漏の無上の大果を得ることになりました」と言っている。そうなった後に初めて道声を轟《とどろ》かすことができるようになり、真実の声聞となって供養を遍《あまね》く受ける真実の阿羅漢となるのである。このことは仏が皆を調伏《ちょうぶく》して大乗に誘い進ませる大恩であるから、以下でその大恩を頌して、それに報いることを念じることになる。

Ｉ五、念報仏恩３　　Ｊ初、念報不能

世尊の大恩は希有なことであり、憐愍《れんみん》し教化なさって私たちに利益《りやく》を与えてくださいます。

無量の億劫《おっこう》においてでも、誰が能く報いることができるでしょうか。

手と足を供給《くきゅう》し、頭のてっぺんを地につけて礼拝《らいはい》し恭敬《くぎょう》し、一〔257〕切のもので供養したとしても、誰も能く報いることができないでしょう。たとえ頭のてっぺんに戴《いただ》き、両肩に担《にな》い、恒沙《ごうしゃ》の劫の間心を尽くして恭敬し、またおいしいご馳走と無量の宝衣《ほうえ》、及び諸々の臥具と種々の湯薬《とうやく》で供養し、牛頭栴檀《ごずせんだん》及び諸々の珍宝によって塔廟《とうみょう》を起《た》て、宝衣《ほうえ》を地面に広げ、このようなことによって恒沙《ごうじゃ》の劫《こう》の間供養したとしても、また能く報いることができないでしょう。

仏が希有《けう》なことである方便を用い憐愍《れんみん》し教化なさることが、いわゆる「大恩」である。前の記述では「空法を修し小果を証したことで、自ら仏の恩に報いることが既にできたものと考えました」（同品・K二一、合滞権）と言っているが、ここではそれでは満足に報いることができないと言い、その上で手足・肩・頭のてっぺんなどの内財をすべて使い、更においしいご馳走・衣・宝物などの外財もすべて使って、長い劫の間供養しようと思い続けたとしても報いることはできないだろうと言っている。何故なら、内と外の諸々の財はみな有為の法であり、大恩に報いるものとして相応《ふさわ》しいものではないからである。

J二、感慈悲恩〔258〕

諸仏は希有《けう》であり、無量無辺・不可思議の大神通力《だいじんずうりき》があり、無漏・無為の諸法の王でありますが、下劣の者の為にはこの事を隠し、取相《しゅそう》の凡夫《ぼんぶ》の為には宜しいところに随いお説きになります。

「諸仏は希有であり」から「諸法の王でありますが」までは、仏の盛んな徳の極致を讃嘆している。「下劣の者の為には」から「宜しいところに随いお説きになります」までは、仏の慈悲の深さを感嘆している。仏にはこのように盛んな徳の極致があるから、下劣の輩の為には曲げてこの大事を隠し、取相の凡夫の為には合わせて宜しいところに随いお説きになるのである。このようなことは無量・自在の力を隠し、貧しい者が喜ぶ法によって衆生[259]を度脱することであるから、これは希有であり重徳であり慈悲である大恩であり、そのことに対して真実に報いることはできないのである。

J三、感方便恩[260]

諸仏は法において最上の自在を得ていますから、諸々の衆生の種々の欲楽《よくぎょう》及び志力《しりき》をご存じであり、堪えられるところに合わせて、無量の譬喩によってそれぞれの為に説法をなさいます。諸々の衆生の宿世《しゅくせ》の善根に合わせ、また成熟《じょうじゅく》と未成熟の者を知り、種々に推し量り、分別《ふんべつ》し、知ることになった後、一乗の道において宜しいところに随い三をお説きになります。」

「諸仏は法において最上の自在を得ています」は方便の徳を讃嘆するものである。「諸々の衆生の種々の欲楽」から「それぞれの為に説法をなさいます」までは方便の力を讃嘆している。「諸々の衆生の宿世の」から「宜しいところに随い三をお説きになります」までは方便の恩に感動している。世尊の大恩はすべて慈悲と方便の二つの行に根源があるから、上に陳べられている様々の事では能く報いることができないのであり、それ故に最後には深く感動することだけしかできないのである。

妙法蓮華経　巻第二

〔1〕妙法蓮華経　巻第三

温陵開元蓮寺比丘　戒環　解

妙法蓮華経　薬草喩品《やくそうゆほん》　第五〔2〕

G三、如来述成

この品は中根の為に、既に領悟《りょうご》した意味を述成《じゅつじょう》なさるものである。大迦葉などは前品で随宜説法《ずいぎせっぽう》の権《ごん》と会三帰一《かいさんきいち》の実《じつ》について知ることになったけれども、仏が一音《いっとん》で密かに明らかにし〔一音密闡《いっとんみっせん》〕、真知で冥々裏に教化《きょうけ》する〔真知冥化《しんちみょうけ》〕功は、彼の大雲が一切のものの上に雨を降らせることによって、草木や叢林が各々の分《ぶん》に随《したが》って潤《うるお》いを受けるようになることで譬えられるということまで明確に理解すること〔3〕ができなかった。それ故、仏はこの比喩によって重ねて述成なさり、聖人《しょうにん》が平等に与える慈は天地に私情がないのと同じであり、それで万物《まんもつ》が各々の特性を表すことができるようになることを示しているから、名を薬草喩品という。三乗の根性《こんじょう》が様々の草木に譬えられ、仏が道を教化することが一雨に譬えられている。雨は一味《いちみ》であるけれども、種に各々の差別《しゃべつ》がある故に、根や茎の大小が同じでない。法は一相であるけれども、機に利と鈍がある故に、道果を証する過程に各々違いがある。このように、仏の慈に不平等はないけれど、万物には各々の特性があることにより各々に違いが生じるのである。草は能く病を治すから薬草と名付けられ、人と天の善種と三乗の智因が能く害を遠ざけ、悪を滅することを譬えている。四趣の悪種（地獄・餓鬼・畜生・阿修羅）と生死《しょうじ》の業因《ごういん》はひとえに雑草が生い茂ったようであるから、薬草ではない。ここで三乗を譬える文の中では樹木も含まれているが、独り薬草によって品の名を付けているのは、この品が中根の為に述成するものであるからであり、ただ相当する機にふさわしい名が立てられている。それで、後の偈において「声聞と縁覚で、山林に留まり、最後身に住して、法を聞き果を得る者であれば、この名は薬草が各々益々成長することを得るである」（同品・一五、明随機増進）と説かれている。諸々の菩薩は大樹に譬えられているから、この品に相当する機ではない。

文6　H一、述成前意［4］

その時、世尊は摩訶迦葉《まかかしょう》及び諸々の大弟子にお告げになりました、「よろしい、よろしい。迦葉は如来の真実の功徳について巧みに説いた。真実にそなたが言った通りである。

迦葉が喩説を領悟して、すぐに大いに富んだ長者の譬喩を作り出し、仏が勝を隠し、劣を現して、凡庸《ぼんよう》の人々を誘い、大きな法利を得させることを讃歎したこと、また偈の末尾（信解品・一五、念報仏恩）で慈悲と方便の大恩について感動し讃歎したことに対して、仏はここで「如来の真実の功徳について巧みに説いた」と告げている。

H二、示所未及［5］

如来にはまた無量無辺阿僧祇《あそうぎ》の功徳があるから、そなたたちがそのことについて、たとえ無量億劫の間説いたとしても、すべてを説き尽すことはできないだろう。

これは仏が一音で密かに明らかにし［一音密闡《いっとんみっせん》］、真知で冥々裏に教化する［真知冥化《しんちみょうけ》］平等の慈が「無量無辺阿僧祇の功徳」であることを明らかにするものであり、迦葉は信解品において巧みに説いているけれども、いまだそこまでは言及していない［言未及］から、仏が更にそのことについて示すことになる。

文2　Ｉ初、示一音密闡〔6〕

迦葉よ、必ず知りなさい。如来こそは諸法の王であるから、若《も》しも説くことがあれば、すべての言葉に虚《むな》しいということがない。一切法において、智の方便により演《の》べ説くけれど、説かれた法は、すべて一切智地《いっさいちじ》に到らせるものである。

「方便」は権であり、「智地」は実である。一切法において方便により説いているけれども、それはすべて智地に到らせるものであるから、密かに明らかにする〔密闡〕と言う。「一切智地に到らせる」は仏が実相の智境に契合させることである。

Ｉ二、示真知冥化〔7〕

如来は一切諸法が帰趣《きしゅ》するところを観《み》て知り、また一切衆生が心の奥底で行じるところを知り、それらに通達《つうだつ》して妨《さまた》げられることがない。また諸法において悉く究《きわ》め、明らかに知っているから、諸々の衆生に一切の智慧を示すのである。〔8〕

「一切諸法が帰趣するところ」は即ち一乗の実相であり、「一切衆生が心の奥底で行じるところ」は即ち三乗の性と欲である。仏が一切諸法を説くのは、一切衆生の心を済度する為であるから、一切諸法が帰趣するところを知ることができなければ、衆生の心を済度することは困難であり、また衆生が心の奥底で行じるところを知ることができなければ、説法することは困難である。今仏はこの二つのことに通達《つうだつ》して妨げられることがないから、真知によって冥々裏に教化する〔真知冥化〕という。また諸法をすべて明らかにして、衆生に一切の智慧を開示し、そこに悟入させようとなさるから、そのことがいわゆる「無量無辺阿僧祇の功徳」（同品・Ｈ二、示所未及）である。

Ｈ三、喩明所示４　　Ｉ一、立譬本〔9〕

迦葉よ、譬えによって説くことにしよう。三千大千世界の山・川・谿谷《けいこく》・土地に生じる卉木《くさき》・叢《そう》林《りん》、【「谿」は水が流れる山の中の谷であり、「谷」は水のない山の中の谷である。】**及び諸々の薬草は、種類が多数あり、名と形が各々異なっている。**

三千大千世界は同一の地を成すのに、そこにある山・川・渓谷に高低があることは、一つの真実の境であるのに、三界のそれぞれの趣によって異なって見えることを譬えている。草や木が同じように一つの地に生じるのに、種類により名と形が各々異なるのは、法性《ほっしょう》は一であるのに、三乗という大小の別があることを譬えている。多くの草が集まり卉《き》をなすから、卉は草の総名である。卉は叢をなし、木は林をなす。

Ｉ二、喩一音密闡〔10〕

そこへ濃密な雲〔密雲〕**がいっぱいに広がり、三千大千世界を遍《あまね》く覆《おお》い、雨が一時に等しく降り注ぎ、その潤《うるお》い**〔沢〕**が普く行き渡ると、**

「雲」は仏の慈意を譬え、「沢」は法雨を譬える。「密雲」と言うのは、雲が濃密でなければ雨は平等に降り注ぐことができないように、仏の慈が濃密でなければ衆生を広く利することができないからである。一つの雲による雨で大千世界が広く潤《うるお》うことは、仏の一音で密かに明らかになり〔一音密闡〕、大も小もその利益を均《ひと》しく被《こうむ》ることを譬えている。

Ｉ三、喩真知冥化〔11〕

卉木《くさき》・叢林、及び諸々の薬草の小根・小茎《しょうきょう》・小枝・小葉と中根・中茎・中枝・中葉と大根・大茎・

大枝・大葉、及び諸々の大小の樹木が、上・中・下に合わせて、各々一つの雲から降る雨を受け、その種性《しゅしょう》にふさわしく生長《しょうちょう》することができるようになり、花が咲き、実が熟す。[12]

仏が真知で冥々裏に教化することが、各々の衆生〔物〕が自ら成長を遂げることで譬えられている。根と茎などに大小があると言うのは、草や木のすべてにおいて各々根機の異なりがあることを明らかにし、「諸々の大小の樹木が」以下では、草と木のすべてをまとめて各々が同じ雨を受けることを明らかにしている。一雲一雨で様々な物《もっ》を潤《うるお》し、大小の種性に合わせて、成長が止まったり枯れたりすることがないようにし、花が咲くものには花が咲くようにし、実をつけるものには実をつけるようにし、各々が自らの在り方を遂げられるようにする。仏が真知で冥々裏に教化する様子は、このように譬えるより他に方法がないのである。樹木の中心を幹といい、草の中心を茎というが、どちらも根があるから立つことができる。「根」は種性《しゅしょう》を譬え、「茎」は発心《ほっしん》を譬え、「枝」と「葉」は熏《くん》ずる【「熏」は浴《あ》びせることであり、心の体に浴びせて、汚れや清浄など様々なことを染《そ》め付けることである。】教理を譬え、「花」と「実」はそれぞれ修《しゅ》する行とそれによって得る果を譬える。このように三乗の種性《しゅしょう》の発心《ほっしん》と熏習《くんじゅう》は同じものではないが、一様に仏の一音の教沢《きょうたく》を受けて、各々は成就するようになることを言って[13]いる。

Ⅰ四、喩作成不同

たとえ同じ土地に生じ、同じ雨に潤《うるお》うものであっても、諸々の草木には各々差別《しゃべつ》がある。[14]

「草木」とはすべての植物のことであり、生えた土地が同じで、潤す雨が同じであっても、大小の違いがあるのは、根が自《おの》ずから異なるからである。衆生にもまた類があり、一つの性が与えられている。一つの道で教化されるのに、三乗の違いがあるのは、機が自ずから異なるからである。

H四、以法合喩4　I一、合譬本

迦葉よ、必ず知りなさい。如来もまたこれと同じであり、大雲が立ち昇るように世間に出現し、その大雲が三千大千国土を遍《あまね》く覆うように、大音声《だいおんじょう》を世界の天・人・阿修羅に遍く届くようにして、[15]

仏が出興し、多くの衆生を広く覆うことを明らかにしている。「雲」は立ち昇っても心がないから無縁《むえん》の慈《じ》を譬える。「大音声」は即ち広長舌相《こうちょうぜつそう》から出る声である。「天・人・阿修羅」は三善道である。地獄・餓鬼・畜生の三悪道に言及しないのは、障が重く、機でないからである。

I二、合一音密闡

大衆の中でこの言葉を唱《とな》える、『余こそは如来《にょらい》・応供《おうぐ》・正遍知《しょうへんち》・明行足《みょうぎょうそく》・善逝世間解《ぜんぜいせけんげ》・無上士《むじょうし》・調《じょう》御丈夫《ごじょうぶ》・天人師《てんにんし》・仏《ぶつ》・世尊《せそん》であるから、度《わた》ることができない者を[16]**度るようにし、解《さと》ることができない者を解るようにし、安《やす》んじることができない者を安んじるようにし、涅槃《ねはん》することができない者を涅槃できるようにする。**

ここは仏が初めに道場に坐り、教化《きょうけ》の迹を声を出して顕《あらわ》し、衆生を済度することを宣《の》べて、聖人が出興する意義を分からせようとすることについて説いている。菩提を超証することを「度」といい、万法をすべて知ることを「解」といい、多くの結縛《けつばく》から離れることを「安」といい、究竟《くきょう》して永《なが》く寂《じゃく》となることを「涅槃」という。

今世《こんせ》と後世《ごせ》について如実に知っているから、余こそは一切を知る者であり、一切を見る者であり、道[17]**を知る者であり、道を開く者であり、道を説く者である。そなたたち天・人・阿修羅衆《あしゅらしゅ》は皆ここに来なさい。法を聴く為にである』と。**

ここで仏の正しい知見について示し、広く衆生を開悟させようとなさっている。「今世と後世について如実に知っている」は実相智で三世の事を知ることであり、『華厳経』に「一念で普《あまね》く去《こ》・来《らい》・住《じゅう》がないことを観る」とあるのと同じ意味である。「一切を知る者であり、一切を見る者であり」は仏の知見で諸法を了達《りょうだつ》することを言っている。「道を知る者であり」は仏が最初に知り、最初に覚となったことを言っている。「道を開く者であり」はこの道によって後の人を開覚なさることを言っている。「道を説く者である」はこの道について方便によって能く演べ説くができることを言っている。仏がこのように声に出して言うのは、様々な機の者を分からせる為であり、それ故に天・人・阿修羅を呼び寄せて、聴受[18]させようとなさるのである。

その時、無数千万億種の衆生は仏のところにやって来て、法を聴く。

仏が呼び寄せたことに因《よ》り、衆生が集まるのである。

Ｉ三、合真知冥化[19]

如来はその時、この衆生の諸根の利と鈍、精進《しょうじん》と懈怠《けだい》を観《み》て、その堪《た》えられるところに従うように法を説き、種々無量の衆生がみな歓喜《かんぎ》し、善利を快く得るようにする。

そこに来た衆たちの根性は同じではないから、仏は各々の堪えられるところに従うように、教化をなさるのである。人・天に堪えられる者の為には十善を説き、二乗に堪えられる者の為には四諦と十二因縁を説き、大乗に堪えられる者の為には六度を説くことで、定性《じょうしょう》と不定性《ふじょうしょう》と【「定性」は涅槃に入ることが決定《けつじょう》している種性《しゅしょう》であり、またの名は趣寂《しゅじゃく》（入寂）である。寂に入ったのに再び大菩提心を発する者が「不定種性」である。】人《にん》と非人《ひにん》の類のすべての者に、各々堪えられるところに従うように説法をなさるのである。たとえ根は無数にあっても、すべての者に利益と喜びを与えるから、これがいわゆる冥々裏の教化である。

Ⅰ四、合作成不同〔20〕

このすべての衆生がこの法を聞くと、現世では安穏となり、後には善処に生まれ、道によって楽を受け、再び法を聞くことができるようになり、法を聞き終った後は、様々の障礙《しょうげ》から離れ、諸法の中で力の〔21〕堪《た》えられるところに従って、徐々に道に入ることができるようになる。それは彼《か》の大雲が一切のものに雨を降らせると、卉木《くさき》・叢林、及び様々の薬草が、それぞれの種性《しゅしょう》に合わせて十分に潤《うるお》いを受け、各々生長《しょうちょう》することができるようになることで譬えられる。

仏が作り成就させる〔作成〕利益を明らかにしている。「この法を聞くと、現世では安穏となり」は、衆生は塵労に沈み、二乗は空寂《くうじゃく》〔22〕に束縛されているが、この法を聞いた者はその塵労をすすぎ、その束縛を解き、物《もっ》の外に抜け出して、のびやかに一生を遊ぶことができるようになるから、これが「現世では安穏となり」ということである。「後には善処に生まれ」は即ち聞法の報であり、「道によって楽を受け」は即ち修道の果である。道という語が使われているが、各々がその道に従うことで受ける楽は同じものではなく、十善を修すれば人・天の楽を受け、四諦と十二因縁を修すれば二乗の楽を受け、六度を修すれば菩薩の楽を受けるというように、その道に従うことで各々の楽を受けることになるのである。「様々の障礙から離れ」は、悪道の者は業障《ごうしょう》を離れることで人・天に行き、人・天の者は事障《じしょう》を離れることで二乗に入り、二乗の者は理障《りしょう》を離れることで菩薩に入ることであり、各々がその才を遂げることである。それ故に仏は「諸法の中で力の堪えられるところに従って、徐々に道に入ることができるようになることは、彼の大雲が一切のものに雨を降らせることで譬えられる」と説いている。〔24〕

如来の説法は一相一味《いっそういちみ》であり、それはいわゆる解脱相《げだつそう》と離相《りそう》と滅相《めっそう》であり、究竟《くきょう》に一切種智《いっさいしゅち》に至るものである。その衆生が如来の法を聞き、若《も》しも持《じ》し読み誦《じゅ》し、言葉の通りに修行したとしても、得ることになる功徳を自ら知ることはできない。

仏が教化を明らかにする功徳について解説している。如来の説法には方便が数多くあるけれど、実では一相一味であると説くのは、一雲から一雨が降るのと同じことである。「解脱相と離相と滅相」は一相一味の体を示している。「解脱相」は諸法に束縛されないものであり、「離相」は諸塵に結合しないものであり、[25]「滅相」は生死が永遠になくなるものであり、それらはみな究竟には一切種智に至るものであり、二つの道はない。「衆生が如来の法を聞き、持しても、得ることになる功徳を自ら知ることはできない」とは、仏が一音《いっとん》で密かに明らかにし真実の教化を冥々裏に運ぶことは、衆草が雨と露に潤されることにより、天地が百嘉を生じることと【「嘉《か》」は良い穀物である。】同じことであるのに、それを自ずから生じ、自ずから成就したと考えるならば、どうして正しく理解しているということになるだろうかという意味である。[26]

何故なら、ただ如来だけがこの衆生の種《しゅ》・相《そう》・体《たい》・性《しょう》で、何の事を念じ、何の事を思い、何の事を修《しゅ》するかを知り、またどのように念じ、どのように思い、どのように修するかを知り、また何の法によって念じ、何の法によって思い、何の法によって修するかを知り、また何の法によって何の法を得るかを知って[27]いるからである。衆生は種々の地に住《じゅう》しているけれども、ただ如来だけがそれを如実に見て、明らかに知り、妨げられることがないのであり、このことは彼の卉木《くさき》と叢林《そうりん》と諸々の薬草などが、上・中・下の性を自ら知ることができないのと同じことである。

ここは仏が衆生の根を観て、それに合わせて教化し、その性に逆らわないようにすることにより、衆生が自ら成就できるようになることを明らかにしている。三乗のそれぞれは性と欲が同じでないから、念じ思い修することが同じでなく、また得ることも各々[28]同じでない。そのことはただ如来だけが能く知り、能く教化することができるのであり、それを衆生は自ら知ることができない。「何の事を念じ」などは、人・天から声聞・菩薩に至るまでの者が何を念じるかなどについて言っている。「どのように念じ」などは、その念などが正しいか邪であるか、また有為であるか無為であるかについて言っている。「何の法によって念じ」などは、大・小・頓・漸のどれを使うか、また定・慧・覚・観のどれを使うかなどについて言っている。「何の法によって何の法を得るか」は、四諦で声聞の法を得ることから、六度で菩薩の法を得ることまでについて言っている。このように、念じ・思うことにおいて、留まる所は各々同じでない。このことが「衆生は種々の地に住しているけれども、ただ如来だけがそれを如実に見ることができる」ということである。このように詳しく説いて、如来が衆生の根について詳細に知っていることを明らかにしている。

H五、結歎迦葉[29]

如来はこれが一相一味の法であることを知っている。いわゆる解脱相と離相と滅相であり、それは究竟《くきょう》の涅槃と常寂《じょうじゃく》の滅相であり、最後に空《くう》に帰《き》するものである。仏はこのことを知っているけれども、衆生の心の欲を観じて、それを受け入れ護《まも》る故に、すぐには彼らの為に一切種智について説くことをしない。迦葉よ、そなたたちは甚《はなは》だ希有《けう》なことに、如来の随宜説法《ずいぎせっぽう》について知り、能く信じ、能く受け入れることができるようになった。何故それが希有であるかと言うと、諸々

の仏・世尊の随宜説法は解《さと》ることが難しく知ることが難しいからである」と。〔30〕

前述の一相一味などについての文をまとめ、随宜説法が難解《なんげ》・難知であることを明らかにし、それを迦葉が能く信受することができるようになったことを讃歎している。「一相一味の法」は即ち一切種智によって証される法であり、如来はその法を知っているけれども、衆生の性と欲が同じでないことを観て、初めはまだその性と欲を受け入れ護り、すぐに明らかに説くことをなさらない。それ故に衆生がその法を知ることは甚だ難しいが、迦葉は信じることも受することも能くできるようになったから、仏は「希有なことである」と告げている。これは前段の文をまとめるものであり、前段の文では「究竟に一切種智に至るものである」と言っているが、それをここでは「究竟の涅槃と常寂の滅相であり」と言っている。前段の文は正智について言うものであり、ここは実相について言うものであって、言っていることは同じことである。「最後に空に帰するものである」は、解脱相と離相〔31〕と滅相から究竟して常寂の滅相に至ると、識心《しきしん》の縁影《えんよう》が一切なくなり、【六塵は実がなく影のようなものであり、所縁になるものであって、妄識が能縁である。】実相妙空に帰するようになることについて言うものであるから、この空は断空でない。

H六、重頌

その時、世尊はこの意味を重ねて宣べようとして、偈をお説きになりました。

文7　Ⅰ一、頌述成前意

「有《う》を破《は》する法王は世間《せけん》に出現して、衆生の欲に合わせて、種々に法を説く。〔32〕

ここは迦葉が前品において、「諸仏は法において最上の自在を得ていますから、諸々の衆生の種々の欲楽《よくぎょう》及び志力《しりき》をご存じであり、堪えられるところに合わせて、無量の譬喩によってそれぞれの為に説法をなさいます」（信解品・J三、感方便恩）と言った趣意を述成《じゅつじょう》なさっている。衆生は真を失い、妄に沈み、無明と生死と諸有《しょう》の覆いの中に閉じ込められているから、大覚が出興なさり、彼らの為に真法《しんぼう》を説き、虚妄《こもう》の有《う》を破すことによって障害と停滞を除くのである。それ故に仏の号が「有を破する法王」である。

I二、頌示所未及

如来は尊重《そんじゅう》であり、智慧が深く遠いので、この重要なことは長い間黙っていて、すぐに〔33〕説こうと務《つと》めなかった。
智慧が有る者は、若《も》しも聞けば、能く信じて解《さと》ることができるが、智慧の無い者は疑悔《ぎけ》して長く失うことになるからである。
この故に、迦葉よ、如来はそのような者の為に、その者の力に合わせて説き、種々の縁により正見《しょうけん》を得るようにするのである。

密かに明らかにし、冥々裏に教化する平等の慈について頌している。「長い間黙っていて、すぐに説こうと務めなかった」のは、機を待ったからである。智慧が有る者は信じるが、智慧が無い者は疑って大きな利を長い間失うことになるから、種々の縁を用いて徐々に引導し、力に合わせて彼らの為に説くことで、正見を得るようにさせるから、それが密かに明らかにする平等の慈であり、迦葉の言葉では言及されていない所〔所未及〕である。

I三、頌喩明4　J初、頌譬本

迦葉よ、必ず知らなければならない。

譬《たと》えるならば、大きな雲が世間に起《た》ち昇って、一切のものを遍《あまね》く覆うようなものである。[34]

仏の出興を譬えている。

J二、頌喩一音密闡

慧雲は潤《うるお》いを含み、稲妻の光はきらめき、雷の音は遠くまで鳴り響き、多くの人々を喜ばせる。日の光を覆い隠して、地上を涼しくし、もくもくと垂《た》れ籠《こ》め、広がり、手に取ることができるかのようである。

その雨は普《あまね》く等しく、四方のどこにも降り、流れ澍《そそ》ぐことが無量であり、率土《そつど》に満ちて潤《うるお》す。【「率土」は国の果てという意味であるから、すべての土地を指す。】[35]

大きな雲がいよいよ雨を降らせると、稲妻が光り、雷が鳴り響くというのは、如来が出興して放光し説法することを譬えている。慧雲が潤いを含み日の光を覆い隠すというのは、いわゆる「慈を意とする妙は大きな雲のようであって、甘露の法雨を注ぎ、煩悩の炎を消し去る」（観世音菩薩普門品・G六、総歎説法）ということである。雲の陰が垂れ籠め、地上に近づき手に取ることができるかのようであるというのは、仏の慈意が下まで及び、万物《まんもつ》に同じように下《くだ》されることを譬えている。「その雨は普く等しく」は法利が均一であることを譬えている。「四方のどこにも降り」は四生を選ばないことを譬えている。「率土に満ちて潤す」は仏の教化が大千世界を覆うことを譬えている。

J三、頌喩真知冥化[36]

山の川や険《けわ》しい谷の奥深い所に生じた卉《くさ》木《き》・薬草と大小の諸々の樹《き》と百穀の苗稼《びょうか》と【「苗」はまだ穂が出ていない穀物であり、「稼」は穂が出て実った穀物である。】**甘蔗《かんしょ》・蒲萄《ぶどう》は、雨に潤《うるお》されて豊かに実ら**

ないものはない。

乾いた土地は普く潤い、薬木《やくもく》はどれも茂ることになる。

機は多く、同じものでないのに、仏がそれぞれに応じないということがないことを譬えている。ここまでの所で草と木だけについて述べているだけであるのに、ここで百穀・甘蔗・蒲萄などを加えているのは、草木は三乗の種性を譬え、道に入る機に限られるものであるが、まだそれが現れていない機もあるから、百穀などを加えて、生のあるすべての者がみな潤いを受けることが譬えられている。「乾いた土地」は法の水によりまだ潤わされていないことを譬え、すべてが利益と潤いを受けるようになることを「普く潤い」と言っている。「薬木」は薬草と樹木である。

J四、頌喩作成不同〔37〕

その雲が降らす一味《いちみ》の水により、草木と叢林は、分に随《したが》って潤いを受ける。

一切諸樹の上中下などは、その大小に合わせて、各々生長《しょうちょう》することができるようになる。

根《こん》・茎《きょう》・枝《し》・葉《よう》と華《け》・果の光色《こうしき》は、一雨が及ぶ所では、みな鮮やかさを得て、その体《たい》と相《そう》と性《しょう》の分の大小に合わせて、潤うことは同じでありながら、それぞれに益々茂ることになる。

I四、頌法合4　J初、合譬本

仏もまたこのようである。

世間に出現することは、〔38〕譬えるならば、大きな雲が一切を普《あまね》く覆うようなものである。

J二、合一音密闡

既に世間に出た後は、衆生たちの為に、諸法の実《じつ》について分別《ふんべつ》して演《の》べ説くのである。

方便には多くの門があるけれども、実相を離れることはない。

大聖世尊《だいしょうせそん》は諸々の天・人の一切の衆の中においてこの言葉を宣《の》べる。
余は如来・両足尊《りょうそくそん》である。
世間に出ることが大きな雲のようであり、一切の枯木のような衆生を充分に潤《うるお》し、皆を苦から離れさせ、安穏《あんのん》の楽[39]**と世間の楽、及び涅槃の楽を得させる。**

教化の迹を唱え顕し、衆生を済度する事を宣べる頌である。「皆を苦から離れさせ」以下は長行の「度《わた》ることができない者を度るようにし」など（同品・一二、合一音密闡）を頌している。得度することにより涅槃に至るから、そうなれば苦を離れ、安穏となり、世間と出世間の楽のすべてを得ることになる。

諸々の天《てん》・人《にん》の衆《しゅ》は一心に善《よ》く聴《き》きなさい。
皆ここに来て、無上尊を観《み》なさい。
余は世尊であり、余に及ぶことができる者はいない。
衆生を安穏にしようとして、それで世間に現れて、大衆《だいしゅ》の為に甘露《かんろ》の浄法を説く。

仏が人・天を呼び集めて、法を聴かせることを頌している。[40]

その法は一味であり、解脱と涅槃である。
一つの妙音によってこの意味を演べ広げ、常に大乗の為に因縁を作る。

一相一味についての文（同品・一四、合作成不同）を頌している。「常に大乗の為に因縁を作る」は「究竟に一切種智に至るものである」（同品・一四、合作成不同）と同じ意味である。

J三、合真知冥化[41]

余が一切を観じることは、普くすべて平等であり、彼《かれ》と此《これ》に愛したり憎んだりする心がない。
余は貪著《とんじゃく》することがなく、また限《かぎ》ることも礙《さまたげ》られることもなく、【「限」はかぎることである。】**常に一切の者の為に平等に説法する。**
一人の為にするように、大勢の者にもまた同じようにし、常に演べ法を説いて、少しも他の事はしない。
行き、来、坐り、立つことに最後まで疲れることがなく、世間に充満することが雨が普《あまね》く潤すようである。
貴い者も賤しい者も、上の者も下の者も、戒を守る者も戒を破る者も、威儀を具足する者も具足しない者も、正見《しょうけん》の者も邪見《じゃけん》の者も、利根《りこん》の者も鈍根《どんこん》の者も、誰の上にも等しく法雨を降らせ、倦《う》むことがない。

ここは、すべて仏が真知で冥々裏に教化する平等の大慈について説いている。

J四、合作成不同

一切の衆生で余の法を聞く者は、力が及ぶところに随い、様々の地に住むことになる。[42]

「様々の地」は以下で明らかにされる通りであり、人・天を初めとして十地に至るまでである。

或いは、人《にん》・天《てん》・転輪聖王《てんりんじょうおう》と釈《しゃく》・梵《ぼん》の諸王に留まる者は、これは小の薬草である。

人・天の乗である。転輪聖王は四天下で王となり、帝釈は忉利天で王となり、梵王は初禅天で王となる。

無漏《むろ》の法を知り、能く涅槃を得、六神通《ろくじんずう》を起し、また三明《さんみょう》を得て、独《ひと》り山林に留まり、常に禅定《ぜんじょう》を行じ、縁覚《えんがく》の証《さとり》を得る者は、これは中の薬草である。

声聞乗である。無漏の小果[43]を得、六神通と三明を起すのは、声聞と縁覚の共通の行であり、ただその中の利根の者が縁覚の証を得る。

世尊の処を求めて、自ら必ず仏となろうとして、精進《しょうじん》と定《じょう》を行《ぎょう》じる者は、これは上の薬草である。蔵教の菩薩である。【如来の教化を五時八教という。八教は頓・漸・秘密・不定《ふじょう》・蔵・通・別・円である。「頓教《とんぎょう》」とは、如来が初めに正覚を遂げて寂滅道場《じゃくめつどうじょう》に留まったままで盧舎那身《るしゃなしん》を現し、その時に説いた円満修多羅《えんまんしゅたら》（『華厳経』）であり、それを頓教という。「漸教《ぜんぎょう》」とは、仏が三乗の根性には頓教では利益がないから、寂滅道場から動かないで、そこに留まったままで鹿野苑《ろくやおん》に遊び、盧舎那の宝衣を脱いで、丈六《じょうろく》の身体に垢が付いた古い衣を着て、兜率天から下るところを見せ、菩提樹の下で劣応身《れつおうじん》を遂げて、[44]最初に鹿野苑に行き四諦と十二因縁についてと六度などの教えを説き、次に方等《ほうどう》を説き、更に般若を説いたが、これらのすべてを『華厳経』の頓に対して漸と名付ける。「秘密教」は、前の四時（華厳時・阿含時《あごんじ》・方等時《ほうどうじ》・般若時）の中で、如来の三輪《さんりん》は不思議であるから、〘「三輪」は身・口・意である。〙或る場合は、此の人の為に頓教を説き、また或る場合は彼の人の為に漸教を説くけれども、此の人と彼の人はそのことを知らずに、能く利益を得るようになさるから、秘密教という。「不定教《ふじょうきょう》」は、また前の四時の中で、仏は一音で法を宣べ伝えたのであるけれども、衆生は類に従って各々異なった理解を得ることになる。これは如来の不思議力により、衆生が漸説の中でも頓益を得ることができるようにし、頓説の中でも漸益を得ることができるようにするからであり、このように利益を得ることが同じでないから、不定教という。「三蔵教（蔵教）」は、名は大乗にも小乗にも通じるものであるけれども、ここでは小乗の三蔵を指している。通教《つうぎょう》は、前の蔵教《ぞうきょう》にも通じ、この後の別教《べっきょう》と円教《えんぎょう》にも通じるものであるから、通教と名付ける。また、相当する教に従って名を得るが、三人が〘声聞・縁覚・菩薩である。〙同じように、言葉で表せない道で色を体し、空に入るから、通教という。「別教」は三界の外の独菩薩法を明らかにするものであり、教・理・智・断・行・位・因・果が前の蔵教と通教の二教と異なり、後の円教とも異なるから、別教と名付ける。「円教」は、円の名は円妙であり、円満であり、円足であり、円[45]頓であるから、それで円教と名付ける。】これは権乗により菩薩行を修する者であり、たとえ仏果を求めてひたすら精進を行じる者であっても、いまだ小乗から離れることができない者であるから、「上の薬草」となる。

また諸々の仏子《ぶっし》が仏道に専《もっぱ》ら心を用い、常に慈悲を行じ、自らが仏となることを知り、決定《けつじょう》して疑わない者は、この名が小樹である。

通教の菩薩である。これは方等教により菩薩行を修する者であり、大乗の初位《しょい》であり、根はたとえ大きくても、木陰がまだ広いものではないから、「小樹」となる。

神通《じんずう》に安らかに留まり、不退輪《ふたいりん》を転じ、無量の億百千の衆[46]生を済度する、このような菩薩は、名が大樹である。

円教の菩薩である。これは一乗によって菩薩行を修する者であり、三乗から遥かに遠く出て、神通に安らかに留まり、不退輪を転じ、億千の衆を済度するから、その木陰は広いものである。

仏の平等《びょうどう》の説は一味《いちみ》の雨のようなものであるけれども、衆生の性《しょう》に合わせるものである。受けるところが同じでないのは、彼の草木が受けるところが各々異なっているようなものである。

ここまでの作成不同の文を結び、仏の究極の教化が物の創造と同じように冥々裏に行われることを明らかにしている。

仏はこの譬喩によって、方〔47〕便により開示《かいじ》し、種々の言辞《ごんじ》を使って一つの法を演べ説くけれども、それは仏の智慧の中では、海の一滴の水のようなものである。

これまでの喩説は広いものではあるけれども、仏の真実の智慧の海の中では、一滴の水の相を明らかにした程度のものであるに過ぎないと言っている。ここは如来が「無量無辺阿僧祇の功徳について、たとえ無量億劫の間説いたとしても、すべてを説き尽くすことはできないだろう」（同品・H二、示所未及）と言っている意味を結んで顕している。

Ⅰ五、明随機増進

余は法雨を降らせて世間に充満させるが、その一味の法において各々の力に合わせて修行することは、彼の叢林・薬草・諸樹が各々の大小に合わせて、徐々に育ち茂っていくようなものである。

ここは利益が増進《ぞうしん》することについて明らかにしており、以下は機が増進することについて明らかにしている。〔48〕

諸仏の法は、常に一味によって諸々の世間を普《あまね》く具足させるものであり、徐々に順序に従い修行すれば、誰でも道果を得ることになる。

ここで総じて標示し、以下で別々に明らかにしている。

声聞と縁覚で、山林に留まり、最後身《さいごしん》に住して、法を聞き果を得る者であれば、この名は薬草が各々益々成長することを得るである。

ここは二乗の法によって増進する者について言っている。「最後身」は次に辟支〔49〕仏の果を証することなる身体あり、再び人間に生を受けることがない。

若しも諸々の菩薩が、智慧が堅固であり、三界《さんがい》についてすべてを知り、最上の乗を求める者であれば、この名は小樹が増々成長することを得るである。

ここは方等の法によって増進する者である。

また禅に住して神通力を得、諸法の空について聞き、心で大いに歓喜し、無数《むしゅ》の光を放って諸々の衆生を済度する者は、この名は大樹が増々成長することを得るである。

ここは大乗の法によって増進する者である。[50]

このように、迦葉よ、仏が説く法は、譬えるならば大きな雲のようであり、一味の雨で人華《にんけ》を潤し、各々が実を結ぶことができるようにするものである。

増進することが機によって同じでないことを総じて結んでいる。「人華」は善根《ぜんごん》が秀《ひい》でている者であり、仏が冥々裏に教化することに因って、各々実を結べるようになる者である。

I六、明諸仏道同

迦葉よ、必ず知らなければならない。

諸々の因縁と種々の譬喩により仏道を開示することこそが余の方便であり、諸仏もまたこのようにするのである。

密かに明らかにし、冥々裏に教化することは、どの仏も道が同じである。

I七、結前開後[51]

今日、そなたたちの為に最も真実であることを説こう。

諸々の声聞衆は誰も滅度《めつど》していない。
そなたたちが行じるところは菩薩道でなければならない。
徐々に修学《しゅがく》すれば、すべての者は必ず成仏《じょうぶつ》するのである。」

ここまでに説いたことを総じて結び、実を立て権《ごん》を廃することで、仏はこの後の記を与える文を開いている。「最も真実であることを説こう」は、即ち実を立てることである。「誰も滅度していない」と言うのは、即ち権を廃することである。「この道を修行すれば、すべての者は必ず成仏するのである」と言うのは、即ちこの後の〔52〕記を与える文を開くものである。

[53] G四、中根得記

妙法連華経 授記品《じゅきほん》 第六 [55]

大迦葉たちが喩説を領悟し、仏の正道を得て、必ず仏の位を踏むことになったことにより、仏が来果《らいか》を与えると説くから、名を授記品という。法華の一会《いちえ》は多くの者の機が正しく実となっていて、なさなければならないことが既に遂げられていた時節に開かれたものであるから、正宗分《しょうしゅうぶん》で説いて示すことは多くのものではなく、すぐに三乗を一に会し、四見《しけん》を開いて悟入させ、一人一人に記を授けて成仏することを約束することで、仏が出興した功を成就し、本願が満たされることを示すだけである。ところで、昔、維摩詰《ゆいまきつ》は過去に弥勒菩薩が一生の記を授かったことをいぶかり、「正位《しょうい》の中では本来授記はなく、また菩提を得ることもない」と言っている。『法華経』においては、既に正位に入っているというのに、どうして迹《しゃく》に滞るのか。そもそも身体があるから授記があるのに、正位に入った者にもまだ身体があると言うのか。けだし正位の中では、たとえ授記はなくても、それは授記を廃するものではない。例えば華厳性海《けごんしょうかい》のようなものがどうして正位でないと言えようか。そこでは十住の初めから妙覚の終りまでに、しばしば記莂《きべつ》があることを聞くが、そこにいわゆる清浄心といわゆる殊勝の境界がどうして無いなどと言えるだろうか。『維摩経』に「説法は有るのでもなく、また無いのでもない。因縁の故に諸法は生じ、我《が》はなく〔無我〕、造物主はなく〔無造〕、受ける者はいない〔無受者〕けれど、善悪の業は決して無くなることがない〔不亡〕」とある。正しく証した人（正位）は固より身体はないはずである。しかしそうであるのなら、どうして善悪の業が身体に[56]記憶されることがあるのだろうか。身体が善悪の業を忘れるということは決してないのである。世間の貧と富・貴と賤・長寿と短命・苦と楽は、昔作ったことによって今日受けるものであり、前が呼び後が応じるものであり、それは目の粗《あら》い網にかけても漏れることがなく、大劫《だいこう》に淪落《りんらく》しても置き忘れられるようなことはない。それでは、誰が記を与えるのか。今言うところの記は、特別に善悪の業は決してなくなることはないという不亡《ふもう》の理を補助的に明らかにし、発願《ほつがん》した人を前に押し進めようとなさるものであるのに他ならない。

文3　H一、迦葉得記

その時、世尊はこの偈《げ》を説き終わると、諸々の大衆に告げて、このような言葉を唱えました、「余のこの弟子、摩訶迦葉は未来世《みらいせ》において、必ず三百万億の諸々の仏・世尊を〔57〕奉じて観ることができるようになり、供養《くよう》し恭敬《くぎょう》し尊重《そんじゅう》し讃歎《さんだん》して、諸仏の無量の大法を広く宣べ、最後身において仏となることを成就して、名は光明《こうみょう》如来・応供・正遍知・明行足・善逝世間解《ぜんぜいせけんげ》・無上士《むじょうし》・調御丈夫《じょうごじょうぶ》・天人師・仏・世尊であり、国の名は光徳《こうとく》であり、劫《こう》の名は大荘厳《だいしょうごん》であるだろう。

多くの授記文はみな二つに分けられ、十号の前までは因記となり、そこから後は果記となる。諸々の弟子が観る仏の数に多い少ないがあって同じでないのは、各々その願縁によるからであり、仏に仕える功用が同じでないのは各々その才力によるからであり、成仏の果号が同じでないのは〔58〕各々その因行によるからである。大迦葉は因地では日月灯明仏に仕え、その仏が滅度した後は灯《ともしび》を点《とも》して明るくし続け、紫光《しこう》の金で仏の形像を塗って修理し、更に法華の会において妙性を開明したことにより、号を光明とし、国名を光徳とし、劫名を荘厳とするようになるのであり、すべてはその因行に基づくものである。

仏の寿命は十二小劫であり、正法《しょうぼう》の住世は二十小劫であり、像法《ぞうほう》もまた二十小劫を住するであろう。

清浄な法界の身体は本来は出没することがないものであるのに、未来世に生まれて十二小劫の間留まって没するというのは、大悲願力によって示現することを意味するものであるのに他ならない。また、正法と像法が各々二十小劫の後に滅するというのは、衆生の機が感じることによって出現したり没したりすることを意味するだけであり、仏身の法《ほっ》[59]性《しょう》は、本来その間に出現したり没したりすることはない。

国界を厳かに飾り、様々の汚れた瓦や石や棘《とげ》、糞や尿のような不浄のものはなく、その土地は平坦であって、高下《こうげ》も穴も丘もない。琉璃《るり》が地をなし、宝樹が行列し、黄金で縄をなって道の縁に垂らし、様々な宝華《ほうけ》が散じられ、周囲は遍《あまね》く清浄《しょうじょう》であるだろう。

依報《えほう》を感じるのはすべて心地《しんじ》による。「瓦や石や棘」は粗雑な心が感じるものであり、「糞や尿のような不浄のもの」[60]は汚れた心が感じるものであり、「穴と丘」はへつらいの心が感じるものである。諸仏には粗雑な心も汚れた心もへつらいの心もないから、国界が厳かに飾られ、様々の汚れがなく、ただ清浄な妙行を修するだけである。それ故に、その土地は平坦であり、あらゆる種類の宝物が遍くゆきわたっている。『維摩経』に「その心が清浄であることにより仏土は清浄であり、その心が清浄であることにより一切の功徳は清浄である」とあるが、ここはそのことを証明するものである。

その国の菩薩の数は無量千億であり、諸々の声聞衆もまた無数であり、魔事《まじ》はなく、魔と魔の民がいても、みな仏法を護持するだろう」と。

問う、「釈尊が成仏なさった時、なお魔に打ち勝つのに難儀なさったというのに、迦葉にはどうして独[61]り魔事がないのですか」と。答える、「釈尊は五濁《ごじょく》の悪世に教化を示し、正に多くの魔とやっかいな関わりを持つことになった。もしも魔事がなかったら、悪世という名は付けられなかっただろう。迦葉が成仏する時は善い国土に当たることになり、たとえ魔がいたとしてもみな仏法を護る者となるからである」と。[62]

その時、世尊はこの意味を重ねて宣べようとして、偈をお説きになりました。

「すべての比丘に告げる。

余が仏眼《ぶつげん》によりこの迦葉を見るところでは、未来世《みらいせ》において、無数劫《むしゅこう》が過ぎると、必ず仏となることができるだろう。

来世《らいせ》において、三百万億の諸々の仏・世尊を供養し奉じ観《み》て、仏の智慧を得る為に清浄に梵行を修するだろう。

最上の二足尊《にそくそん》を供養し、一切の無上の慧《え》を修し、最後身《さいごしん》において仏となることを成就するだろう。

その土地は清浄であり、琉璃で地が作られ、多くの宝樹が道に沿って並び、金の縄が道に垂らされていて、見る者が歓喜《かんぎ》するだろう。

常に良い香りが漂い、多くの名高い花が散じられ、種々奇妙に荘厳され、その土地は平坦であって丘や穴がない。

諸々の菩薩衆は数えられないほどに多く、その心は柔らかくて大神通《だいじんずう》に到達し、諸仏の大乗の経典を奉持している。

諸々の声聞衆の無漏《むろ》の後身《ごしん》と法王の子も、数えることができないほどに多いだろう。

その数は天眼でも数えて知ることができないだろう。

その仏が当たる寿命は十二小劫であるだろう。正法《しょうぼう》が世に住するのは二十小劫であり、像法《ぞうほう》もまた二十小劫の間住するだろう。光明世尊についてのことは、このようであるだろう。」［63］

頌《じゅ》は長行《じょうごう》に応じて、その内容を明らかにするものである。「その心は柔らかくて」は究極の慈悲について言うものであり、「大神通に到達し［逮］」は相手に応じて教化することが測りきれないほど多いことを言っている。「逮」は及ぶことである。「大神通」は為すことをせずに応じることであり、意図することもなくどこにでも行かれることであり、小聖《しょうしょう》には適《かな》わないことである。「無漏の後身」は即ち声聞の果体であり、「法王の子」は即ち大心の声聞である。

H二、三聖請記

その時、大目揵連《だいもっけんれん》と須菩提《しゅぼだい》と摩訶迦旃延《まかかせんねん》などは、みなおののいて、一心に合掌し、尊顔《そんげん》を仰ぎ見て、少しの間も目を仏からそらさずに、すぐに声を揃えて偈を説きました。［64］

法説で仏は「千二百の羅漢もまた悉く必ず仏となるだろう」（方便品・L十、頌要終顕実）と説いているから、記を与えることは既に終わっている。しかも、ここで特別に迦葉上首《じょうしゅ》に授けているからには、三聖の記は言わなくても分かるはずであるのに、目連などが心に自ら安らかでいられないのは、王の膳を前にしながら、すぐに食べることができないようなものであるからであり、それでおののいて要請するのである。

「大雄猛《だいゆうみょう》の世尊は、諸々の釈の法王でいらっしゃり、私たちを哀れむ故に、仏の音声《おんじょう》をくださいます。

若しも私たちの心の底をお知りくださり、私たちの為に授記を見せてくださるならば、私たちは甘露《かんろ》が注がれたように、熱さが除かれて清涼《しょうりょう》となることができるでしょう。

初めの四句（「大雄猛の世尊は」から「仏の音声をくださいます」まで）は法喩を賜《たま》わったことを讃歎して感謝[65]するものであり、その後の四句（「若しも私たちの」から「清涼となることができるでしょう」まで）は記《き》を請《こ》い、利益を求めるものである。

飢饉《ききん》の国からやって来て、そこに忽然《こつねん》と大王の膳《ぜん》が目の前に現れても、心は引き続き疑いと怖れを懐き、すぐに食べることができませんが、若しもそこで王の許しが出れば、その後で初めて食べることができるようなものです。

ここで譬喩を設けて、この後で自らその説明をしている。

私たちもまたこのようなものです。

常に小乗の欠点を考えながらも、どのようにしたら必ず仏の無上の慧を得られるのかということが分かりませんでした。

仏の音声《おんじょう》が私たちが仏になれるとおっしゃるのをお聞きしても、心でなお心配と怖れを懐いていました。

それは食べたいのに、すぐには食べられないようなものです。

若しも仏の授記《じゅき》を蒙《こうむ》ることになれば、どれほど快く安楽なことでしょう。

「常に小[66]乗の欠点を考える」ことは、前節にある「飢饉の国からやって来る」ことであり、「私たちが仏となれるとおっしゃる」ことは、前節にある「忽然と大王の膳が目の前に現れる」ことである。

大雄猛《だいおうみょう》の世尊は常に世間を安らかにしようとなさっています。お願いですから、私たちに記を与えてください。私たちは、飢えている者が『食べなさい』という許しが出るのを待っているようなものです。」

要請の文を結んでいる。

H三、三聖得記3　Ⅰ一、善吉得記

その時世尊は諸々の大弟子の心が念じるところを知り、諸々の比丘にお告げになりました、「この須菩提《しゅぼだい》は来世において三百万億〔67〕**那由他《なゆた》の仏を観て、供養し恭敬し尊重し讃歎して、常に梵《ぼん》行《ぎょう》を修《しゅ》し、菩薩道を具備し、最後身において仏となることができ、号は名相《みょうそう》如来・応供・正遍知・明行足・善逝世間解・無上士・調御丈夫・天人師・仏・世尊であり、劫の名は有宝であり、国の名は宝生《ほうしょう》であるだろう。**

色心を初めに破すれば万法はすべて空となり、理と事が根源に戻れば一切は真実となる。須菩提〔善吉〕は過去に空を解し、無名・無相であったから、色心を初めに破した者である。今、実果を証し、翻《ひるがえ》って名相《みょうそう》と号するようになるのは、理と事が根源に戻ったからである。また須菩提が生まれた時、家の物が忽《たちま》ち空となったと言われているのに、今、劫の名が有宝であり、国の名が宝生であるのも、また同様の意味である。「那由他」は即ち該数である。〔68〕

その土地は平坦であって、頗梨《はり》が地をなし、宝樹で荘厳し、丘と穴と砂と石と棘《とげ》と糞尿の汚れがなく、宝華《ほうけ》が地を覆い、周囲は遍く清浄である。その地の人民《にんみん》はみな宝台と珍妙の楼閣に住み、声聞の弟子は無量無辺で、算数《さんじゅ》や譬喩によってでもその数を知ることができず、諸々の菩薩衆も

無数千万億那由他である。仏の寿命は十二小劫であり、正法《しょうぼう》の住世は二十小劫であり、像法《ぞうほう》もまた二十小劫を住するであろう。その仏は常に虚空《こくう》に留まって、大勢の人々の為に説法し、無量の菩薩と声聞衆《しょうもんじゅ》を度脱《どだつ》するだろう」と。[69]

挙げて言うところの十号は正報《しょうぼう》を明らかにし、劫と国の荘厳は依報《えほう》を明らかにする。華・樹・台・閣がみな宝物でできているのは、劫と国の名に応じるものである。「その仏は常に虚空に留まって、大勢の人々の為に説法し」は、空によって悟り、空によって実を証させることを示している。[70]

その時、世尊はこの意味を重ねて宣べようとして、偈をお説きになりました。

「すべての比丘衆《びくしゅ》よ、今、そなたたちに告げるから、みな必ず一心に余が説くところを聴きなさい。

余の大弟子の須菩提は必ず仏となることができ、号は名相《みょうそう》であるだろう。

必ず無数万億の諸仏を供養し、仏が行じるところに随って、徐々に[71]大道を具備し、最後身で三十二相を得、端正《たんしょう》で美しく微妙《みみょう》であることが宝山のようであるだろう。

その仏国土《ぶっこくど》は厳《おごそ》かで清浄であることが第一であるから、それを見る衆生で愛し楽しまない者はいないだろう。

仏はその中で無量の衆を度脱するだろう。

その仏の法の中には菩薩たちが多く、誰もが利根《りこん》であり、不退輪《ふたいりん》を転じるだろう。

彼《か》の国は常に菩薩によって荘厳されるだろう。

諸々の声聞衆も挙《あ》げて数えることができないほど多く、皆は三明《さんみょう》を得、六神通を具備し、八解

脱に住し、大きな威徳があるだろう。

その仏は説法して、無量の神通変化《じんずうへんげ》の不可思議を現すだろう。

諸々の天と人民《にんみん》の数は恒沙《ごうじゃ》のように多く、皆が合掌して仏の言葉を聴受《ちょうじゅ》するだろう。

その仏が当たる寿命は十二小劫であり、正法は二十小劫世間に住し、像法もまた二十小劫住するだろう。」［72］

須菩提は霊鷲山《りょうじゅせん》の高貴な集会において、衆僧《しゅそう》の首長となる者であり、般若の大慧に関して解空《げくう》第一である。その道徳と功行は亜聖《あせい》ではないかと思われるほどの者であるけれど、果記が与えられるまでになお必ず無数の仏を供養し、仏道を行じた後に徐々に大道を具備するというのは、小乗はただ無相を念じるだけで大行を修することがなく、たとえ多くの劫を経たとしても正覚を成就することができないからである。それ故に、必ず菩提の大心を発し、菩薩の大道を具備しなければならないのであり、そうした後で成仏することになる。「皆が合掌して仏の言葉を聴受するだろう」は、皆が篤く信じ、善を喜び、そこには軽薄な風俗がないことを言っている。

Ｉ二、旃延得記［74］

その時、世尊はまた諸々の比丘衆にお告げになりました、「余は今日、そなたたちに告げよう。この大迦旃延《だいかせんねん》は来世において、様々の供養のものによって八千億の仏を供養し奉事《ほうじ》し恭敬《くぎょう》し尊重《そんじゅう》するだろう。諸仏が滅度した後には各々の塔廟《とうみょう》を起《た》て、その高さは千由旬であり、縦と横の長さは丁度等しく五百由旬であるだろう。金・銀・琉璃・硨磲《しゃこ》・瑪瑙《めのう》・真珠・玫瑰《まいかい》の七宝で合成《ごうじょう》し、多くの輝きを放つ瓔珞《ようらく》と塗香《ずこう》・抹香《まっこう》・焼香《しょうこう》と繒蓋《ぞうがい》・幢幡《どうばん》でその塔廟を供養するだろう。これが過

ぎた後に、必ず更に二万億の仏を供養する時も、また同じようにするだろう。このように諸仏を供養し、菩薩道を具備して、必ず仏となることができ、号は閻浮那提金光《えんぶなだいこんこう》如来・応供・正遍知・明行足・善逝世間解・無上士・調御丈夫・天人師・仏・世尊であるだろう。その土地は平坦であって、頗梨《はり》が地をなし、宝樹で荘厳し、黄金で縄をなって道の縁に垂らし、美しい花が地を覆い、周囲は遍く清浄で、見る者は歓喜し、四悪道[75]の地獄・餓鬼・畜生・阿修羅の道はなく、天と人が大勢住み、声聞衆と諸々の菩薩の数が無量万億であり、その国を荘厳するだろう。仏の寿命は十二小劫であり、正法が世間に住《じゅう》することは二十小劫であり、像法もまた二十小劫を住するであろう」と。

その時、世尊はこの意味を重ねて宣べようとして、偈をお説きになりました。


「すべての比丘衆よ、誰もが一心に聴きなさい。

余が説くようなことは、真実であって、異なることがない。

この迦旃延は必ず種々の微妙で好ましい供具《くぐ》で諸仏を供養するだろう。

諸仏が滅度した後に七宝塔を起て、また華と香によって舎利を供養し、その最後身で仏の智慧を得、等正覚《とうしょうがく》を成就するだろう。

国土は清浄であり、無量・万億の衆生を度脱し、それらの者はみな十方で供養されることになるだろう。

仏の光明は、誰よりも勝るものであり、その仏号は閻浮金光《えんぶこんこう》というだろう。

菩薩と声聞で一切の有《う》を断じた者は無量・無数であり、その国を荘厳《しょうごん》するだろう。」[76]

「閻浮那提金《えんぶなだいごん》」は紫艶《しえん》が【「艶」は美しい輝きである。】比べるものが無いほど美しいものであり、迦旃延の果体の金色《こんじき》がこのように輝くのは、迦旃延が論義第一であり、理性《りしょう》が精妙で鮮やかであるからであり、またそれは過去に仏の土地を一生懸命に掃除して厳かで清浄にした縁による果である。「一切の有を断じた」は、理を極め情を忘れて、わずかな塵も存在しないことであり、道を証することが精妙で透徹していることであって、有を捨てた無のことを言うのではない。

Ⅰ三、目連得記 [77]

その時、世尊はまた大衆《だいしゅ》にお告げになりました、「余は今日、そなたたちに告げよう。この大目犍連《だいもっけんれん》は必ず種々の供具《くぐ》で八千の諸仏を供養し恭敬し尊重《そんじゅう》するだろう。諸仏が滅度した後には各々の塔廟《とうみょう》を起て、その高さは千由旬《ゆじゅん》であり、縦と横の長さは丁度等しく五百由旬であり、金・銀・琉璃・硨磲・瑪瑙・真珠・玫瑰の七宝で合成《ごうじょう》し、多くの輝きを放つ瓔珞と塗香《ずこう》・抹香・焼香と繒《ぞう》蓋《がい》・幢幡《どうばん》で供養するだろう。これが過ぎた後に、必ず更に二百万億の諸仏を供養する時も、またこれと同じようにして、その後必ず仏となり、号は多摩羅跋栴檀香《たまらばつせんだんこう》如来・応供・正遍知・明行足・善逝世間解・無上士・調御丈夫・天人師・仏・世尊であるだろう。劫の名は喜満《きまん》であり、国の名は意楽《いらく》であるだろう。その土地は平坦であって、頗梨《はり》が地をなし、宝樹で荘厳し、真珠の花が散じ、周囲は遍く清浄[78]**で、見る者が歓喜するだろう。天と人たちは多く、菩薩と声聞はその数が無量であるだろう。仏の寿命は二十四小劫であり、正法が世間に住することは四十小劫であり、像法もまた四十小劫を住するであろう」と。**

「多摩羅跋栴檀香」は清らかで、その香りが遠くまで静かに行き渡る。目連は神通第一であるから、果徳も同様となる。「西北方の二仏は、一人の名は多摩羅跋栴檀香神通であり」（化城喩品・Ｈ二、歴陳名迹）とあるから、香が神通を譬えることは明らかである。一由旬は四十里であり、目連が仏を供養して起てる塔の高さが千由旬であるのは、神通によって建てるからである。様々の因記の行は、すべて声聞を促《うなが》して進んで大心を開き展《ひろ》げさせるものであり、空寂《くうじゃく》を捨て、大行を広く修することによって、仏道を成就させるものである。〔80〕

その時、世尊はこの意味を重ねて宣べようとして、偈をお説きになりました。

「余のこの弟子、大目犍連はこの身体を捨て、八千二百万億の諸々の仏・世尊を見、仏道の為に供養し恭敬し、諸仏の所で常に梵行を修し、無量の劫に仏法を奉持するだろう。

諸仏の滅後に七宝《しちほう》の塔を起て、金刹《こんせつ》を高く表《あらわ》し、華・香・伎楽《ぎがく》で諸仏の塔廟《とうみょう》を供養するだろう。

徐々に菩薩の道を具足した後に、意楽国《いらくこく》において仏となり、号は多摩羅栴檀香であるだろう。

その仏の寿命は二十四劫であり、常に天・人の為に仏道を演べ説くだろう。

声聞の数は無量であり、恒河沙《ごうがしゃ》のように大勢の者には三明《さんみょう》と六通《ろくつう》があり、大威徳があるだろう。

菩薩の数も無数であり、志《こころざし》において精進が固く、仏の智慧において誰も退転《たいてん》することがないだろう。

仏が滅度した後、正法は四十小劫住し、像法もまた同じだろう。

余の諸々の弟子で、威徳が具足している者たちは、その数が五百である。

それらの者の皆に必ず記を授け、『未来世《みらいせ》において、みな仏になるだろう』と告げる。

余とそなたたちの宿世《しゅくせ》の因縁《いんねん》について、余は今から必ず告げるから、そなたたちは善く聴きな

さい。」〔81〕

「金刹《こんせつ》を高く表し」は、刹《せつ》は略さずに言えば掣多羅《せたら》で、塔の上を覆う鉢の上に立つ柱のことであり、それは塔の表示となるものであるから表刹《ひょうせつ》と名付けられ、金で作られているものが「金刹《こんせつ》」である。その塔の高さが千由旬であるとすれば、表刹も高いものであったことが分かる。目連記の頌は「像法もまた同じだろう」の句までで終わり、「余の諸々の弟子で、威徳が具足している者たちは」以下は、即ち五百人の記を許すものであると同時に、第三周の説法を開く端緒となっている。

[82] E三、因縁説一周被下根２　F初、因縁説

妙法蓮華経 化城喩品《けじょうゆほん》 第七 [83]

造られた城［化城］とは、本来ないものが権《ごん》として作られ、遠い道のりの途中で行き悩んで休みたいと願っている人を救済《くさい》し、そこから進ませて宝所《ほうしょ》に到達させるものである。これは、小果は実ではないけれど、仏が権を設けて、小法を喜び、それによって証を求める人を済度し、引き寄せた後に仏慧《ぶつえ》に入らせることを譬えるものである。これを因縁説と言うのは、前の譬喩品の喩説から薬草喩品に至るまではすべて法が一つであるが、機が異なる故に、下根の者が「最後まで行くことはできないだろう」と考えて懈怠《けだい》の心を生じて退くのではないかと心配なさり、仏がここで昔教化したという因を明らかにし、今その縁が既に熟し、勝果が近くにあることを示すことによって、退かないようにさせ、化城を捨てて宝所に向かわせようとするものだからである。

文６　G一、標本始

仏が諸々の比丘たちにお告げになりました、「過去、無量・無辺・不可思議の阿僧《あそう》[84]祇劫《ぎこう》の昔のことになるが、その時仏がいらした。名は大通智勝《だいつうちしょう》如来・応供・正遍知・明行足・善逝世間解・無上士・調御丈夫・天人師・仏・世尊であり、その国の名は好城《こうじょう》であり、劫《こう》の名は大相《だいそう》であった。

「大通智勝」は一乗実智の果仏である。その智の体が十虚《こ》を包括《ほうかつ》することが「大」であり、塵劫《じんこう》を貫《つらぬ》いて照らすことが「通」であ[85]り、物《もつ》に並ぶものがないことが「勝」である。迹で言えば、釈迦の因地の宗師《しゅうし》であり、理で推尋《すいじん》すれば、衆生の本源である覚体である。衆生の覚体は本来このように大きいものであるが、ただ色心の内で自ら迷う故に、小さくなってしまい、大であることができない。また無明《むみょう》

の殻《から》に閉じ込められている故に、妨げられていて、通であることができない。また妄識《もうしき》の汚れに潜伏する故に、劣るものとなり、勝であることができない。それ故に、色心の迷いの妨げを除いて了解し、無明の殻を破ることができるようになれば、勝智が前に現れ、衆生は仏と異なることがなくなるのである。「無量・無辺・不可思議の阿僧祇劫の昔」と言うことで、この智体そのものがやって来た始まりの時は知ることができず、情や塵の数量では数えることができないことを明らかにしている。

比丘たちよ、彼の仏が滅度なさってからこれまでの間に、甚《はなは》だ長い久遠《くおん》の時が経《た》っている。それを譬えれば、三千大千世界にある地種《じしゅ》を、

ここからは極めて多い国土を明らかにしようとなさって、このように説いて地で種を作り、他の国土を生み出している。[86]

仮に或《あ》る人が磨《す》って墨に作り、東方の千の国土を過ぎたところで一点を落したとして、墨の大きさは微塵《みじん》ぐらいである。また千の国土を過ぎたところで再び一点を落し、このように繰り返し、地種の墨を全部使ったとすると、そなた達の考えはどうであるか。このすべての国土について、算師《さんし》か算師の弟子がその果《は》てをうまく捉《とら》えて、その数を知ることができるだろうか、できないだろうか」と。比丘たちは答えました、「できません、世尊よ」と。

ここは極めて多い国土について説いている。

仏がお告げになりました、「諸々の比丘よ、この人が通り過ぎた国土の、点を付けた所と、点を付けなかった所を、すべて粉々にして塵《ちり》を作り、一つの塵を一劫として数えたとして、

ここは極めて長い時間を数えている。

彼《か》の仏が滅度なさってからこれまでの劫数は、〔87〕**またこの数よりも多い無量・無辺・百千万億の阿僧祇劫である。**

勝智には昔もなく、今もなく、これまでに短い間でも滅度したことがないが、ここで彼の仏の滅度がこのように久遠の昔であったと告げるのは、下根の衆生の迷っている情に対して告げているからに過ぎない。我々のような者は、勝智を失い迷いに沈むようになって以来、どれくらい多くの劫を過ごしたかということは分からないことである。その数は誠に塵《じん》と墨《もく》によってでも数えることができないのである。法説では教化する因（一大事の因縁）を明らかにして、ただ仏が成道なさった後について挙論するだけで、劫数については説いていない。喩説では二万億の仏の所で舎利弗を教化なさったことに言及している（譬喩品・G二、如来述成）。ここに至って塵劫の因縁について言及していることから、これらが上・中・下の根に対するものであることが明らかである。〔88〕

余には如来の知見力《ちけんりき》があるから、それによって彼の久遠の昔を観ると、あたかも今日《こんにち》のことのようである」と。

衆生の知見では虚妄《こもう》の計算に迷いこんでしまうことになるが、如来の知見では、大通智勝仏は塵墨劫を隔てていても、昔と今は一時であるから、彼の久遠の昔を観て「今日のことのようである」ということになる。これはまた釈迦の大通である。〔89〕

その時、世尊はこの意味を重ねて宣べようとして、偈をお説きになりました。

「余が過去世《かこせ》の無量・無辺の劫を念じると、仏・両足尊がいらして、名は大通智勝である。

人が力を用いて三千大千の国土を磨《す》り、できたすべての地種《じしゅ》をみな使って墨を作り、千の国土

を通り過ごした所で、一塵の点を落したとする。このように繰り返して点を打ち、この諸々の塵墨《じんもく》を使い切ったとする。このようにして諸々の国土の、点を打った国土と点を打たなかった国土を、またすべて粉にして塵を作り、その一塵を一劫と数えたとする。この諸々の微塵数よりも、その劫数は更に多いものである。彼の仏が滅度してからこれまでに、このような無量の劫が過ぎたのである。如来の無礙《むげ》智では、彼の仏の滅度、及び声聞・菩薩について知ることは、今日の滅度を見るようである。

諸々の比丘よ、必ず知らなければならない。仏の智は清浄《しょうじょう》で微妙《みみょう》であり、漏がなく、妨げるものがなく、無量劫を通達《つうだつ》するものである。」〔90〕

大通智勝仏の本始を頌すると共に、釈迦の宿命智《しゅくみょうち》が明達《みょうたつ》するものであることを示し頌している。彼の仏の滅度をなお今日のことのように知ることができるばかりでなく、「及び声聞・菩薩について知ることは、今日の滅度を見るようである」と言って、これらの衆の滅度についてもやはり今日見るように知ることができると言っている。「仏の智は清浄で微妙であり、漏がなく、妨げるものがなく、無量劫を通達するものである」は釈迦の大通を頌するものであり、このことをここで諸々の比丘に勅して知らせるのは、この後宿世《しゅくせ》の因縁について説こうとなさるからであり、それに先立って、如来の明見《みょうけん》には誤謬《ごびゅう》がないことを信じさせようとなさっている。

G二、叙昔因12　H一、大通成道

仏は諸々の比丘にお告げになりました、

「大通智勝仏の寿命は五百四十万億那由他劫《なゆたこう》であった。[91]

法身の慧命がやって来たのは無始の時である。「五百四十万億該《がい》（那由他）劫」は縁に応じる寿命であるから、その多さを不足なく表す言葉にはならない。

その仏は本来の道場に坐り、魔軍を破り、既に阿耨多羅三藐三菩提《あのくたらさんみゃくさんぼだい》を得ようとしていらしたが、まだ諸仏の法が前に現れていなかった時、このように一小劫から十小劫に至るまでの間結跏趺坐《けっかふざ》して、身体と心を動かさなかったけれども、諸仏の法はなお前に現れなかった。[92]

「諸仏の法」とは一乗実智の仏の知見である。上根は頓悟《とんご》し、すぐに仏道を成就するけれども、下根は惑障《わくしょう》が重く、必ず徐々に修していかなければならないから、ここでは大通智勝仏が十小劫が過ぎるまでの間結跏趺坐しても、「まだ諸仏の法が前に現れなかった」と告げて、下根に応じるように示しているだけである。下根は、十使の煩悩の惑障に因り、勝智を失滅してから甚《はなは》だ長い久遠の時を過ごしているので、自らの力で必ず行を積んで、それらを順次断《た》って治めていかなければならない。それ故に「一小劫から十小劫に至るまでの間」にすべての惑障が断じられ、智が前に現れたと告げている。このようにして大通智勝仏は衆生の機に応じるから、それで王子たちは仏を讃歎して、「衆生を済度する為に無量の億歳を過ごし、ようやく成仏することができました」（同品・一一、讃満願成道）と言っている。ここは仏が衆生の機に応じて[93]示現することを明らかにしている。

その時、忉利《とうり》の諸天は初めに彼の仏の為に、菩提樹の下に高さが一由旬の師子座《ししざ》を設けたから、仏はそこに坐り、阿耨多羅三藐三菩提を必ず得ることになるのである。

大通智勝仏が道場にお坐りになろうとした時、諸天が座を設け、仏にお坐りになるように要請したことを述べている。或る人が「初め道場に坐っても仏法が現れなかったので、ここに移ってお坐りになると、その後すぐに菩提を獲得なさったのである。このことは、迹を捨て縁を忘れた後に道に適《かな》ったことを表している」と解説しているが、この後にこの座に初めにお坐りになり、十小劫を満たすことが説かれているから、場所を移して坐るとすぐに菩提を得たのではないことが分かる。[94]

仏がこの座に初めに坐った[適坐]**時、諸々の梵天王《ぼんてんのう》は多くの天の花を降らし、それが四面に百由旬も積った。時に香風が吹いて萎《しお》れた花を吹き飛ばすと、また新しい花を降らした。このように絶やすことなく、十小劫を満たす間仏を供養しただけでなく、滅度に至るまでの間も常にこの花を降らし続けた。四天王の諸天も仏を供養する為に常に天の鼓《つづみ》を打ち、その他の諸天も天の音楽を奏でて十小劫を満たし、滅度に到るまでの間も同じようにこのようにし続けたのである。**

「適坐」は初めに坐ることである。初めに仏が坐った時から滅度に至るまでの間、花を散じ音楽を奏でることを同じようにしたのは、諸天が大通智勝仏を恭敬し、向かうことがこの上なかったということを表している。[95]

諸々の比丘よ、大通智勝仏は十小劫が過ぎると、諸仏の法が前に現れ、阿耨多羅三藐三菩提を成就なさった。

十使の惑が皆なくなり、勝智が円満に現れ、最正覚を成就なさったことを表している。

H二、王子随仏

その仏がまだ出家なさっていなかった時に、十六人の子がいた。その第一は名が智積《ちしゃく》であった。[96]

諸仏が応じる迹は本来法を表す為であるから、日月灯明仏がまだ出家していない時に八人の子がいたこと（序品・Ｆ一、引灯明本始）も、大通智勝仏が出家する前に十六人の子がいたことも、皆纏《まつ》わり付かれている八識を表すものである。日月灯明仏の場合は上根に対するものであり、正だけで邪がないから八人だけであり、ここは下根に対するものであり、邪と正が混ざっているから十六人がいるのである。一人目の名が「智積」であるのは、智の積み重なりがあることにより、纏わり付かれている識となるが、若しもそれが運び出されて積み重なりがなくなれば大通勝智となるからである。日月灯明仏の一人目の子の名の有意《うい》も、また積み重なりがあるという意味である。

諸々の子は各々種々の珍しい玩好《がんこう》の具を持っていたが、お父様が阿耨多羅三藐三菩提を成し遂げたと聞くと、皆その珍宝を捨て、仏の所に行ったから、それぞれの母は泣いて後を追い、送り出した。［97］

日月灯明仏の子に関しては、わずかに四天下《してんげ》を領したと書かれていただけであるのは、上根はただ四大だけが妨げとなっていることを表している。大通智勝仏の子たちが「各々種々の珍しい玩好の具を持っていた」というのは、下根は種々に欲深い心で執著することが積み重なって妨げとなっていることを表している。「珍宝を捨て、仏の所に行った」は、欲と執著の積み重なりがあると大通することができないけれど、それを捨てれば、通智を証することができることを表す。王子たちを養育した母が一人ではなかったから、「それぞれの母」と言う。「泣いて後を追い」は、愛する気持ちをすぐに捨てることが難しいことを表す。

王子たちのお爺様の転輪聖王《てんりんじょうおう》は百人の大臣とその他の百千万億の人民《にんみん》と共に、皆で王子たちを

取り囲むように後を追い、道場に行き、皆は大通智勝如来に親近《しんごん》しようとして、供養し恭敬し尊重し讃[98]歎した。一行は到着すると、頭と顔を仏の足に付けて礼をし、仏の周りを廻り終えて、

「転輪聖王」は即ち大通智勝仏のお父様であるから、智積にはお爺様になる。

H三、王子讃仏

一心に合掌し、世尊を仰ぎ見て、偈によって頌した。

文3　Ⅰ一、讃満願成道

『大威徳世尊は衆生を済度する為に無量の億歳を過ごし、ようやく成仏することができました。多くの願いは既に具足《ぐそく》することになりました。

素晴らしいことです。

吉《きち》が無上であります。

久しい時を過ごしてから成仏したのは、衆生を済度しようという願いが満ちるのを待ったからであり、「素晴らしいことです。吉が無上であります」は吉祥《きちじょう》の道が尊いものであることを讃歎するものである。

Ⅰ二、讃定慧功円[99]

世尊は甚《はなは》だ希有《けう》であり、十小劫の間続けて坐っても、身体と手足は静かで安らかであり、動くことがありませんでした。

その心は常に安らかであって、少しも散乱することがなく、究竟《くきょう》して永く寂滅《じゃくめつ》し、無漏の法に安らかに住しています。

「安らかであって、少しも散乱することがなく」は禅定が円満であることであり、「究竟して永く寂滅し、無漏の法に安らかに住しています」は智慧が円満であることである。

I三、慶己値遇

今日、世尊が安らかに仏道を成就なさるのを見たことにより、私たちは善利《ぜんり》を得ることになりましたから、慶《よろこ》び称《たた》え、大いに歓喜いたします。

衆生は常に苦悩し、盲目であるのに、導師がいませんでしたから、苦をすべてなくす道を知ることができず、解脱を求めることも知ることができませんでした。

長い夜に悪趣《あくしゅ》は増え、諸々の〔100〕天衆《てんしゅ》は減少し、冥《くら》いところから冥いところに入り、永い間仏の名を聞くことができませんでした。

「善利を得る」とは未来の苦を呼ぶ盲を除き、苦をすべてなくす道を知り、解脱を求めることを知ることができたことである。「盲」は内に慧目《えもく》がないことを言い、「冥」は外に慧日《えにち》がないことを言っている。「苦をすべてなくす道」は即ちいわゆる諸々の苦をなくす道のことであり、それは涅槃を示すことであるから、初心の者が受ける利益である。

今日仏は最上で安穏《あんのん》な無漏《むろ》の道を獲得なさいましたから、私たちと天・人は最も大きな利益を得ることになるでしょう。

この故に、私たちは皆で頭を下げて無上尊に帰命《きみょう》致します。』

慶《よろこ》びの意を結んでいる。

H四、請転法輪〔101〕

その時十六人の王子は偈によって仏を讃歎し終えると、世尊に法輪《ほうりん》を転じるよう勧請《かんじょう》し、皆で『世

尊が説法なさると大いに安らかとなりますから、諸々の天・人民を憐れみ、饒益《にょうやく》なさってください』と言い、重ねて偈を説いた。

「法輪」は、運び済度することが止まらないことを意味する。

『世雄《せおう》は並ぶものがなく、百福で自らを荘厳《しょうごん》し、無上の智慧を得ていらっしゃいます。［102］**お願いですから、世間の為にお説きくださり、私たちと諸々の衆生の類《たぐい》を度脱し、私たちの為に分別《ふんべつ》してはっきりと示し、この智慧を得させてください。若しも私たちが仏となることができれば、衆生もまた仏となることができるでしょう。世尊は衆生が心の奥底で念じるところをご存知であり、また行《ぎょう》じるところの道をご存知であり、また智慧力と喜び、及び福を修することと宿命《しゅくみょう》に行じた業をご存知であります。世尊は悉くご存知でいらっしゃるのですから、必ず無上の輪《りん》を転じてください。』」と。**

初めの四句（「世雄は並ぶものがなく」から「お願いですから、世間の為にお説きくださり」まで）は仏の徳を頌し説法を要請し、「私たちと諸々の衆生の類を度脱し」から「衆生もまた仏となることができるでしょう」までは法利を希求し慕っている。「世尊は衆生が心の奥底で念じるところを」から「必ず無上の輪を転じてください」までは、仏が機に応じて説くことを願っている。「念じるところ」と「行じるところ」は道に向かう機について言うものであり、智力と福力は道を受ける質について言うものであり、「宿命に行じた業」は得道の因［103］についていうものであり、各々に小と大、浅と深の違いがあるけれど、仏は悉く知見しているから、それで必ず機に応じることができるのである。

H五、瑞動諸天

仏は諸々の比丘にお告げになりました、「大通智勝仏が阿耨多羅三藐三菩提を獲得なさった時、十方の各々五百万億の諸仏の世界は六種に震動し、その国の中間にある太陽と月の威光が照らすことができない暗い所が、どこもみな最も明るくなったから、その中の衆生は各々互いに見ることができるようになり、皆が『この中にどうして突然衆生が生まれたのだろう』と言った。〔104〕

衆生は無明に固く結ばれているから、地大《じだい》を感じて、それに妨げられ、通じることができず、妙明《みょうみょう》が妨げられている。それ故、諸仏は得道なさると、みな大地を震わせ放光《ほうこう》なさって、無明を翻《ひるがえ》して破り、智光を現して示すのである。「その国の中間にある太陽と月の威光が照らすことができない暗い所」は、即ちいわゆる鉄囲両山《てっちりょうせん》の間の黒く暗い所である。その中の衆生はそれまでの長い間暗い所にいて、各々互いに見ることができないでいたが、明るくなったことにより見えるようになったから、「どうして突然衆生が生まれたのだろう」という疑問が生じたのである。そもそも、人は五蘊《ごうん》の衆相が和合《わごう》することで生を受けるが、無明に封《ふう》じられているから、真実に太陽と月の威光に照らされることがないけれど、勝智を開けば明に至ることになり、そのことはここで衆生の相がぼんやりとした中に突然幻のように現れたことと同じようである。〔105〕

また、国界《こっかい》の諸天の宮殿《くでん》は梵宮《ぼんぐう》に至るまで六種に震動し、大きな光が普く照らして世界に満ちわたり、諸天の光より明るく照らした。

諸天は常に光を発するけれども、その明るさは仏の光明に及ぶことができない。

H六、諸天請法5　I一、東方4　仏の光が最も明るく輝き、十方を感動させたのである。各々は光りの淵源を尋ねて仏の下に来ると、供養のものを献上し、法を聞きたいと要請した。それぞれに四科がある。

J一、仏光感動〔106〕

その時、東方の五百万億の諸々の国土の中の梵天の宮殿《くでん》に光明が照り輝くと、いつもの倍も明るくなったから、諸々の梵天王《ぼんてんのう》は各々『今日の宮殿の光明はこれまでにはなかったものである。どのような因縁でこの相が現れたのだろうか』と考えた。この時諸々の梵天王はすぐに各々互いに進み出て集まり、このことについて議論した。その時その集まりの中に救一切《くいっさい》という名の一人の大梵天王がいたが、諸々の梵衆《ぼんしゅ》の為に偈を説いた。

『私たちの諸々の宮殿に光明がこれまでになかったように輝いています。
これは何の因縁でしょうか。
各々は共にその淵源を探してみなければなりません。
大徳天《だいとくてん》が生まれたのでしょうか。
仏が世間に出現したのでしょうか。
この大きな光明は十方のすべてで照り輝いています。』

諸天において、大きな威徳がある者が生まれる時が近づくと、それに先立って祥瑞《しょうずい》の光明が現れるが、その大きな威徳がある者の名が「大徳天」である。

J二、尋光詣仏〔107〕

その時五百万億の国土の諸々の梵天王は、宮殿と共に、各々衣裓《はなざら》に様々の天の花を盛り、一緒に

西方に出掛け、この相を推尋すると、大通智勝如来が道場の菩提樹の下で、師子座に坐っていらした。諸々の天・竜王・乾闥婆《けんだつば》・緊那羅《きんなら》・摩睺羅伽《まごらか》・人《にん》・非人《ひにん》などが恭敬し囲繞しているのを見、また十六人の王子が仏に法輪を転じるように要請しているのを見た。

諸天には身体に従う宮殿があるので、「宮殿と共に」と言っている。

J三、献供〔108〕

すぐに諸々の梵天王はぬかずいて仏に礼をし、百千匝《そう》周りを回って、【「匝」は回ることである。】**すぐに天の花を仏の上に散じた。散じられた花は須弥山《しゅみせん》のように積り、仏の菩提樹にも併《あわ》せて供養した。その菩提樹の高さは十由旬であった。華供養《けくよう》を終えると、各々は宮殿をその仏に捧《ささ》げ、『ただ憐れんで私たちを饒益《にょうやく》してくださり、お願いですから、捧げます宮殿をお納《おさ》めください』と言った。**

「花を仏の上に散じた」はお師匠様を尊ぶことであり、「菩提樹にも併せて供養した」は道を重く考えることである。「花は須弥山のように積り」と「菩提樹の高さは十由旬であった」は、どちらも仏の報身《ほうじん》の量に感応《かんのう》して変化《へんげ》したものである。譬えてみるなら、竜王が雨を降らせる時、十方に広く注ぐことになるが、どうしてあれほどまでに多い水を降らせることができるのだろうか。竜王が変化して大きくなるからである。〔109〕

その時、諸々の梵天王はすぐに仏の前で、一心に声を揃えて偈《げ》で頌《じゅ》した。

『世尊は甚だ希有《けう》でありますから、お遇《あ》いできるようになることは容易でありません。

無量の功徳を具備していらっしゃり、能く一切のものを救護《くご》いたします。

天・人の大師であり、世間を憐れんでくださいますから、十方の諸々の衆生は普くみな饒益を蒙ります。

私たちは五百万億の国を通過して来ましたが、深い禅定の楽を捨てたのは仏を供養する為です。

私たちの先世《せんぜ》の福により、宮殿は甚だ厳《おごそ》かに飾られています。

今それを世尊に奉りますから、ただ私たちのことを憐れんで、お納めくださるようお願いします。』〔110〕

「無量の功徳を具備していらっしゃり、能く一切のものを救護いたします」は仏が備えるものを讃歎し、「十方の諸々の衆生は普くみな饒益を蒙ります」は仏が与える利益を讃歎している。「私たちは五百万億の国を通過して来ました」は遠くから仏を慕いやって来たことを述べている。「私たちの先世の福により」以下は投献について述べるものである。【「投」はなげることであり、「献」は捧《ささ》げることであるから、「投献」は真心から身体を投げ出し捧げることである。】

J四、請法

その時、諸々の梵天王は偈で仏を讃歎し終えると、各々『ただお願いですから、世尊は法輪を転じて衆生を度脱し、涅槃の道《どう》を開いてください』と言った。その時諸々の梵天王は、一心に声を揃えて偈を説いた。

『世雄《せおう》・両《りょう》〔111〕足尊《そくそん》よ。

ただお願いですから、演《の》べて説法をし、大きな慈悲の力で苦悩の衆生を度脱してください。』


「涅槃の道」は即ち生死の輪廻から抜け出す妙道である。

その時大通智勝如来は黙ってお許しになった。

仏は時が来ていないことを知っていたから、要請を受け入れても、黙って坐っていらしたのである。

I二、東南方4　J一、仏光感動〔112〕

また比丘たちよ、東南方の五百万億の国土の諸々の大梵王は、各々の宮殿に光明が照り輝き、過去に見たことがない様子を自ら見ると、歓喜《かんぎ》し踊躍《ゆやく》し、希有《けう》の心を生じ、すぐに各々互いに進み出て集まり、このことについて議論した。その時その集まりの中に大悲《だいひ》という名の一人の大梵天王がいたが、すべての梵衆の為に偈を説いた。

『このことは、何の因縁により、このような相が現われたのでしょうか。

私たちの諸々の宮殿に光明がこれまでになかったように輝いています。

大徳天が生れたからでしょうか。

仏が世間に出現したからでしょうか。

これまでにこのような相を見たことがありませんから、一緒に一心に求めなければなりません。

千万億土を通過してでも、この光の淵源を尋ねて一緒に求めなければなりません。

多分これは仏が世間に出現し、苦の衆生を度脱なさろうとしているのでしょう。』

J二、尋光詣仏

その時五百万〔113〕億の諸々の梵天王は、宮殿と共に、各々衣裓《はなざら》に様々の天の花を盛り、一緒に西北方に出掛け、この相を推尋《すいじん》すると、大通智勝如来が道場の菩提樹の下の師子座に坐っていらした。諸々の天・竜王・乾闥婆・緊那羅・摩睺羅伽・人・非人などが恭敬し囲繞しているのを見、また十六人の王子が仏に法輪を転じるように要請しているのを見た。

J三、献供〔114〕

その時諸々の梵天王はぬかずいて仏に礼をし、百千匝《そう》周りを回って、すぐに天の花を仏の上に散じた。散じられた花は須弥山のように積り、仏と菩提樹に同じように供養した。華供養を終えると、各々は宮殿をその仏に捧げ、『ただ憐れんで私たちを饒益してくださり、お願いですから、捧げます宮殿をお納めください』と言った。その時、諸々の梵天王はすぐに仏の前で、一心に声を揃えて偈で頌した。


『聖主《しょうしゅ》・天中王《てんちゅうおう》は迦陵頻伽《かりょうびんが》の声で衆生を憐れむ方でありますから、私たちは今日恭敬し礼拝いたします。

世尊は甚だ希有であり、久遠の時が過ぎると一度現れるだけです。

一百八十劫は空しく過ぎ、仏がいませんでした。

三悪道の者は充満し、諸々の天衆は減少しました。

今日仏は世間に出現して衆生の為に眼《まなこ》となり、世間が帰着する所となって一切の者を救護《くご》〔115〕し、
また衆生の父となって憐れみ、饒益なさいます。

私たちは過去の福と慶《よろこ》びによって、今日世尊にお遇いすることができました。』


「迦陵頻伽」は美しい声を出す鳥という意味であり、その声は清和《しょうわ》で感動と喜悦を呼ぶから、仏の法音《ほうおん》の譬えとして使われる。ここの天は「一百八十劫は空しく過ぎ、仏がいませんでした」と言い、南の天は「百三十劫が過ぎて、今日になって一目見ることができました」と言い、上の天は「これまでの無量

劫は空しく過ぎて、仏がいませんでした」と言っている。このように同じでないのは、仏の身体は、いない所がなく、現れない時はないのであるが、ただ縁が感じるところに随うことで、長かったり短かったり、生じたり滅したりする見があるからであり、そのことは真実に知らなければならないことである。「衆生の為に眼《まなこ》となり」は悪道〔116〕の昏迷から衆生を解放することであり、「衆生の父となって」は世間の人々が帰着するところとなることである。

J四、請法

その時、諸々の梵天王は偈によって仏を讃歎し終えると、各々『ただ世尊よ、お願いですから、一切の者を憐れみ、法輪を転じて衆生を度脱してください』と言った。その時、諸々の梵天王は一心に声を揃えて偈を説いた。

『大聖《だいしょう》よ、法輪を転じ諸法の相を顕示《けんじ》して苦悩の衆生を度脱し、大きな歓喜を得させてください。衆生がこの法を聞き、道《どう》を得るか、天に生まれるかするならば、諸々の悪道の者は減少し、忍耐して善事をなす者〔忍善者〕**は増えるでしょう。』**〔117〕

「苦悩の衆生を度脱し、大きな歓喜を得させてください」と言うのは、衆生は真を失い妄に沈んでいるから苦悩するのであり、執著から抜け、束縛を解くと、歓喜するようになるからである。「道を得るか、天に生まれるかするならば」は上の者は或いは深くまで行って道を得るようになり、下の者は或いは福を得て天に生まれるようになるという意味である。「忍善者」は力を尽くして善を為《な》す者である。

その時、大通智勝如来は黙ってお許しになった。

I三、南方4　J一、仏光感動〔118〕

また比丘たちよ、南方の五百万億の国土の諸々の大梵王は、各々の宮殿に光明が照り輝くと、過去に見たことがない様子を自ら見て、歓喜し踊躍し、希有な心を生じ、すぐに各々互いに進み出て、一緒にこのことについて『どのような因縁で、私たちの宮殿にこの光明が照り輝くのだろうか』と議論した。その集まりの中に妙法という名の一人の大梵天王がいたが、すべての梵衆の為に偈を説いた。

『私たちの諸々の宮殿に光明が甚だ厳かに輝いています。
このことに因縁がないことはないはずですから、この相を求めようではありませんか。
百千劫も過ごしましたが、これまでにこの相を見たことがありません。
大徳天が生まれたからでしょうか、仏が世間に出現したからでしょうか。』

J二、尋光詣仏

その時、五百万億の諸々の梵天王は、宮殿と共に、各々衣裓《はなざら》に様々の天の花を盛り、皆で北方に出掛け、この相を推尋すると、大通智勝如来[119]が道場の菩提樹の下の師子座に坐っていらした。諸々の天・竜王・乾闥婆・緊那羅・摩睺羅伽・人・非人などが恭敬し囲繞しているのを見、また十六人の王子が仏に法輪を転じるように要請しているのを見た。

J三、献供

その時、諸々の梵天王[120]はぬかずいて仏に礼をし、百千匝《そう》周りを回って、すぐに天の花を仏の上に散じた。散じられた花は須弥山のように積り、仏と菩提樹を併せて供養した。華供養を終えると、各々は宮殿をその仏に捧げ、『ただ憐れんで私たちを饒益し、お願いですから、捧げます宮殿をお納めください』と言った。その時、諸々の梵天王はすぐに仏の前で一心に声を揃えて偈《げ》で頌《じゅ》した。


『世尊を見ることは甚だ難しいものです。

諸々の煩悩を破する方であり、百三十劫が過ぎて、今日になって一目見ることができました。

すべての飢え渇いた衆生を法雨で満ち足りるようになさいます。

昔からこれまでの間見たことがない無量の智慧ある方は、優曇鉢華《うどんはつげ》のようでありまして、今日やっと遇うことができました。

私たちの諸々の宮殿は、光明を蒙《こうむ》ったことにより、厳《おごそ》かに飾られています。

世尊は大慈悲により、ただお願いですから、お受け入れください。』

J四、請法〔121〕

その時、諸々の梵天王は偈で仏を讃歎し終えると、各々『ただお願いですから、世尊は法輪を転じて、一切世間の諸々の天・魔・梵・沙門《しゃもん》・婆羅門がみな安楽を得て、度脱できるようにしてください』と言った。その時、諸々の梵天王は一心に声を揃えて、偈で頌した。


『ただお願いですから、天人尊《てんにんそん》は無上の法輪を転じ、大きな法鼓を打ち、大きな法螺《ほうら》を吹き、大きな法雨を普く降らして、無量の衆生を度脱してください。

私たちはみな帰依し、要請いたします。

必ず深く遠くまで届く声を演べてください。』


「鼓」と「螺」と「雨」はどれも大法を譬えている。能く号令を出して大勢の人々に警告し、多くの物《もつ》に利沢《りたく》を与えるものだからである。

I四、余方〔122〕

その時、大通智勝如来は黙ってお許しになった。

西南方から東北方までと下方も、またこれと同様であった。

I五、上方4　J一、仏光感動

その時、上方の五百万億の国土の諸々の大梵王は、みな留まる宮殿に光明が厳かに照り輝き、昔からこれまでの間になかったことを自ら見て、歓喜し踊躍し、希有な心を生じ、すぐに各々互いに進み出て集まり、このことについて『どのような因縁で、私たちの宮殿にこの光明があるのだろうか』と議論した。その時、その衆の中に尸棄《しき》という名の一人の大梵天王がいたが、諸々の梵衆の為に偈を説いた。

『今日どのような因縁で、私たちの諸々の宮殿に、威徳がある光〔123〕明が輝き、過去になかったように厳かに飾られるのでしょうか。

このような妙相は、昔からこれまでの間に聞いたこともなく、見たこともないことです。

大徳天が生まれたのでしょうか、仏が世間に出現したのでしょうか。』

J二、尋光詣仏

その時五百万億の諸々の梵天王は、宮殿と共に、各々衣裓《はなざら》に様々の天の花を盛り、一緒に下方に出掛け、この相を推尋すると、大通智勝如来が道場の菩提樹の下の師子座に坐っていらした。諸々の天・竜王・乾闥婆・緊那羅・摩睺羅伽・人・非人などが恭敬し囲繞しているのを見、また十六人の王子が仏に法輪を転じるように要請しているのを見た。

その時諸々の梵天王はぬかずいて仏に礼をし、百千匝周りを回って、すぐに天の花を仏の上に散じた。散じられた花は須弥山のように積り、仏と菩提樹を併せて供養した。華供養《けくよう》を終えると、各々は宮殿をその仏に捧げ、『ただ憐れんで私たちを饒益《にょうやく》してくださり、捧げます宮殿をお願いですからお納めください』と言った。その時、諸々の梵天王はすぐに仏の前で、一心に声を揃えて偈で頌した。

J三、献供〔125〕

『素晴らしいことです。

諸仏・世間を救う聖尊《しょうそん》を見ますと、力を尽くして諸々の衆生を三界の獄から出していらっしゃいます。

広い智慧の天人尊は群萌《ぐんもう》の類を憐れみ、【「萌」は草の芽であるから、「群萌」は群生《ぐんじょう》と同じ意味である。】能く甘露の門を開き、一切を広く済度してくださいます。

昔からこれまでの無量劫は空しく過ぎて、仏がいませんでした。

世尊が出現しなかった時、十方は常に暗く、三悪道はますます増え、阿修羅もまた盛んとなり、

反対に諸々の天衆は減り、死んで悪道に堕ちる者が多くいました。

仏に従って法を聞くことができなかったので、常に不善の事を行じ、色力《しきりき》と智慧などがみな減少しました。

罪業《ざいごう》の因縁の故に、楽《らく》と楽想を失い、邪見の法に住《じゅう》して善《よ》い法を知ることができず、仏の教化

を蒙《こうむ》ることができないで、常に悪道に〔126〕堕ちてしまうのでした。

仏は世間の眼《まなこ》となり、久遠《くおん》の時を経てようやく出現なさいました。

諸々の衆生を憐れむ故に世間に現れ、跳び越えて正覚《しょうがく》を成就したのですから、私たちは大いにお喜び申しあげます。

またその他の一切の衆も喜んで、未曾有なことを讃歎しています。

私たちの諸々の宮殿は、光明を蒙りましたことにより、厳かに飾られています。

今日世尊に奉りますから、ただ憐れんでお納めください。

お願いですから、この功徳を普く一切に及ぼし、私たちと衆生が、みな共に仏道を成就するようにしてください。』〔127〕

「素晴らしいことです。諸仏・世間を救う聖尊を見ますと」は、天が無量劫が過ぎた後に、初めて聖尊を一度見ることができたから、「素晴らしいことです」と称え、自ら慶賀している。前の譬喩品では、三界を火宅と言って多くの苦が迫ることが示されていたが、ここで三界を「獄」と言っているのは、業につながれ閉じ込められていることを示すものである。「世間を救う聖尊を見ますと、力を尽くして諸々の衆生を三界の獄から出していらっしゃいます」は仏の悲願を讃歎するものであり、「広い智慧の天人尊は、一切を広く済度してくださいます」は仏の智力を讃歎するものである。「十方は常に暗く」は大智の光明がなかったからであり、智慧の光がなかったことにより「三悪道はますます増え、天衆がますます減る」ことになったのである。「仏に従って法を聞くことができなかったので」以下は、仏法は能く性を改め、神《じん》を清澄《しょうちょう》にし、外では色力《しきりき》（身体の力）を補助し、内では智慧を補助して、善業の因縁を作り、能く楽事を呼び、能く楽想を生じさせるが、仏法を聞くことができなければ、反対のことになってしまうことを言っている。「楽想」は苦を遠ざけ、楽を想《おも》うことである。最後の一偈（「お願いですから」以下の四句）は広大な回向《えこう》と言われている。

J四、請法〔128〕

その時、五百万億の諸々の梵天王は偈で仏を讃歎し、各々仏に『ただお願いですから、世尊は法輪を転じて、大いに安らかにし、多くの者を度脱してください』と言った。その時、諸々の梵天王は偈を説いた。

『世尊は法輪を転じ、甘露の法鼓を打ち、苦悩の衆生を度脱し、涅槃の道を開示してください。ただお願いですから、私たちの要請を受け入れて、大きく微妙《みみょう》な声で、無量劫の間にお習いになりました法を、私たちを憐れんで広げてください。』

前節では「甘露の門」といい、ここでは「甘露の法鼓」といっているが、どちらも能く苦悩を取り除くものである。ただ「門」は悟りに入らせるものであり、「鼓」は警発するものである。

H七、受請開漸《かいぜん》〔129〕

その時大通智勝如来は十方の諸々の梵天王と十六人の王子の要請を受け入れて、すぐに十二行の法輪を三転した。〔130〕

「三転」は示相転《じそうてん》と勧修転《かんしゅうてん》と作証転《さしょうてん》であり、仏はこれらにより見道《けんどう》と修道《しゅどう》と無学道《むがくどう》の三種の位《い》に入らせるのである。「示相転」は四諦の行相を示して向かう方向を分からせるから、即ち見道位に入らせるものである。「勧修転」は四諦の功利を示して行を修することを分からせるから、即ち修道位に入らせるものである。「作証転」は「私は既に証しているのでそなたも証しなければならない」と示すから、即ち無学位に入らせるものである。また「三転」は、上中下の三根に広く応じるものであり、下根は必ず三の作証転まで学ばなければならず、中根は二の勧修転までよく、上根は一の示相転だけで悟りに至る。もしも上の上根であれば、目で見るだけで道があり、言葉は必要ない。また、ある時は十二教法輪といい、ある時は十二行法輪というが、教は能転であり、行は所転である。示・勧・証により四諦を三種に転じることが即ち十二教法輪[131]であり、見道・修道・無学道により四諦を三種に悟ることが即ち十二行法輪である。旧説では「一度転じる中で、法を聴く者に真聖の慧眼、及び智・明・覚を生じさせ、【苦の法忍《ほうにん》が「眼」であり、苦の法智《ほうち》が「智」であり、比忍が「明」であり、比智が「覚」である。】三種に転じると各々が四であるから十二行となる」と言い、そこでも見道・修道・無学道から離れることはない。

それは沙門であれ、婆羅門であれ、天であれ、魔であれ、梵であれ、その他の世間の者であれ、転じることができないものであった。

これらの者は正しく証することができないから、たとえ転じても、ただ言葉につかえてしまうだけであると言っている。[132]

仏は『これが苦であり、これが苦の集《じゅう》であり、これが苦の滅であり、これが苦が滅する道《どう》である』とおっしゃった。[133]

仏はここで転じる相を示している（示相転）が、これが即ち四諦法《したいほう》である。すべてに苦の語が付くのは、四諦は苦に因って設けられ、苦を滅する道を定めるものだからである。生老病死などの八苦が前に現れ、逼迫《ひっぱく》して悩すことが「苦」である。煩悩の結業《けつごう》が未来に八苦を引き起すことが「集《じゅう》」であり、このことは三世《さんぜ》に通じるものであるから、過去の集が現在の苦を引き起し、現在の集が未来の苦を引き起すことになる。結業がなくなれば、生死などの八苦が永遠になくなることになるから、それが「滅」である。結業を治めるのに三十七道品《さんじゅうしちどうぼん》を修するから、それが「道《どう》」である。三十七品《ほん》（三十七品助道法）については浄蔵菩薩と浄眼菩薩の文（妙荘厳王本事品・E三、二子之徳）で見ることができる。[134]

また十二因縁法について広くお説きになった、『無明《むみょう》の縁は行《ぎょう》であり、行の縁は識《しき》であり、識の縁は名色《みょうしき》であり、名色の縁は六入《ろくにゅう》であり、六入の縁は触《そく》であり、触の縁は受《じゅ》であり、[135]**受の縁は愛《あい》であり、愛の縁は取《しゅ》であり、取の縁は有《う》であり、有の縁は生《しょう》であり、生の縁は老死憂悲苦悩《ろうしうひくのう》である。無明が滅すれば行が滅し、行が滅すれば識が滅し、識が滅すれば名色が滅し、名色が滅すれば六入が滅し、六入が滅すれば触が滅し、触が滅すれば受が滅し、受が滅すれば愛が滅し、愛が滅すれば取が滅し、取が滅すれば有が滅し、有が滅すれば生が滅し、生が滅すれば老死憂悲苦悩が滅する』と。**[137]

四諦を広げて十二因縁を説いたのである。[138]「無明の縁は行であり」から「生の縁は老死憂悲苦悩である」までは生起相《しょうきそう》を示し、それは即ち苦と集《じゅう》の二諦《にたい》を広げて説いたものであり、「無明が滅すれば」から「老死憂悲苦悩が滅する」までは修断相《しゅだんそう》を示し、それは即ち滅と道の二諦を広げて説いたものである。四諦は下根の為に麁相《そそう》を述べるもので、根源が迹にあり、十二因縁は中根の為に四諦を詳しく示すもので、根源が心にある。性と智は本来明るく、微妙に澄み、精了であるが、妄塵《もうじん》がにわかに起きることにより蒙昧《もうまい》となってしまうから、その名が「無明《むみょう》」である。無明の体に一念が最初に動くことの名が「行《ぎょう》」である。蒙昧となると精了でなくなり、澄んでいた状態に知ることが生じることから、智を転じることになり、その名が「識《しき》」である。十二因縁の中で、この三つが根本をなす。残りの九つは支末《しまつ》をなし、互いに因となり、三世の縁となる。智は本来知ることがないが、識により知り、形が生じて妄心となるから、それを「名」といい、これが六賊《ろくぞく》（六根）の主である。性は本来生じることがないが、識によって形が生じ、幻質となるから、それを「色」といい、即ち四陰《しおん》（受・想・行・識）が依る所である。「名色《みょうしき》」は識が初めに托胎《たくたい》し、凝滑《ぎょうかつ》する相であり、凝滑することにより六根が具《そな》わることになり、その名が「六入《ろくにゅう》」である。根が成り、胎から出ると、根と境が交わることになり、その名が「触《そく》」である。前にある境を受け入れることの名が「受《じゅ》」である。受があるから「愛心《あいしん》」が生じることになり、愛に「取《しゅ》」される。愛に取されることにより、惑と業が互いに結ばれ、善悪が姿を持つことになるから、その名が「有《う》」である。諸々[139]の結が有ることにより三界に生じる因となり、その名が「生《しょう》」である。生が有れば「老死苦悩《ろうしくのう》」が随うことになる。以上が生起相である。これを滅しようとするなら、何を重要なことと定めればよいか。彼の無明は実際に体があるものではないということを必ず知らなければならない。初めの一心《いっしん》の根源は明るく、微妙で、澄んでいるけれども、知見に知が起きることにより、妄塵がにわかに起り、それ故に無明が有ることになる。若しも知見から見がなくなれば、智性は真浄となり、また微妙で澄んだ状態に戻り、すべてが精了となるから、その名が無明の滅である。そうなれば、行から以下も滅しないものはないことになる。本《ほん》が既になくなってしまうことで、末《まつ》は拠るところがなくなるからであり、これが修断相《しゅだんそう》である。そもそも四諦と十二因縁は、名はそれぞれ一つであるが、その意味は多数である。いわゆる小乗の生滅の四諦は分段生死《ぶんだんしょうじ》に依る名が苦であり、煩悩と業の名が集《じゅう》であり、択滅《ちゃくめつ》（煩悩の消滅）することの名が滅であり、生空《しょうくう》の智品《ちほん》の名が道である。いわゆる大乗の無作《むさ》の四諦は変易生死《へんにゃくしょうじ》に依る名が苦であり、所知障《しょちしょう》の名が集であり、住することのない涅槃の名が滅であり、法が空である智品の名が道である。或る者は上記の二つを併せて八諦と呼んでいる。その他にも無量の四諦があり、それは一乗の円頓によって説くものであり、苦と集から出て第一義を明らかにするものであり、外に滅と道を求めても少しも得るものはないとするものであり、これがいわゆる四聖諦《ししょうたい》である。十二因縁もまたこれと同様であるから、四諦十二因縁の法は二乗に属するものであるけれども、実際には〔140〕大乗に通じている。その要点は、どの場合も生死の本を断じ、無明の因を滅し、本来の明るい妙性に戻らせる為のものであると言うことができる。およそ道を求めて教えを学ぶ者は、必ずこのことを深く明らかにしなければならない。

仏が天・人の大衆の中でこの法を説いた時、六百万億那由他の人は一切の法を受けなくなった故に、諸々の漏から心が解脱を得て、みな深く微妙な禅定と三明《さんみょう》と六通《ろくつう》を得、八解脱《はちげだつ》を具備した。

〔141〕ここは初会《しょえ》において法を聴いて利益《りやく》を得た利根《りこん》の人たちのことを言っている。「一切の法を受けなくなった」は四諦と十二因縁が空であることを悟り、少しも執著することがなくなることである。心は本来解脱しているが、受があることによって束縛されることになり、また性は本来明るく定まっているが、執著があることによって暗くなる。そうであるから「一切の法を受けなくなった故に、諸々の漏から心が解脱を得る」ことになり、また「禅定と三明と六通を得る」ことになる。従って、聖人と凡夫は一つの体であり、迷いと悟りは同じ根源である。人が真実に能く憂いと束縛の原因を知り、蒙昧になる前の始まりの状態に通達し、果然として法を受けることをなくせば、禅定と解脱と六通と三明のすべてを得ることができるようになるのである。

第二・第三・第［142］**四の説法の時も、千万億の恒河沙那由他《ごうがしゃなゆた》ほどの衆生が同じように一切の法を受けなくなった故に、諸々の漏から心が解脱を得ることになった。これより後に解脱を得ることになった諸々の声聞衆の数は、無量無辺で数えることができないほど多かった。**

ここは続いて法を聴き、利益を得た中根と下根の者たちのことを言っている。利根の者は一度聴けば千を悟るが、中根と下根の者は何度も聞いて少し悟ることになるだけであるから、第三・第四の説法の時に至ってやっと利益を得ることになるのである。「これより後に」と言っていることからも、一つの席における説法でなかったことが分かり、また利益を得た小根の者が数えきれないほど多かったということになる。［143］

H八、因小請大　ここからは『法華経』を説いてくださいと請《こ》うことを正しく述べている。ところで、ここまでの記述ではみな無上の法輪を転じるように願っている（同品・H四、請転法輪・J四、請法）のに、大通智勝如来はただ四諦と十二因縁の法を説くだけであったが、ここでその要請に応じて『法華経』を説くことになるのは、諸仏の説法はみな漸から頓に進み、権《ごん》によって実《じつ》を現すものだからである。引導するのに漸でなければ、衆生は驚いて信じようとしないから、仏は教えが節度を超えないようになさるだけでなく、学びが段階を踏みはずさないようになさるのである。

その時十六人の王子はみな童子であったから、出家して沙弥となると、諸根が通利し、智慧が明了となった。既に百千万億の諸仏を供養していたから、梵行を清浄に修し、阿耨多羅三藐三菩提を求めて、

十六人の王子は法を聞いて利益を得、その時出家し、更に大乗を求めたのである。［144］

声を揃えて仏に『世尊よ、このすべての無量千万億の大徳の声聞は、みな既に成就しています。世尊はまた必ず私たちの為に、阿耨多羅三藐三菩提の法をお説きなさってください。私たちは聞いた後、皆で一緒に修学《しゅがく》いたします。世尊よ、私たちは如来の知見に志願します。どうか私たちが深い心で念じるところを、仏は自ら証知してください』と申し上げた。

「皆既に成就しています」は、既に大志を成就していることを言うものであり、それ故に「大法（阿耨多羅三藐三菩提の法）をお説きなさってください」と請うているのである。「私たちは如来の知見に志願します」以下は、自らの大志を述べて、仏に大法を説いてくださいと望んだことを表している。「如来の知見」は、即ち一大事[145]である。

その時、転輪聖王《てんりんじょうおう》が率いる衆の中の八万億人は、十六人の王子が出家するのを見て、同じように出家することを求めたところ、王はすぐに許した。

H九、受請説頓

その時彼の仏は沙弥の要請を受け入れ、二万劫が過ぎると、四衆の中でこの大乗経を説いたのであり、名は妙法蓮華であり、菩薩をお教えする法であり、仏が護念なさる所であった。[146]

「二万劫が過ぎると」は、仏が久しい間この重要なことについて黙っていて、機を待ったことを意味するから、二万劫が過ぎるまでは、しばらくの間方等《ほうどう》と般若《はんにゃ》の教えを説いたことが分かる。この後の世尊の偈に「六波羅蜜及び諸々の神通のことを説き」（同品・I七、頌受請説頓）と説かれているのがそのことである。釈迦が現した寿命は八十年であり、その中の四十年を般若などの教えを説いているから、大通智勝仏が現した寿命が五百四十万億那由他劫である（同品・H一、大通成道）なら、二万劫の間方等と般若の教えを説いたということは尤《もっと》もなことである。

仏がこの経を説き終ると、十六人の沙弥は阿耨多羅三藐三菩提の為に、皆この経を受持し諷誦《ふうじゅ》し通利《つうり》した。【「諷」は暗唱することである。】

十六人の沙弥は大法を喜び、恭敬し、奉り、宣べ、明らかにしようとしたのである。

H十、聞根不等[147]

仏がこの経を説いた時、十六人の菩薩の沙弥はみな信受し、声聞衆の中にもまた信解《しんげ》する者がいたが、その他の衆生の千万億の者たちはみな疑惑を生じた。

菩薩は誰もが必ず信じ、声聞は人により信じ、衆生は誰も信じなかったということである。いわゆる「上士《じょうし》は道を聞くとひたすらそれを行じ、中士《ちゅうし》は道を聞くと或る者は保ち或る者は忘れ、下士《げし》は道を聞いてもただ大笑いをするだけである」ということである。[148]

仏はこの経を八千劫の間説き、少しの間も止《や》めることがなかった。この経を説き終ると、すぐに静室《じょうしつ》に入り、八万四千劫の間禅定《ぜんじょう》に住した。

「少しの間も止めることがなかった」は、いわゆる熱心に説くと同時に、間を置かないで説くことである。

H十一、沙弥演妙

この時十六人の菩薩の沙弥は、仏が室に入って、静かに禅定なさっているのを知ると、各々法座に昇り、同じ八万四千劫の間、四部衆の為[149]**に妙法華経を広く説いて分別した。それぞれはみな六百万億那由他恒河沙ほどの衆生を度脱し、示し、教え、利益を与え、喜ばせ、阿耨多羅三藐三菩提の心を発《おこ》させた。**

疑惑を生じた衆の為に十六人が詳しく講じたのである。「十六人の王子」は纏《まつ》わり付かれている八識を表し、「十六人の菩薩」は纏わりから抜け出した八智を表す。八であるのに十六人いるのは、八正によって八邪を降伏させることを示している。八万四千劫の間それぞれが〔150〕多勢の衆生を度脱したのは、既に十六人は大通智勝仏の道を得て、八万の法門に通じないものがなかったからである。それで八正が妙智となっただけでなく、八邪までまた妙智となり、八正が能く度脱しただけでなく、八邪までまた能く度脱したことを表している。いわゆる聖性《しょうしょう》には通じることができないものがなく、逆らうものも従うものもみな方便であると言っている。ひとえにこのようであったから、十六人の各々は能く妙法を説いて、八万四千劫に及ぶまでの間、各々恒河沙数《ごうがしゃすう》に及ぶ衆生を済度したのである。このようでなければ到底大通の道と言うことはできない。

H十二、大通印証

大通智勝仏は八万四千劫が過ぎると、三昧から起ち上がり、法座に行き、静かに坐り、普く大衆に『この十〔151〕六人の菩薩の沙弥は甚だ希有《けう》であり、諸根は通利し、智慧は明瞭であり、既にこれまでに無量千万億数の諸仏を供養し、諸仏の所で常に梵行を修し、仏智を受持し、それを衆生に開示してその中に入らせるようにした。そなたたちはみな必ず常にこの十六人に親近《しんごん》し、供養しなければばならない。

大通智勝仏は十六人の菩薩が説く言葉を正しいものであるとし、その徳行を讃歎し、衆生が親しく十六人に従うようになさったのである。

何故なら、声聞であれ、辟支仏であれ、また諸々の菩薩であれ、誰でもこの十六人の菩薩が説く

経法《きょうほう》を信じ、受持し、誹《そし》らなければ、この人はみな必ず阿耨多羅三藐三菩提《あのくたらさんみゃくさんぼだい》という如来の智慧を得ることになるからである』と説いたのである」と。

三乗が妙法を得ることになれば、同じように一乗に帰することになる。

G三、示今縁5　H一、徴昔会今〔152〕

仏は諸々の比丘にお告げになりました、「この十六人の菩薩は常にこの妙法蓮華経を楽しんで説き、それぞれの菩薩が教化した六百万億那由他〔153〕の恒河沙《ごうがしゃ》ほどの衆生は世々《せせ》に菩薩と同じ所に生まれ、その法を聞くことにより、悉く信解したのであり、その因縁により四万億の諸々の仏・世尊に遭うことができ、そのことが今日に至るまで尽きることなく続いている。

昔教化なさったことを明らかにして、今日の縁に合わせている。教化された衆が常に師と同じ所に生まれるのは教化の縁が深いからであり、それ故に四万億という多くの仏に遭うことができ、その縁が尽きずに、今日また互いに遭うことになったのである。

H二、歴陳名迹

諸々の比丘よ、余は今日そなたたちに告げるが、彼の仏の弟子である十六人の沙弥《しゃみ》は、今日《こんにち》みな阿耨多羅三藐〔154〕三菩提を得て、十方の国土において現在して説法をし、無量百千万億の菩薩と声聞が眷属となっている。その中の二人の沙弥は東方で仏となり、一人の名は阿閦《あしゅく》であり、歓喜《かんぎ》国《こく》にいらっしゃり、もう一人の名は須弥頂《しゅみちょう》である。〔155〕

十六人の王子が成仏した名と迹を述べている。天地に方位を設け、道がその中に運ばれると、聖人が法によって物《もっ》（衆生）を開き、責務を遂げ、天下の道を覆うから、八方の仏は各々一つの方向に留まって、一つの徳を示すのである。物を開き、責務を遂げることで、始まり（権）を尋ね最後（実）を求める〔原始要終〕ようになれば、天下に道〔156〕が覆うことができない所はなくなる。東方の震《しん》は動であり、歓喜もまた動である。「阿閦《あしゅく》」は動きがないという意味であり、「須弥頂《しゅみちょう》」もまた限りなく動きがないという意味である。経には「謗《そし》っても、褒《ほ》めても、須弥山のように動かない」とある。この二仏は多くの動きの一つ一つに応じるが、その体《たい》に動がなく、また動国にいるけれども、動を出て静を示す。二仏は並んで教化をなさり、その徳は互いに補助し合うので、名は二つあるけれども、併せて解釈しなければならない。ところで、或る人が「八卦《はっけ》は中国の書物であるから、天竺の教えに配したところで、どうして仏の意に添うことになるだろうか。李長者はこれを用いて『華厳経』を解釈し、呂観文はこれを用いてこの章を解釈しているけれども、或る人が『それは間違えている』と言っている。あなたはまたどうしてそのような考えを踏襲するのか」と尋ねた。天竺と中国は一つの天下にあるではないか。国土は境を接し、方位も同じである。卦は天地自然の理であるから、天竺だけが同じでないということはないのである。伏羲《ふくぎ》がこれを描いて人々に示し、我らの仏はこの形象を模して法を設けたのであり、各々はそれが同じであることを黙っていただけなのである。この経にたとえ八卦の文がなくても、八方の形象は明らかに顕れており、事を借りて理を明らかにすることがどうしてできないことがあろうか。敢えて墟《きょ》にこだわり、間違えていると言うのは、【「墟」は虚と同じ意味であり、『荘子』に「井の中の蛙《かわず》に海について語ることはできない」とあるのは、蛙が井戸の中の虚空にこだわっているからである。曲がっている人に対して道について述べることができないのは、教えに縛られてしまうからである。】通達した士のすることではない。昔、五百の応真《おうしん》（阿羅漢）

が各々仏の言葉を理解したと言った時、「誰が仏の意を正しく理解していますか」という問いに、仏は「みな余の意ではない」と答えた。皆が「仏の意を〔157〕正しく理解していないのなら、この先罪を得ることになりませんか」と尋ねると、仏は「たとえ余の意でなくても、各々は正理《しょうり》に適合しているから、聖教《しょうぎょう》として認めることができる。福があり、罪はない」と答えた。私はただこの意味を捉えることによって、或る人が「それは間違えている」と言ったことではあるが、私は妥当であると考えている。

東南方の二仏は、一人の名は師子音《ししおん》であり、もう一人の名は師子相《ししそう》である。

東南の巽《そん》は柔順《にゅうじゅん》である。「師子音」は説くことに恐れがないことであり、「師子相」は示すことに恐れがないことである。この二仏は慈と柔で物に応じて、恐れずに法を説く。

南方の二仏は、一人の名は虚空住《こくうじゅう》であり、もう一人の名は常滅《じょうめつ》である。〔158〕

南方の離《ち》は虚明である。「虚空住」は体が極めて虚《こ》であり、多くの実に応じるということである。「常滅」は一切法の当体《とうたい》が虚であり、動くことがないということをはっきりと知ることであり、それは即ち寂滅相であり、再び滅することがないから、これを常滅という。

西南方の二仏は、一人の名は帝相《たいそう》であり、もう一人の名は梵相《ぼんそう》である。

西南の坤《こん》は資生《ししょう》である。「帝」は神《じん》が出て物《もつ》（衆生）に応じることであり、「梵」は清浄であることである。この二仏は神通《じんずう》で物に応じ、物がその資《たすけ》によって生じる。その徳は常に清浄であるから、物にわずらいを与えない。

西方の二仏は、一人の名は阿弥陀であり、もう一人の名は度一切世間苦悩《どいっさいせけんくのう》である。〔159〕

西方の兌《だ》は壊れ折れることである。「阿弥陀」は無量寿という意味であり、「世間苦悩」は即ち生死が無常であることである。この二仏は物が壊れ折れようとする時に無量寿を見せ、生死がないことを明らかに示し、世間の生死苦悩から済度する。

西北方の二仏は、一人の名は多摩羅跋栴檀香神通《たまらばつせんだんこうじんずう》であり、もう一人の名は須弥相《しゅみそう》である。

西北の乾《けん》は剛健である。「多摩羅跋栴檀香《たまらばつせんだんこう》」は清らかで遠くまで静かに通じて香るものであるから、神通を譬えている。「須弥相」はまた動きがないという意味である。この二仏は神通で物に応じることが天道に休むことがないのと同じようであり、寂然《じゃくねん》として不動であるから、感応《かんのう》して通じる。[160]

北方の二仏は、一人の名は雲自在《うんじざい》であり、もう一人の名は雲自在王である。

北方の坎《かん》は険しくて陥《おちい》ることである。「雲自在」は無心に物《もつ》を利することであり、「雲自在王」は更にそのようにすることが極めて自在であることである。この二仏は無縁の慈で険難《けんなん》の衆生を覆い、利益を与え潤しても、雲が自在であるように無心で執著がない。

東北方の仏は名が壊一切世間怖畏《えいっさいせけんふい》である。[161]

東北の艮《ごん》は万物《まんもつ》が最初に成就し、最後に成就する所である。最初と最後の理は、物にとっては成と壊であり、人にとっては生と死であるから、世間の人々が恐れるところである。この仏は生死という恐れの中で、一つの真実の凝常《ぎょうじょう》の道により、多くの物を開悟させ、最初も最後もないことを透徹して分からせ、死も生もない所に入らせる。そうすることで、世間の人々の恐れは壊されて、滅することになる。

第十六は余、釈迦牟尼仏であり、娑婆国土《しゃばこくど》において阿耨多羅三藐三菩提を成就した。[162]

「釈迦牟尼」は能く仁であり静かに黙している［能仁寂黙《のうにんじゃくもく》］という意味である。その徳は仁により多くの類を済度し、その道は寂黙として無為であり、堪忍《かんにん》して教化を示すので、号を能仁《のうにん》という。これを東北方に続けて特別に標示して言うのは、大覚はたとえ最初に成就し最後に成就する徳を備えるものであっても、その道は円満に応じ、方隅《ほうぐう》に滞《とどこお》ることがなく、【「隅」はすみである。】初まりも終りもなく、多くの徳が集まっているからである。動きがないことで、多くの動きを出して応じ、能［163］く柔であり、能く剛であり、説いて示すことに恐れることがなく、己を虚にして物に応じ、寿を現し、神通を運び、困難な場所で済度し、恐れをなくさせることに至るまで、釈迦の随宜の行でないものはない。それ故に八方の仏の徳を述べてから、すべてを釈迦でまとめている。それはこの天地を包括し、万物を細かいところまで成就させるものであり、方角も体もない究極の徳である。無上正道を成就した方でなければ、どうしてこのようなことができるだろうか。それ故に「釈迦牟尼仏であり、娑婆国土において阿耨多羅三藐三菩提を成就した」と説かれている。

H三、成就所化

比丘たちよ、余たちが沙弥であった時、各々は無量百千万億の恒河沙ほどの衆生を教化した。余に従い法を聞いたのは阿耨多羅三藐三菩提の為であった。このすべての衆生で今日声聞地に住《じゅう》［164］している者に、余は常に阿耨多羅三藐三菩提を教化してきたから、このすべての者たちは必ずこの法により、徐々に仏道に入って行くことになる。

昔の因と今日の縁を明らかにし、功行《こうぎょう》（修行）が既に深いところにきていることを分からせ、成就させようとなさっている。沙弥であった時に教化したことについて告げるのは、昔の因を明らかにするものであり、今日教化するのは、今日の縁を明らかにするものである。「必ずこの法により、徐々に仏道に入って行くことになる」は、必ず仏道を成就しなければならないという意味である。

何故なら、如来の智慧は信じることが難しく、解《さと》ることが難しいからである。〔165〕

前節の記述で、既に過去の長い劫にわたって教化したことを明らかにしているのに、今日なお「徐々に仏道に入って行くことになる」と説くのは、「如来の智慧は信じることが難しく、解ることが難しいからである」と説明している。衆生には如来の智慧がない者はいないのに、このことを解《さと》ることがこのように難しいと言うのは、塵習が自《おの》ずから覆っているからである。今の人について観ると、幸いなことに正法を聞くことにおいて、昔の因がないわけではない。私たちはみな大通智勝仏が残した塵などではなく、また未来の弟子でもないのである。しかしながら、今でも縁障がなお多い故に、道果は遥かに遠く、更に長い劫にわたって教化を蒙らなければならないのであり、今でもやはり徐々にしか入って行かれないのである。若しもひたすらに精進することができるならば、更に近づくことができるが、若しも再び退いて堕ちるならば、更に未来の時がこれまで過ごした塵劫と同じように譬えられることになるか、場合によってはその塵劫の数を更に多くしてしまうことになるだろう。それ故に、「解《さと》ることが難しい」と言うのは、仏智が難しいのではなく、根機自体に難しいものがあるということに他ならない。〔166〕

その時教化した無量の恒河沙ほどの衆生とは、そなたたち諸々の比丘と、余が滅度した後の未来世《みらいせ》の中の声聞の弟子である。

前々節において教化を被《こおむ》る因について明らかにし、ここで仏が昔教化した人が誰であるかについて説いている。

H四、広度遺余

余が滅度した後にまた弟子がいて、この経を聞くことができず、菩薩行について知ることができ

ず、覚《さと》ることができなければ、自らが得た功徳によって〔167〕滅度の想を生じて必ず涅槃に入ることになるが、その時余は他の国〔余国〕で仏となり、また異なる名となっているだろうから、この人がたとえ滅度の想を生じて涅槃に入ったとしても、その国で仏の智慧を求め、この経を聞くことができるようになり、その時には唯仏乗によって、滅度を得ることになるだろう。更に他の乗はないのである。ただし、諸々の如来の方便の説法はその限りではない。

前節にある「未来世の中の声聞の弟子」は、昔仏の教化を被った人のことであり、ここで「また弟子がいて」と言うのは、過去に教化を被ったことがない人のことである。このように因縁は展転《てんでん》して、最後には必ず仏に遇うことになり、その時は一乗によって滅度を得ることになる。「他の国で仏となり」は、仏がこの地で滅を示した後、他の地で縁に応じることを言っている。「また異なる名となっているだろう」とは、『華厳経』に「如来の名と迹は衆生の心に応じるものであり、各々は同じものではなく、一つの四天下から十方に至るまで、名は各々に十千もある」とあるのと同じ意味である。

H五、結〔168〕会終実

比丘たちよ、若しも如来が涅槃する時が近づき、衆もまた清浄となり、信解《しんげ》が堅固《けんご》となり、空法《くうほう》に通達し、禅定に深く入ることを自ら知るようになると、すぐに仏は諸々の菩薩と声聞衆を集めて、それらの者の為にこの経を説くのである。世間には二乗が滅度を得ることはなく、ただ一仏乗が滅度を得ることができるだけである。〔169〕

前節で初めは権であることを明らかにし、ここで最後は実に会すること〔会終実〕を説いている。「涅槃する時が近づき」は教化の縁が間もなく終ることを言い、「衆もまた清浄となり」は衆生の根機が既に熟したことを言っている。「衆もまた清浄となり」は既に蔵教によって惑を断じ結(煩悩)を除いていることを言い、「信解が堅固となり」は既に通教によって心が互いに体信していることを言い、「空法に通達し」は既に般若を悟ったことを言い、「禅定に深く入る」は深い根源に微妙に進んだことを言っている。このようにして、諸々の病が除かれた後には、医者の処方もまた必要がなくなるから、仏は二つの権(二乗)を廃し、一つの実を特別に明らかにしている。ここで言う「滅度を得る」は真常《しんじょう》の道果を得ることである。

G四、喩明権実6　H一、立譬本[170]

比丘よ、必ず知りなさい。如来は方便で衆生の性《しょう》に深く入り、その心が小法を喜び、五欲に深く執著していることを知っているから、これらの人の為に涅槃を説くのであり、これらの人は若しもそれを聞くと必ず信受することになる。

小法を喜ぶ者の為に権《ごん》で小果について説くのであり、彼らがそれをすぐに信受することが化城に留まることに譬えられている。

H二、正引喩[171]

譬えるならば、五百由旬の危険で困難な悪道で、遥か遠くまで人の行き来のない恐ろしい所を、

様々の生死煩悩の危険で困難な悪道が長く遠くまで続いていることを譬えている。「五百由旬」については昔から甚だ多くの説が述べられているが、今は次の説を取る。二乗の者が三界の煩悩を断じ、分段《ぶんだん》生死《しょうじ》から離れ、有余涅槃を証すると、これは三百由旬を過ぎたことになり、そこで化城に到着する。しかし、いまだ変易生死《へんにゃくしょうじ》に滞っているので、若しもそこで心を廻らし、大きい所に向かい、七[172]地に進み、そこで習気《じっけ》を悉くなくせば、これは四百由旬を過ぎて宝所に近づいたことになる。更に八地より上に進み、無明を悉くなくし、変易生死からも離れ、無余涅槃を証すると、これが五百由旬を過ぎて宝所に到達したということである。「遥か遠くまで人の行き来のない恐ろしい所」は、生死が長遠であり、真の知見がないことによって、妄量により怖畏《ふい》の気持ちを起すことを譬えている。

仮に大勢の人がこの道を通って、珍宝がある所に行こうとしたとする。

三乗が仏を求めることを譬えている。

H三、善知方宜《ほうぎ》〔173〕

そこに一人の導師がいて、聡慧明達《そうえみょうたつ》であり、その危険な道が通じたり塞《ふさ》がったりしている様子を良く知っていたから、大勢の人を引導して、この難所を通り過ぎようとしたとする。

「導師」は水先人《みずさきにん》であり、釈尊を譬えている。導師は道が通じていれば進むように言い、道が塞がっていれば進んではいけないと言う。「通じる」とは惑を断じることを譬え、「塞がる」とは障を起すことを譬えている。また善であれば通じ、悪であれば塞がるということを知るのは難しいことではない。

H四、衆心懈退《けだい》〔174〕

率《ひき》いられた大勢の人々は道の半ばで疲れ果て、導師に『私たちは極度に疲れ、また恐ろしくもあり、これ以上進むことができません。前路はまだ遠いので、今から退いて帰ろうと思います』と言った。

二乗の者が道を求める時、進むことは困難であるのに、退くことは容易であることを譬えている。

H五、設化権済〔175〕

導師には多くの方便があったから、『この人たちは気の毒である。どうして大きな珍宝を捨てて、退いて帰ろうとするのだろうか』と考えた。このように考えた後、方便力によって危険な道の半

ばの三百由旬を過ぎた所に一つの城を化作《けさ》して、大勢の人々に『そなたたちは怖《おそ》れてはならない。また、退いて帰ろうとしてもならない。この大きな城は、その中に留まることができるから、思いのままに過ごしなさい。若しもこの城に入れば、快い安穏を得るだろう。若しも宝がある所に進みたければ、ここから進むこともできるだろう』と告げた。

二乗の者が三界の煩悩を断じたことに因り、その後で仏が小果で休息《くそく》させ、そこから智地に進ませることを譬〔176〕えている。「思いのままに過ごしなさい」と告げるのは、力が及ぶ所に合わせて徐々に道に入らせることを意味する。

その時、疲れきった大勢の人々は心に大いに歓喜して、未曾有なことであると讃歎し、『私たちは今日この悪道から抜け出して、快い安穏を得ることになりました』と言った。

休息したいと願っていた人たちの心に適合したのである。

この時大勢の人々は化城《けじょう》に進んで入り、既に渡ることができたという想を生じ、安穏の想を生じた。

小法を喜び、大法があることに気付いていない。

H六、廃権立実〔177〕

その時導師は、この大勢の人々が既に休息《くそく》することができ、また疲れと怠け心《なまごころ》が取れたことを知ると、すぐに化城をなくし、大勢の人々に『そなた達は前に進みなさい。宝所は近くにある。先ほどまでの大城は私が化作《けさ》したもので、休息する為だけのものであった』と語った。

化作したものは真実にあるものではないから、たちまち消滅する。ただ宝所だけが真実であり、権《ごん》は真実にあるものではないから、最後には廃されることになる。ただ一乗だけが実で[178]ある。

G五、合顕権実5　H一、合引喩

比丘たちよ、如来もまたこのようである。今日、そなたたちの為に大導師となって、

H二、合知方

様々な生死と煩悩の悪道は危険で困難であり、長く遠いものであるけれど、行かせなければならず、渡らせなければならないということを知っている。

H三、合衆懈

若しも衆生がただ一仏乗を聞くだけならば、仏を見ようともしないし、親近《しんごん》しようともしないで、すぐに[179]『仏道は長く遠いものであるから、長い間ひたすら勤苦《ごんく》した末にやっと成就できるものである』と考えるだろう。

若しもただ一乗を聞くだけであり、権によって済度されるということがなければ、衆生は大法を厭《いと》い、仏を見ようとせず、煩《わずら》わしいと嫌《いや》がり、道は遠いと避けるようになるから、それで仏は必ず権によって済[180]度するのである。前節で「悪道は長く遠いものであるけれど」とあり、ここで「仏道は長く遠いものであるから」とあるのは、前節は正見により衆生を観るものであり、ここは倒見により仏道を観るものであるからである。仏道は少しも人にとって遠いものではないし、本来は修することで証するものでもない。ただ生死に従い、仏道から背馳《はいち》するから、【「背馳」はそむいて走ることである。】戻ることが難しいことになり、長く遠いように見え、惑業と積み重なった障を治めることが難しくなって、それで勤《ごん》苦《く》が多いように見えるのである。則《すなわ》ち「長く遠いものであるから、長い間ひたすら勤苦した末にやっと成就できるものである」というのは、転倒した虚妄によって起きる考えであり、道に関わるものではない。もしも真実に生死と惑業がなくなれば、当体は凝固して清浄となり、戻る必要も、治める必要もなくなる。長く遠いという見と勤苦して功を積まなければならないとする考えから少しも出ることができないから、蒙昧《もうまい》な者はそこから出る方法が分からないで、仏道を咎《とが》め、懈退《けだい》の心を生じることになってしまうのである。それ故に、大覚はそのような倒見について説き、誘導して、進ませるのである。

H四、合権済

仏は衆生の心が臆病で劣っていること[181]を知っているから、方便力により中道で休息《くそく》させる為に、二の涅槃を説くのである。

「中道」は即ち大乗と小乗の中間であり、「二の涅槃」は即ち二乗の涅槃であり、次節で述べられる二地《にじ》である。

H五、合廃権立実

若しも衆生が二地《にじ》に留まっているならば、如来はその時すぐにそのような衆生の為に『そなた達はなすべきことをまだ成し遂げられないでいる。そなた達が留まっている所は仏慧に近いのだから、必ず観察し思い量らなければならない。そなた達が得た涅槃は真実のものではなく、ただ如来が方便力で、一仏乗において、分別して三を説いたものであるに過ぎない』と説くだろう。それは彼の導師が休息[182]させる為に大城を化作《けさ》し、既に休息が取れたことを知ると、『宝処は近くにある。この城は実のものではなく、私が化作したものに過ぎない』と告げたのと同じことであると。

「二地に留まる」は、二乗の権果に滞《とどこお》り、そこから進むことを知らないことである。それ故に仏は仏慧について語り、衆生が観察して思い量り、実の果に進み、それを取ることができるようになさるのである。

G六、重頌

その時、世尊はこの意味を重ねて宣べようとして、偈をお説きになりました。

文5　H初、頌昔因8　I初、頌大通成道

「大通智勝仏は十劫の間道〔183〕場に坐っていたが、仏法は前に現れないで、仏道を成就することができなかった。

諸々の天神・竜王・阿修羅衆などは常に天の花を降らして、彼の仏を供養した。

諸天は天の鼓《つづみ》を打ち、多くの音楽を併せて演奏した。

香風が萎《しお》れた花を吹きとばすと、更に新しく美しい花を降らした。

十小劫が過ぎると、ようやく仏道を成就することができたのである。

諸々の天と世人《せにん》は、心にみな踊躍《ゆやく》を懐いた。

I二、頌王子随仏

彼の仏の十六人の子は、みな眷属と千万億の衆に囲繞されて、一緒に仏の所に向かい、到着すると、

I三、頌王子讃仏請法

頭と顔を仏の足に付けて礼をし、法輪を転じるよう要請した、

『聖師子《しょうしし》よ、法雨により我及び一切の心を満たしてください。

世尊は甚だ遇うことが難しく、久遠の時が経つとやっと一度出現なさいます。

群生《ぐんじょう》を悟らせる為に一切を震動させてください』と。［184］

「聖師子」は聖人の力は畏れるものがないことを讃歎する語であり、「世尊は甚だ遇うことが難しく」以下は仏が世間に出現する本来の意味［出世本懐］を頌《じゅ》し、説法を要請している。

Ⅰ四、頌瑞動諸天請法

東方の諸世界の五百万億の国で、梵天の宮殿がこれまでになかったように光り輝いた。

諸々の梵天はこの相を見ると、尋ね来て仏の所に至り、花を散じて供養し、併せて宮殿も奉り、
仏に法輪を転じるよう要請し、偈によって讃歎した。

仏は時節がまだやってきていないことが分かっていたから、要請を受けても黙然《もくねん》として坐っていた。

南・西・北の三方、及び四維《しい》と上下の梵天も、また同じように花を散じ、［185］宮殿を奉り、仏に法輪を転じるように要請した、

『世尊に遇うことは甚だ難しいものです。

お願いですから本来の慈悲により、甘露の門を広く開き、無上の法輪を転じてください』と。

Ⅰ五、頌受請開漸

無量の慧がある世尊は彼の大勢の人々の要請を受け、彼らの為に種々の法である四諦《したい》と十二因縁を宣《の》べた、

『無明から老死に至るまでは、すべては生縁《しょうえん》に従うものである。
このような多くの過ちと患《うれ》いについて、そなたたちは必ず知らなければならない』と。

「無明から老死に至るまで」は十二因縁をまとめて言うものである。「すべては生縁に従うものである」は生じることがなくなれば、すぐに多くの過ちと患《うれ》いがなくなることを言っている。

この法を宣《の》べた時、六百万億姟《がい》の衆生が様々の苦の際《きわ》から完全に離れることができるようになり、皆が阿羅漢となった。[186]

初めの会において法を聞き、利益を得た利根の者たちを頌している。『風俗通』に「十万を億といい、十億を兆といい、十兆を京《けい》といい、十京を姟《がい》という」とあり、「姟」は最も大きい数であり、即ちいわゆる那由他である。

第二の説法をした時、千万の恒沙の衆は諸法を受けることがなくなり、同じように阿羅漢を得ることになった。
この時から後、道を得た者はその数が限りないほどに多く、万億劫にわたって算数《さんじゅ》を用いても、その果てまで数えることはできないほどであった。

順次に利益を得た中根と下根の者を頌している。

Ｉ六、頌因小請大[187]

その時、十六人の王子は出家して沙弥となり、皆は彼の仏に要請した、
『大乗の法を演《の》べ説いてください。
私たちと営従《ようじゅう》が【「営従」は警護するために従う人である。】**みな必ず仏道を成就し、世尊の慧眼《えげん》の第一**

の浄を得ることができるようにしてください』と。

小乗の慧眼《えげん》はまだ縁影《えんよう》が取り去られていない。第一の清浄を求めようとする時に、世尊ほどふさわしい方はいないから、これを得たいと願ったのである。

Ｉ七、頌受請説頓

仏は子たちの心が過去の世で行じたところを知っていたから、無量の因縁と種々様々の譬喩により、六波羅蜜《ろくはらみつ》及び諸々の神通のことを説き、真実の法である〔188〕**菩薩が行じる道を分別し、この法華経の恒河沙のように多い偈をお説きになった。**〔189〕

「子たちの心が過去の世で行じたところを知っていた」は即ち前記の「どうか私たちが深い心で念じるところを、仏は自ら証知してください」（同品・Ｈ八、因小請大）に応じ、「六波羅蜜及び諸々の神通のことを説き」以下は即ち前記（同品・Ｈ九、受請説頓）の二万劫が過ぎるまでの間に大通智勝仏が説いたことである。「六波羅蜜」は即ち般若の教えであり、「諸々の神通のこと」は即ち方等の教えであり、それらはしばらくの間実法を分別するものであり、大乗の出発点を作り出すだけものである。この二万劫が過ぎた後になって初めて『法華経』が説かれることになったのである。ところで、「恒河沙のように多い偈」が有るというのは、妙法は機に応じるものであって、広略が同じものでないからである。それ故に釈迦は一期《いちご》の間説き、日月灯明仏は六十小劫の間説き（序品・Ｈ二、唱滅同）、大通智勝仏は八千劫の間説いた（同品・Ｈ十、聞根不等）のである。また今の経は二十八品に止《とど》まるものであるが、常不軽菩薩は威音王仏から二十千万億の偈を聞き（常不軽菩薩品・Ｇ四、聞持）、一切衆生喜見菩薩は日月浄明徳仏から八百千万億那由他・甄迦羅《けんがら》・頻婆羅《びんばら》・阿閦婆《あしゅくば》ほど多数の偈を聞いた（薬王菩薩本事品・Ｇ一、生処）というのは、各々縁の長・短や根の広・狭に随うからであり、それ故に説くことが多かったり少なかったりするけれども、その実は性に適《かな》う法は最後に尽きてしまうことがない。このような理由で『華厳経』にも三部の文があり、【「三部の文」は最初に釈迦如来が正覚を成就した時に、修した因と証した果を明らかになさって、一人一人の人が釈迦と同じように修し、同じように証するように、千丈の盧舎那身《るしゃなしん》を現して『華厳経』を演べ説いた時、文殊菩薩が阿難海と鉄囲山の間でそれを結集《けつじゅう》し、上・中・下の根に対応するように三部に分けた〔190〕ものである。上部は十三千大千世界微塵数の偈と一四天下微塵数の品《ほん》があり、中部は四十九万八千八百の偈と一千二百の品があり、下部は十万の偈と四十八の品がある。】一字の法門を海の水を墨にして書いたとしても、すべてを書き尽くすことはできない。そうであるから「恒河沙のように多い偈」でも決して多すぎる数になることはない。

I八、頌沙弥演妙

彼の仏は経を説き終わると、静室《じょうしつ》において禅定に入り、八万四千劫の間一心に一つの処で坐った。

この沙弥たちは、仏が禅からまだ出ないことを知ると、無量億の衆の為に仏の無上の慧を説いた。

各々は法座に坐してこの大乗経を説き、仏が安らかで静かになられた後にも、法の教化を宣べて補助した。

一々の沙弥たちが済度した諸々の衆生は六〔191〕百万億の恒河沙ほどの衆であった。

H二、頌今縁4　I一、頌徴昔会今

彼の仏が滅度した後、この法を聞いたすべての者は在々の諸々の仏土において、【「在々」は留まる所のどこにおいてでもという意味である。】**常に師と共に生れることになった。**

『法華経』の縁に因り、世々に師と弟子が相遇うことになることを言っている。

I二、頌歴陳名迹

この十六人の沙弥は具足して仏道を行じ、今、十方に現在し、各々は正覚を成就している。

I三、頌成就所化

その時法を聞いた者は、各々諸仏のところにいる。

声聞に住している者に徐々に仏道を教えているのである。

余が十六人の数にあった時、かつて同じようにそなたたちの為に説いたから、このような〔192〕**訳で、余は方便によってそなたたちを引き寄せてから、仏慧《ぶつえ》に趣《おもむ》かせるのである。**

遠い過去から続く縁の深い功を明らかにして、成就させようとなさっていることを言っている。

I四、頌結会終実

この本来の因縁により、余は今日法華経を説き、そなたたちを仏道に入らせるから、慎《つつし》んで、驚いたり怖れたりするような心を懐いてはならない。

H三、頌喩権実5　I一、頌譬本

譬えるならば、危険な悪道が遠くまで続き、その道は途中でなくなり、そこには毒獣が多く、また水も草もなく、人が怖れる処であったとする。

無数千万の衆がこの危険な道を通り過ぎようとしたが、その路は甚だ遠く、五百由旬を行かなければならなかった。〔193〕

「毒獣」は生死と煩悩を譬え、「水と草」は菩提の資糧《しりょう》を譬える。

I二、頌善知方宜

その時、一人の導師がいたとして、何でも識《し》り、智慧があり、明らかに知り、心が定まり、危険な所で多くの困難から救う者であった。

I三、頌衆心懈退

多くの人々はみな疲れて、導師に『私たちは今日頓乏《とんぼう》していますから、【「頓乏」は非常に疲れることである。】**ここから退いて還《かえ》ろうと思います』と言った。**

I四、頌設化権済 [194]

導師は考えた、

『この輩《ともがら》は甚だ気の毒である。

どうして退いて還り、大きな珍宝を失おうとするのだろう』と。

その後、『神通力を使うことにしよう』と方便に思い当り、大きな城と郭《かく》を化作《けさ》した。

その城と郭は多数の舎宅で荘厳され、周りは園林《おんりん》と渠流《きょりゅう》と浴池《よくち》で囲まれ、【「渠流」は掘割である。】

いくつもの門と高い楼閣があり、中は男女がどこも充満していた。

即ちこの幻術をなし終えると、大勢の人を慰労して言った、

『怖れることはない。

お前たちがこの城に入れば、各々楽しく過ごすことができるだろう』と。 [195]

前の長行で化作したのは一つの城であると書かれているだけであった（同品・H五、設化権済）のは、即ち道果をまとめて譬えたものであり、ここでは郭と舎宅と男女などにも言及して果の中の徳用を詳細に譬えている。国邑に「城」があり、外城《そとじろ》が「郭」である。城は郭をもって防御《ぼうぎょ》となし、果は徳をもって補助となす。「舎宅」は依止する徳の譬えであり、最後に空寂となることで荘厳となる。「園林」は庇頼《ひらい》する【「庇」はかばうことであり、「頼」は力を借りることである。】徳の譬えであり、無漏の法樹に取り囲まれている。「浴池」は清浄の徳の譬えであり、八解脱の定水《じょうすい》をたたえ、その水が「渠流《きょりゅう》」となる。「楼閣」は超達の徳を譬え、空・無相・無作が「いくつもの門」〔196〕である。「男女がどこも充満していた」は、いわゆる善心と誠実が「男」であり、慈悲の心が「女」である。ところで、これらは二乗の果徳を譬えるものであり、大乗の徳に似たものであって似量《じりょう》によって権で進むだけのものである。それ故にこれらのすべてを化城によって譬えて言葉にしているのであり、化城が滅すると、これらのすべても滅することになる。このことは二乗の徳はいささかも実の証ではなく、最後には壊れ滅することを譬えている。世の学者は比智《ひち》で道を知り、似量で性を見るけれど、そこには実の証がないということは、またこのようなことである。

Ⅰ五、頌廃権立実

すべての人は既に城に入ると、誰もが心で大いに歓喜し、皆は安穏の想を生じ、自ら既に渡ることができたという思いを抱いた。

導師は人々が休むことができたことを知ると、大勢の人を集めて言った、

『お前たちは前進しなければならない。

これは化作《けさ》された城であるに過ぎない。

私はお前たちが疲れきって、路の途中で退いて帰ろうとするのを見たから、方便力によって権《ごん》でこの城を化作[197]したのである。

お前たちは今日、ひたすら精進し、共に宝所に行かなければならない』と。

H四、頌合顕権実4　I一、頌合譬本

余もまたこれと同じである。

一切の者の導師となり、

I二、頌合知方

すべての道を求める者が、路の途中で怠《おこた》り諦《あきら》めて、生死と煩悩の諸々の険道を渡ることができない様子を見たから、

I三、頌合権済

それ故に、休ませる為に、方便力によって涅槃を説いて『そなたたちは苦を滅し、なさなければならないことをすべて、既になし遂げた』と告げたのである。

仏が「既になし遂げた」と告げるのは、権により進ませようとするからであり、その者たちが二地に住するようになると、すぐに「まだなし遂げていない」と実により説く[198]ことになる。

I四、頌合廃権立実

既に涅槃に到り、皆が阿羅漢を得たと知ると、その時に大衆《だいしゅ》を集め、彼らの為に真実の法を説く。

科文の「廃権立実《はいごんりゅうじつ》」はこの意味である。

諸仏は方便力によって分別して三乗を説くけれども、唯一仏乗《いちぶつじょう》があるだけであり、休む所を与

える為に二を説くのである。

今日、そなたたちの為に実を説くことにしよう。

そなたたちが得たものは滅《めつ》ではない。

ここは、得たことが真でないことをしっかりと観て、考察するようになさっている。〔199〕

仏の一切智の為に、必ず大精進を発《おこ》さなければならない。

そなたたちが一切智や十力などの仏法を証し、三十二相を具備することになれば、これこそが真実の滅である。

実の果に向かう努力をするようになさっている。

H五、総結

諸仏・導師は休ませる為に涅槃を説き、既に休み終えたと知ると、引いて仏慧《ぶつえ》に入らせるのである。」

化城喩品一品の意味を総じて結んでいる。

妙法蓮華経　巻第三

【訳者】河瀬幸夫（かわせゆきお）
一九四五年、東京都大田区に生まれる。一九七三年、早稲田大学大学院文学研究科日本文学専攻修士課程を修了し、私立横須賀学院高校の国語教員となる。一九七九年、韓国を旅行したことが契機となり、韓国語の学習を始める。二〇〇三年、横須賀学院を退職して、ソウルの東国大学校大学院仏教学科（仏教史学専攻）に入学。在学中、高麗大蔵経について学ぶ中で、一五世紀に創制された当時のハングルを使い韓国語に翻訳された多数の仏典があることを知る。二〇〇七年に大学院の課程を終えた後、横浜の自宅で韓国語仏典の日本語訳に専念する。二〇一〇〜二〇一三年、入手できるすべての『釈譜詳節』・『月印千江之曲』・『月印釈譜』を日本語に翻訳した『釈譜詳節』（上・中・下）を春風社から刊行する。

【訳者】金星周（キム・ソンジュ）
一九六五年、慶尚南道統営市出生。東国大学校師範大学（教育学部）国語（韓国語）教育科を卒業。同大学院国語国文学科の文学修士・文学博士課程を修了。一九九七年、東国大学校大学院国文科で「韓国語の使役文研究」により博士学位を取得。一九九九〜二〇〇二年、トルコ国立アンカラ大学韓国語文学科教授。二〇〇三〜二〇〇七年、ソウル大学校奎章閣韓国学研究院先任研究員。二〇〇八〜二〇一一年、韓国技術教育大学校文理閣研究教授。二〇一六年現在、東国大学校国語国文学科大学院講義専担教授。
著書：『韓国語の使役』・『Korece Dilbilgisi（韓国語言語学）（共著）』・『角筆口訣の解読と翻訳2〜5（共著）』・『古代韓日両国の漢字・漢文の読法と自国的な受用様相（共著）』・『皇龍寺表員の華厳文義要決問答・研究1・2（共著）』
訳註：『金剛経諺解（共著）』・『訳註 釈譜詳節 第21（共著）』・『訳註 分類杜工部詩諺解 巻3・17（共著）』・『訳註 釈譜詳節 巻3・6・11・20（共著）』
論文：「『釈譜詳節』巻11と『月印釈譜』巻第21の漢文と諺解文の対応の様相」・「石毘盧遮那仏舎利盒銘文の判読と解釈」・「翻訳の観点から見た口訣とハングルの翻訳 ―『華厳経』浄行品を対象として」・「釈読口訣資料『慈悲道場懺法』の原文と懸吐の特性研究」等

法《ほ》華《け》経《きょう》諺《げん》解《かい》 上 ――ハングル訳注、法華経要《よう》解《げ》

二〇一七年四月二七日 初版発行

刊行 朝鮮国刊経都監
訳者 河瀬幸夫 かわせゆきお　金星周 キム・ソンジュ

発行者 三浦衛
発行所 春風社 Shumpusha Publishing Co., Ltd.
横浜市西区紅葉ヶ丘五三 横浜市教育会館三階
〈電話〉〇四五・二六一・三一六八 〈FAX〉〇四五・二六一・三一六九
〈振替〉〇〇二〇〇・一・三七五二四
http://www.shumpu.com ✉ info@shumpu.com

装丁 桂川潤
印刷・製本 シナノ書籍印刷株式会社

乱丁・落丁本は送料小社負担でお取り替えいたします。

ISBN 978-4-86110-549-4 C0015 ¥6500E